1,000,000 Books

are available to read at

www.ForgottenBooks.com

Read online
Download PDF
Purchase in print

ISBN 978-0-666-23458-2
PIBN 11039401

1 MONTH OF
FREE
READING

at

www.ForgottenBooks.com

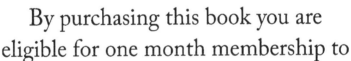

By purchasing this book you are eligible for one month membership to ForgottenBooks.com, giving you unlimited access to our entire collection of over 1,000,000 titles via our web site and mobile apps.

To claim your free month visit:
www.forgottenbooks.com/free1039401

English
Français
Deutsche
Italiano
Español
Português

www.forgottenbooks.com

Mythology Photography **Fiction**
Fishing Christianity **Art** Cooking
Essays Buddhism Freemasonry
Medicine **Biology** Music **Ancient
Egypt** Evolution Carpentry Physics
Dance Geology **Mathematics** Fitness
Shakespeare **Folklore** Yoga Marketing
Confidence Immortality Biographies
Poetry **Psychology** Witchcraft
Electronics Chemistry History **Law**
Accounting **Philosophy** Anthropology
Alchemy Drama Quantum Mechanics
Atheism Sexual Health **Ancient History**
Entrepreneurship Languages Sport
Paleontology Needlework Islam
Metaphysics Investment Archaeology
Parenting Statistics Criminology
Motivational

CURSO

DE

DERECHO INTERNACIONAL

PRIVADO

—

TOMO TERCERO

DE DERECHO

INTERNACIONAL

PRIVADO

POR

AMANCIO ALCORTA

Catedrático de Derecho Internacional privado en la Universidad de Buenos Aires

TOMO TERCERO

BUENOS AIRES

FÉLIX LAJOUANE, EDITOR

79 — PERÚ — 89

Buenos Aires. — Imprenta de Pablo E. Coni é Hijos, calle Perú, 680

PARTE TERCERA

LEYES COMERCIALES

CAPÍTULO PRIMERO

DE LAS PERSONAS DEL COMERCIO

SECCIÓN I

DE LOS COMERCIANTES Y DE LOS ACTOS DE COMERCIO

Sumario : I. Los comerciantes. Ley que determina su carácter. Sistemas diversos: origen, fundamento, crítica y solución. — II. Capacidad para ejercer el comercio. Ley que la rige. Sistemas diversos: origen, fundamento, crítica y solución. — III. Actos de comercio. Ley que los rige. Sistemas diversos : origen, fundamento, crítica y solución. — IV. Legislación argentina.

La industria comercial, por su carácter y su importancia, requiere condiciones especiales en las personas que hacen de ella su profesión habitual, condiciones que facilitan su desarrollo y lo garanten en la medida indispensable para producirse.

El comerciante se vincula en todos los países buscando mercado para los productos, y los derechos y obligaciones que son su consecuencia reclaman, no solamente una legislación especial, adecuada á la naturaleza de los actos, sino también tribunales que, por su composición y su manera de proceder, respondan acabadamente á sus exigencias.

Así el orden civil, si bien es el estado general y común de toda persona en sus manifestaciones sociales, no es el estado permanente, y el orden comercial cuando se presenta en sus diversas combinaciones de la industria que lo constituye forma una excepción en sus especialidades, excepción que reclama atenciones preferentes.

La legislación comercial de los diferentes países ha justificado esa situación, é influyendo en ella los usos y costumbres de cada plaza, ha sufrido las variaciones consiguientes á cada manera de ejercer las industrias y llegar á los resultados esperados con la eficacia necesaria.

Y si la legislación civil ha dado y da lugar á conflictos, si su aplicación puede referirse á diferentes países por la libertad de locomoción en todos los individuos que los habitan, no hay duda alguna que la legislación comercial los presentará con mayor frecuencia por la movilidad de los actos y por la ingerencia siempre interesada de todas las personas que la ejercen con la avidez del lucro.

La legislación comercial principia por determinar el carácter del comerciante, y para saber si en todos los países que recorre este será considerado como tal y le ampararán sus leyes, ó para conocer las que deberá tener en cuenta en las transacciones que efectúa, es necesario buscar los principios directores.

¿ Cuáles son esos principios ? ¿ El comerciante en un país lo será en los otros ? ¿ El carácter de comerciante es un carácter permanente que le acompaña á todas partes? Las dificultades en esta situación especial no son menos que en la situación ordinaria y común, y es necesario determinarlas con claridad y resolverlas.

La doctrina nos presenta tres sistemas diversos para saber si una persona tiene ó no calidad de comerciante, aplicando otras tantas leyes :

1º La calidad de comerciante se rige por la ley del país en que la persona hace el acto ó ejerce la industria de que se trata, y si se ejerce ésta en muchos países, la ley del país en que está el establecimiento principal.

La regla ha sido formulada por Asser, y el sistema es seguido por Nouguier, Chrétien, Pradier-Foderé, Vincent y Penaud, Torres Campos. En la sesión del Instituto de derecho internacional en Oxford, Asser había establecido como conclusión que " la ley de la residencia del individuo decide si tiene la calidad de comerciante y cuáles son los derechos y las obligaciones que resultan de esta calidad ".

Ni el autor de la regla, ni los otros escritores, han cuidado de establecer las razones en que se funda. La solución parece la consecuencia de la asimilación del caso à la ley personal: el carácter de comerciante se lo dá la ley del lugar en que se adquiere y debe seguirlo á todas partes, mientras no efectúa un cambio. ¿No sucede lo mismo en las relaciones personales con la ley nacional ó la del domicilio?

2º La calidad de comerciante se rige por la ley del lugar en que se pone en cuestión dicha calidad.

Esta solución pertenece á Lyon-Caen y Renault. Para fundarla establecen el caso de un francés que en Italia se entrega habitualmente á la compra y reventa de inmuebles, teniendo por estos actos la calidad de comerciante, y se preguntan si en Francia lo sería lo mismo desde que en ese país no se reconocen tales actos como comerciales. El caso podría presentarse, agregan, cuando el francés, " habiendo sido declarado en quiebra en Italia, se pidiera que la sentencia fuera reconocida por un tribunal francés; ó bien cuando, viniendo á establecerse en Francia, se iniciaran gestiones contra él ante un tribunal francés por bancarrota simple ó por bancarrota fraudulenta. Creemos que es menester no hesitar en decir que aquí la ley extranjera no debe ser tomada en consideración, porque la cuestión afecta el orden público. Un tribunal francés no puede reconocer la quiebra sino de un individuo que es comerciante según nuestras leyes ; tampoco puede, en el caso, reconocer la sentencia que no puede pronunciar ; de la misma manera, no puede aplicar nuestra ley penal, sino á aquél que ha cometido un crímen ó un delito en los términos de la ley francesa, el delito de bancarrota simple ó el crimen de bancarrota fraudulenta, y por esta expresión, la ley francesa entiende naturalmente un individuo que tiene esta calidad según sus propias disposiciones".

Fuzier-Herman, Carpentier y Frèrejouan du Saint, que aceptan la solución de Lyon-Caen y Renault, la formulan claramente diciendo que "es según la ley del país, pero en el país solamente, donde una persona ejerce su industria ó su profesión y ejecuta los actos de que se quiere hacer nacer su calidad, que es necesario decidir si esta persona es ó no comerciante". Y aplicando la solución agregan : " no debería, pues, ser considerado en Francia como comerciante, aquél que ejerciera en país extranjero una profesión que, comercial en este país, no lo fuera según la ley francesa, y viceversa".

3º La calidad de comerciante se rige por la ley del domicilio de la persona, si se cuestiona la capacidad para ser comerciante, y por la *lex fori* cuando se cuestiona la calidad por la naturaleza del acto.

Según Asser y Rivier, la solución pertenece á Bar, y la segunda parte que es de la que nos ocupamos en este momento es idéntica á la del anterior sistema.

Por nuestra parte y juzgando de la calidad del comerciante por la naturaleza de los actos que habitualmente ejerce, nos decidimos por la ley del lugar en que la ejecución de los actos ha dado lugar á la adquisición de tal calidad.

La calidad de comerciante no se adquiere por la ejecución aislada de actos de comercio. El que ejecuta un acto de comercio puede quedar sometido á la legislación comercial para ese acto, pero por esto solamente no se considera comerciante. Necesita hacer profesión de los actos de comercio. ¿Dónde se ha podido alcanzar tal profesión por la repetición de los actos de comercio? Sin duda que en el lugar donde tiene establecido su comercio, su industria; y por consiguiente es allí donde se ha producido la serie de hechos en que debe buscarse el carácter especial que distingue la persona en las relaciones comerciales.

Si la persona ha adquirido el carácter de comerciante por la compra y reventa de inmuebles en Italia, donde la ley comercial clasifica tales actos como mercantiles, esa persona será tenida como comerciante en la República Argentina, cuya ley comercial no incluye esos actos entre los que declara como actos de comercio. ¿Cuál podría ser el inconveniente que resultaria de esto? El ejemplo propuesto por Lyon-Caen y Renault ni las consideraciones con que lo acompañan nos parecen convincentes.

En primer lugar, la quiebra no sería el caso más común de aplicación y siéndolo se trataría en él de la ejecución de una sentencia extranjera, para lo que se tendría que tener en cuenta otras consideraciones diversas. En segundo lugar, el orden público no puede decirse comprometido como para exigir la aplicación de la ley territorial: si se pide la ejecución de una sentencia declaratoria de quiebra, no es exacto que se pida lo que en el país no se puede hacer en absoluto sino en relación á persona determinada y por causa de una relación personal que no corresponde á ella, porque ella acepta la persona con las condiciones que sus actos le han creado; y si se trata de bancarrota simple ó fraudulenta no es considerándolas como delito ó crimen á los objetos de la ley penal, sino de la ley comercial, y es sabido que en los juicios de quiebra, lo uno es independiente de lo otro, pudiendo seguir el juicio de quiebra sin que se inicie el juicio criminal.

II

Para ejercer los actos de comercio y constituir con su ejercicio habitual la calidad de comerciante se requiere tener la capacidad necesaria para ello, y para determinarla es indispensable conocer la ley que la rige. ¿Será la misma que la de la capacidad civil, ó la especialidad de los actos comerciales exigirá otra diferente?

Los mismos escritores que están de acuerdo en cuanto á la ley que rige la capacidad civil no lo están en cuanto á la capacidad comercial, y si para aquella han aceptado sin discrepancia la ley nacional, para la última se dividen, encontrando aplicable ésta ó la del domicilio con restricciones más ó menos especiales. Así podemos establecer que á este respecto se han formado cuatro sistemas:

1º La capacidad para ser comerciante se rige por la ley nacional.

Se sigue esta opinión por muchos escritores que admiten esta misma ley tratando de la capacidad civil, y entre ellos, Pardessus, Molinier, Nouguier, Roubens de Conder, Fuzier-Herman, Lyon-Caen y Renault, Weiss, y por el Código de Comercio de Portugal en su artículo 12, y el de España en su artículo 15.

Para fundar la solución se exponen los mismos argumentos que para sostenerla respecto á la capacidad civil, no considerando que hay razón alguna especial que obligue á introducir una variación que rompería la armonía que se busca entre los diversos ramos de la legislación.

2º La capacidad de una persona en materia comercial, como en materia civil, se determina según su ley nacional. Sin embargo, en materia comercial, la nulidad fundada en la incapacidad de una de las partes puede ser rechazada y reconocido el acto como válido por aplicación de la ley del lugar donde se ha celebrado, si la otra parte establece que ha sido inducido en error por el hecho del incapaz ó por un concurso de circunstancias graves, abandonadas á la apreciación de los magistrados.

Este sistema pertenece al Instituto de Derecho Internacional, siendo adoptado en su sesión de Lausania, después de una detenida discusión para la que sirvió de base el proyecto presentado por Bar en la sesión de Munich en 1883, como miembro de la comisión nombrada en la sesión de Turín en 1882.

Tomaron parte en esa discusión de palabra ó por escrito, Bar, Goldschmidt, Westlake, Norsa, Lehr, Lyon-Caen, Torres-Campos, Fusinato, Glasson, Kœnig, y aunque todos, con escepción del segundo, estuvieron de acuerdo en aceptar la primera parte, no sucedió lo mismo con la segunda, en que hubo divergencias de detalle y de fondo.

El proyecto de Bar tenía cuatro soluciones, pero solamente fueron tomadas en consideración la primera y la segunda: la primera fué aceptada con una modificación en la redacción y la segunda de la misma manera, con una agregación propuesta por su autor y una supresión indicada por el Secretario General del Instituto.

Para fundar la primera, Bar decía en la sesión de Lausania: "habiendo adoptado el Instituto, de una manera general, la ley nacional como regla de la capacidad

personal, no parece que existan razones suficientes
para abandonar este principio cuando.se trata de negocios comerciales, tanto menos cuanto que se dudará frecuentemente sobre si un negocio cae bajo el dominio
del derecho civil ó del derecho comercial. Una vez adoptado el principio que la capacidad personal se rige por
la ley personal, es necesario admitir que aún la cuestión
del domicilio depende de la ley nacional: ninguno podrá cambiar su domicilio si no es capaz según su ley
nacional. Entonces, como el cambio de domicilio no es
negocio comercial, será menester, aunque se adopte el
principio del domicilio para los negocios comerciales,
buscar siempre si ha habido cambio de domicilio válido
según la ley nacional. En lugar de simplificar las cuestiones de derecho comercial, se las embrollaría haciendo una excepción para los negocios comerciales, y esta
excepción vendría á ser una fuente de decepciones para
el público. No hay, pues, sino esta alternativa: ó el sistema de la nacionalidad, ó el del domicilio para todos los
contratos sin excepción, y como el Instituto, después de
haberlo discutido maduramente, se ha decidido por el
sistema de la ley nacional, parece que debe persistir en
este principio, aun para el derecho comercial".

Para fundar la segunda parte decía en la sesión de
Munich que por ella se "busca un término medio que,
conservando el principio que hace regir la capacidad
personal por la ley nacional, proteje eficazmente al pú-

blico. En efecto, aquel que ha tenido negocios con un extranjero incapaz según la ley de su patria, no debería invocar la ley del lugar del contrato, si habia tenido conocimiento de la incapacidad del extranjero según la ley de su patria; y aquel que, contratando con un extranjero no cuida de asegurarse del estado y de la capacidad de la otra parte, no merece ser protegido especialmente por una disposición con abstracción de la ley sobre la capacidad. Nadie es protegido contra las consecuencias de una negligencia grave, y para apreciar esta negligencia, se debe tener en cuenta las circunstancias y disposiciones del contrato".

En la sesión de Lausania el mismo Bar, después de combatir el lugar del contrato para fijar la capacidad, como lo pretendian Lyon-Caen, Norsa, Lehr y Glasson, creía que " se podría exigir de aquel que invoca el beneficio de la ley del contrato, no solamente que sea de buena fe, sino también que haya contratado sin imprudencia grave "; y el Secretario general, pensaba que siendo "la intención de la comisión crear una excepción, no á la regla que la buena fe se presume, sino al principio de la ley nacional, y proteger no solamente la buena fe individual sino sobre todo la buena fe comercial del público", no es necesario hablar de la buena fe del contratante como lo hacía el proyecto de Bar, y proponía la supresión, lo que era aceptado por éste y por Glasson, dando lugar asi á la redacción de la regla, tal cual la hemos hecho conocer.

3° La capacidad personal en materia comercial es regida por la ley del domicilio de las partes. Sin embargo, el contrato será válido, en cuanto á la capacidad personal, si esta existe según la ley del lugar del contrato.

Goldschmidt formuló esta solución en contraposición á la de Bar, como miembro de la misma comisión á que pertenecía éste. Fundándola, y después de reconocer que la aplicación de la ley nacional á la capacidad de las personas respondia á la naturaleza exclusivamente nacional del Estado moderno, y de hacer notar las excepciones reconocidas á esa regla y como los contratos más importantes que nacen del derecho civil pueden regirse por ella, por su carácter,—no cree que pueda decirse lo mismo de los actos jurídicos que nacen de las relaciones comerciales.

Según él estos actos tienen un carácter eminentemente internacional, á diferencia de los contratos de la vida civil ordinaria. "La rapidez indispensable de las operaciones comerciales repugna tanto á la complicación de las formas, como al detalle de las investigaciones... En las relaciones comerciales, no se ocupan de la nacionalidad sino del domicilio ó del lugar del establecimiento. El domicilio ó lugar de establecimiento es conocido, y frecuentemente la nacionalidad no lo es. Es fácil determinar el primero y no es sino con gran trabajo que frecuentemente se establece la segunda. La posibilidad de domicilios *múltiples* tiene raramente una importancia *práctica*, y por otra parte, el derecho vigente no excluye la posibilidad de una doble nacionalidad. ¿Y qué sucede si el extranjero se hace naturalizar en el extranjero? ¿Se conocen acaso, estos actos, en las relaciones comerciales? Es exagerar el principio de la nacionalidad, el aplicarlo á las consecuencias jurídicas de las relaciones comerciales, y tal aplicación es incompatible con la libertad de circulación y de establecimiento que, en nuestra vida moderna, es reconocida á los extranjeros. Los más grandes estados comerciales de nuestra época, la Inglaterra, los Estados Unidos de América, la Alemania, se encuentran bien hasta el presente con el principio del domicilio y no podrán sacrificarle en las relaciones comerciales. Sin duda, resulta una divergencia muy incómoda entre los actos jurídicos que deben ser juzgados según el derecho civil y aquellos que deben serlo según el derecho comercial; pero esta divergencia subsiste en todo caso y está fundada en que las relaciones comerciales exigen en muchos aspectos otras reglas que las relaciones civiles. Es cierto que pueden resultar controversias en cuanto á saber si un acto jurídico debe ser juzgado según el derecho comercial, ó según el derecho civil, pero una limitación bien concebida impide que nazcan estas cuestiones frecuentemente, á lo menos en las relaciones internacionales."

Este sistema puede decirse seguido por todos los

escritores que aceptan por regla general la ley del domicilio para regir la capacidad de las personas y por nuestra parte pensamos que es el preferible, sin aceptar la segunda parte de que ya nos hemos ocupado al estudiar las obligaciones que nacen de los contratos en la materia civil.

Desde cualquier punto de vista que se examine la cuestión, el resultado tiene que ser el mismo. Si pensamos como el Instituto que en los negocios comerciales debe seguirse en cuanto á la capacidad la misma regla que en los asuntos puramente civiles, porque la ley que hemos aceptado para estos es la ley del domicilio y no la ley nacional. Si por el contrario creemos con Goldschmidt que los negocios comerciales reclaman reglas diferentes, porque esas reglas no pueden ser otras que as establecidas por la ley del domicilio.

Nos bastaría, pues, tener como reproducidos los razonamientos que hicimos al ocuparnos de la capacidad en general y de su aplicación á los contratos, y dar como aceptadas las consideraciones que hace valer Goldschmidt, para demostrar una vez más la superioridad de la ley del domicilio sobre la ley de la nacionalidad. Pero hay algo más: la aplicación de la ley de la nacionalidad á los negocios comerciales, puede producir dificultades que no produce la del domicilio.

Dos defensores de la ley de la nacionalidad, Lyon Caen y Renault, se han encargado de hacernosla conocer con dos ejemplos sacados de la legislación belga y francesa y que pueden aplicarse hasta á la legislación argentina. 1º "Un belga que hacía el comercio en Francia, muere dejando un heredero menor. ¿El tutor de este menor puede ser autorizado á continuar el comercio del difunto, de acuerdo con la ley belga?" 2º "La ley francesa exige la publicación por carteles de la autorización dada á un menor para hacer el comercio. Esta formalidad ha sido suprimida por el artículo 4 de la ley belga de 15 de Diciembre de 1872. ¿Si un menor belga es autorizado á ejercer el comercio en Francia, sería necesario hacer publicar la autorización por carteles?"

Aplicando la ley del domicilio ninguna de estas dificultades puede suscitarse, porque para ejercer el comercio en Francia necesitaría estar domiciliado el menor belga en este país, y entonces su ley personal, la que determinaría su capacidad, sería la ley francesa y no la ley belga.

Podríamos agregar algo más que no debe quedar olvidado por su importancia. El Código de Comercio de Italia ha venido en apoyo de la doctrina que adoptamos, alterando todos los principios consagrados por la legislación civil y que habían llegado á generalizarse y formar escuela, en tanto esta legislación era una de las primeras que habían incorporado á sus disposiciones las soluciones principales del derecho internacional privado.

El artículo 58 establece que: "En cuanto á la forma y requisitos esenciales de las obligaciones mercantiles, la forma de los actos que deben realizarse para el ejercicio y conservación de los derechos que de ellos se derivan, y á los efectos de los mismos actos, ó para su ejecución, se observarán respectivamente las leyes ó usos del lugar en que se emitan las obligaciones, ó donde se realicen ó ejecuten los actos susodichos, salvo siempre la excepción del artículo 9º de las disposiciones preliminares del código civil, en cuanto á los que se hallan sujetos á una misma ley nacional". Lo que importa establecer, en el punto de que nos ocupamos, que la capacidad para ejercer el comercio se rige por la ley del lugar donde se realizan los actos, todo lo contrario de la materia civil en que la ley que domina es la de la nacionalidad á que pertenece la persona.

¿Por qué tal cambio en la doctrina? ¿Acaso no valía más buscar la uniformidad entre la legislación civil y la comercial, como lo había pretendido Bar y consagrado mas tarde el Instituto? Los legisladores italianos, y entre ellos Mancini, empezaron por aceptar la separación en las materias de la letra de cambio, siguiendo la legislación alemana que da la preferencia á la ley del lugar del contrato, y concluyeron por generalizarla para todos los actos comerciales. Según Mancini y los demás miembros de las comisiones redactoras, la disposición se fundaba "en la tendencia cosmopolita del comercio, el cual concede menos consideración á la nacionalidad de los contratantes que al dominio del sistema consuetudinario de la plaza en que se celebran los negocios comerciales", "las reglas de derecho internacional privado codificadas en los artículos 6 á 12 de las disposiciones preliminares del Codigo Civil, eran insuficientes para satisfacer las necesidades y los intereses del comercio, ellas no bastaban para hacer desaparecer todas las dudas que surgían en las materias comerciales y la severa y rigorosa aplicación á los actos comerciales fracasaba en el momento menos oportuno".

Dictado el Código, algunos escritores, como Fiore y Esperson, han pretendido que en la disposición del artículo no se comprendió lo referente á la capacidad, pero creemos con Vidari que es escusado toda argumentación á este respecto, no sólo porque en los requisitos esenciales se comprende la capacidad, sino porque expresamente lo manifestaron Mancini, Vitalevi y los que combatieron el artículo en las Cámaras.

La disposición ha sido aceptada en el extranjero por escritores de la importancia de Massé, aunque Vidari, sosteniendo la ley nacional, de acuerdo con la legislación civil, afirma que no podría ser peor pensada ni peor escrita.

los documentos; y así, si en las legislaciones argentina y alemana, puede decirse que el registro de comercio es como "el espejo fiel de todas las diversas faces por las que puede pasar la personalidad jurídica de un comerciante ó de una sociedad comercial", según la expresión de Vidari, ó llena en las operaciones comerciales, según Munsinger, las mismas funciones del registro de hipotecas, para las legislaciones francesa, belga, italiana, no sólo es deficiente en cuanto á los documentos que deben contener, sino tambien en cuanto á su publicidad.

En esta situación ¿cuál será la ley aplicable? ¿Será la ley del lugar donde ejerce el comerciante su profesión, ó la ley del lugar donde el acto de comercio es objeto de discusión?

Felix, Massé, Fuzier-Hermán, Carpenter, Frèrejouan du Saint, Asser y Rivier, Pradier-Foderé, Vincent y Penaud y Lyon-Caen y Renault, sostienen que la obligación del registro debe cumplirse según la ley del lugar donde ejerce su profesión el comerciante y en el registro de ese lugar; y esta es la opinión común que ha aceptado también la jurisprudencia.

Esta solución nos parece acertada. Desde que la matrícula del comerciante debe inscribirse en el registro, ya sea como condición para tener la calidad de comerciante, según algunas legislaciones, ya para gozar de la protección y de las ventajas que acuerda la legislación comercial, según otras, es lógico que rija la misma ley que sirve para determinar si una persona tiene ó no la calidad de comerciante.

Fuera de esto ¿no es también en el interés de los terceros que se establece la inscripción? Los terceros necesitan conocer la situación en que se encuentra aquel que ejecuta actos de comercio, haciendo de ello su profesión habitual, y la inscripción que facilita su conocimiento, debe hallarse en el lugar en que los actos se efectúan y con arreglo á la ley que impone la obligación.

La publicidad de los documentos puede haberse efectuado en otro país en el momento de producirse, pero no ser ella la reclamada por la ley mercantil del país en que se ejerce el comercio. Las convenciones matrimoniales, las sentencias de divorcio ó de separación de bienes, las escrituras de sociedad y los poderes que se otorguen á los factores ó dependientes se producen en el extranjero, siendo ó no comerciantes, ejerciendo las facultades en el mismo país en que se otorgan ¿Podría considerarse esto bastante? No sin duda, porque esa publicidad ó esa inscripción, no sería suficiente para los objetos que se imponen en el país en que se pretende ejercer los actos, y porque la calidad de comerciante como tal depende del ejercicio habitual que está sometido á condiciones determinadas. La obligación, como dicen Lyon-Caen y Renault, se impone al comerciante mismo y poco importan el lugar en que el contrato se ha efectua-

do y el oficial público que ha efectuado el acto antes de
ejercer el comercio en el país que reconoce á la persona
como comerciante.

II

La variedad de operaciones que ejecuta el comerciante
requiere la existencia de libros en que consten y por
medio de los que pueda conocer, en todo momento, la
verdadera situación en que se encuentra. De aquí la obligación de llevar esos libros, obligación que todas las
legislaciones han cuidado de establecer.

Pero si existe la obligación de llevar libros en todas
las legislaciones, la misma uniformidad no existe respecto á la clase y número de esos libros, á la manera de
llevarlos y hacerlos valer en las cuestiones que puedan
suscitar las diversas operaciones. Así, para la legislación
francesa, la española, portuguesa, holandesa, argentina,
brasilera, chilena etc., los libros están determinados
como la manera de llevarlos y su importancia, mientras
que para la legislación inglesa la libertad del comerciante
es completa á su respecto, no habiendo más sanción para
el caso de no existir anotación de las operaciones que el
descrédito consiguiente en el comercio y la prisión para
el caso de fraude.

¿Cómo se salvarán las dificultades que se presenten
ante semejante diversidad de disposiciones? ¿Cuál será

la legislación que deberá aplicarse, según los casos? Esto
es lo que debe resolverse y lo que vamos á examinar,
tomando en consideración las diferentes cuestiones que
pueden presentarse.

Los libros de comercio, por su importancia y por la
legislación á que se someten, pueden ofrecer dificultades:

1º En cuanto á su clase y número y á las formalidades
que se deben observar en el modo de llevarse;

2º En cuanto á su presentación y á la manera cómo
debe efectuarse;

3º En cuanto á su importancia para comprobar los
actos ejecutados por sus anotaciones.

Respecto del primer punto no puede haber controver-
sía: la ley aplicable es la ley del lugar en que el comerciante ejerce su profesión. Esta es la opinión común, ya
porque se considera la ley que impone la obligación,
como una ley de orden público, como lo afirman Lyon-
Caen y Renault, ya porque domine á este respecto la
regla *locus regit actum*, como la establece Asser y la
generalidad de los escritores.

Respecto del segundo punto se presentan dos soluciones diversas.

Según Lyon-Caen y Renault, es menester hacer una
distinción. Si se trata de saber si la comunicación ó
presentación debe ser ordenada, se consultará solamente la ley del país en que el comerciante tiene el

asiento de sus negocios; pero si la dificultad se encuentra en el modo cómo debe hacerse la comunicación ó la presentación, debe aplicarse la ley del tribunal que la ordena. Lo primero porque ''parece inadmisible que un comerciante establecido en un país extranjero, habiendo contratado allí, pueda, en una cuestión sometida á un tribunal francés, estar obligado á comunicar sus libros..., cuando ninguna obligación de esta clase le incumbe, según la ley de su país''; y lo segundo porque se considera como parte del procedimiento, en cuyo caso el tribunal no debe seguir sino su propia legislación.

Según Asser y Rivière, el derecho de una parte para obligar á la otra á presentar ó comunicar sus libros, se resuelve por la ley que gobierna la relación jurídica sobre que se funda la pretención; y la orden de presentación ó de comunicación, emanada del juez en el curso del proceso, depende de la ley del tribunal. Lo primero porque las consecuencias de la no comunicación de los libros ''no se conciben sino á título de pena infligida por contravención á las disposiciones legales que conciernen á la obligación de tener libros, ó por la presunción de un contenido desfavorable á la parte que no los presenta, y si no existen ni libros ni obligación de tenerlos, no hay lugar evidentemente, ni á la presunción mencionada, ni á una penalidad cualquiera''. Lo segundo porque la orden de comunicación ''hace parte de la instrucción del proceso''.

Nos decidimos por esta última opinión. La exhibición de los libros de un comerciante, sea ella general ó parcial, es la consecuencia de la obligación de tenerlos, y el comerciante que contrata debe conocer ó no la existencia de esa obligación así como si el acto que celebra va á justificarse por medio de sus partidas.

Si la comercialidad del acto depende de la ley que rige la substancia de dicho acto, su justificación, ó más bien su manifestación en los libros del comerciante, debe seguir la misma ley. No se comprendería de otro modo semejante solución, una vez que lo uno es la consecuencia de lo otro, en tanto se trata de comerciantes y sus actos deben llenar todas las formalidades de la ley comercial que les dá existencia como actos comerciales.

Respecto al tercer punto, fuera de la opinión de Paciano, que propone distinciones relativas á la importancia del litigio y á la calidad de las partes, y de Voët que abandona la cuestión á la voluntad del juez y subordina la resolución al imperio de las circunstancias, pueden señalarse cinco opiniones diferentes:

1ª La fe debida á los libros de comercio se juzga según la ley del lugar en que son llevados.

Siguen esta opinión Felix, Savigny, Story, Riquelme, Bonnier, Phillimore, Guthrie, Westlake, Wharton, Pinedo, Fiore, Laurent, Weiss, estando aceptada por el Instituto de derecho internacional. "Parecería, dice Savigny, que esta clase de prueba entrara en el derecho

del procedimiento, y por consecuencia debería estar
sometida á la ley del lugar de la jurisdicción. Pero aquí
la prueba es inseparable de las formas y de la eficacia
del acto jurídico mismo que constituyen el elemento determinante. El extranjero que trata con un comerciante
establecido en un país en que los libros de comercio
hacen fe en justicia, se somete al derecho de este
país ".

2ª La fuerza probatoria de los libros de comercio
se rige por la ley del acto mismo que se quiere probar.

Siguen esta opinión Massé, Asser y Rivière, Pradier-
Foderé, Olivart. "Es la ley del contrato que decide, dice
Massé, porque se trata de un medio de prueba que se
relaciona con el vínculo y la fuerza del contrato, y que
por consiguiente se comprende en lo decisorio". "El
ejercicio de un derecho, dice Asser, no está asegurado
de una manera completa si no se puede probar la existencia en caso de contestación. El empleo de las pruebas
es inseparable del derecho mismo."

3ª La fuerza probatoria de los libros de comercio se
rige por las leyes del tribunal que conoce del litigio en
que la prueba por los libros debe ser producida.

Siguen esta opinión, Schœffner, Mittermaier, Unger,
Walter. Schœffner, de quien tomamos la conclusión, no
dá fundamento alguno al determinarla, y Mittermaier,
aplicando á los libros el mismo razonamiento que á la
prueba testimonial, cree que desde que el juez forma su

convicción por los libros que se presentan ante él, debe apreciarlos según la ley que rige el proceso.

4ª La fuerza probatoria de los libros de comercio se rige, como regla general, por la *lex fori*, pero si la ley del lugar del contrato le dá más extensión ésta primará sobre aquella.

Esta conclusión, que es presentada por Bar, y en cuyo favor cita algunas decisiones de los tribunales alemanes, se forma, como se vé, de los dos sistemas opuestos. Su autor cree que por medio de ella " ha hecho lo posible para resolver la controversia ".

Preferimos el segundo sistema ó solución. La existencia del acto que se busca comprobar depende de los medios para efectuar esa comprobación. ¿Dónde se encontrarán esos medios? En el lugar en que se considera formado el acto, ó más bien, para hacer más general la contestación, en el lugar de la ley que rige el acto, según los principios admitidos á este respecto. El acto toma nacimiento de acuerdo con una ley que se incorpora á su existencia misma y lo sigue hasta su realización definitiva. ¿Cómo comprobar todo ese proceso? ¿Puede pedirse á una ley extraña los medios de comprobación?

La *lex fori* gobierna lo que se produce bajo su acción, es decir, lo que nace con ella y se somete á su dirección. Así sucede con los procedimientos, pero no puede producirse con la prueba que la relación de derecho ha in-

corporado á su existencia, cuando se somete á la forma y
al momento del juicio cuya dirección está confiada á los
tribunales competentes que si tienen leyes para funcionar, no las tienen para imponerse á lo que viene á juicio
invocando una existencia anterior.

Delamarre y Le Poitvin, siguiendo la misma solución,
la comprueban con un ejemplo. "Cuando en el momento de embarcarme para Lorient, donde habito, digo
de viva voz á Luis López, mi corresponsal que ha venido
á acompañarme hasta el embarcadero, que me envíe lo
más pronto posible 20 cuarterolas *Málaga* á tal precio,
de tal año y de tal calidad ; si él me responde inmediatamente que ejecutará mi orden, es evidente que el
contrato se forma bajo el imperio de la ley española; y
sería lo mismo bien formado en España, por la ejecución
completa ó solamente principiada de una orden que hubiese enviado á Luis López desde Lorient. Habiéndome
sido exdedidos y facturados los vinos á 1200 reales la
cuarterola, mientras que yo sostengo que no debía serlo
sino á 900 según nuestra convención oral, soy citado
ante el tribunal de mi domicilio. Si mis libros son irre-
gulares y los de López exactamente conformes con lo
prescripto en el código español, sus asientos harán plena
fe en Francia, como lo harían en España sobre la compra
del vino á 1200 reales la cuarterola. En verdad, si habiéndome citado ante el juez español, López hubiese
obtenido una sentencia favorable, esa sentencia no sería

ejecutoria en Francia sino después que mis jueces naturales hubieran verificado y declarado que se había juzgado bien. Pero, como lo dice Boullenois (Questions mixtes, 17 quest., p. 331), *el derecho de las partes no depende del acaso de las jurisdicciones; stylus respicit ordinem litis, non decisionem.* En virtud de este principio López está sometido á la forma de proceder en Francia. Pero *tacito populorum consensu,* los contratantes están sometidos á las leyes del país en que el contrato se forma, no solamente en lo que corresponde á su naturaleza y á su modo de ejecución, sino aún en lo que corresponde á la prueba de todo lo que se le relaciona. Según este principio, admitido en todas las naciones, *usu exigente et humanis necessitatibus,* se admite sin dificultad en los tribunales franceses, una información levantada en el extranjero según las formalidades del país. El juez está, pues, obligado á tomar como constante el hecho comprobado por los libros de López; pensamos que si no lo hacía, su sentencia debería ser revocada por violación del artículo 42 del Código de Comercio español, convertido accidentalmente en ley francesa entre los contratantes, y de la disposición final del artículo 45, respecto al comerciante que no tiene sus libros de acuerdo con la ley... Pero si el mismo día ó el dia siguiente de mi llegada á Lorient, yo he extendido en mis libros la compra á 900 reales la cuarterola y estos están llevados de acuerdo con lo establecido en el Código de Comercio, el juez no podría admitirlos ó rechazarlos *pro arbitrio* aunque pudiera hacerlo si el litigio fuese entre franceses, porque, si no hay convención en contrario, es un principio de razón y de equidad que entre contratantes, el derecho sea igual para las dos partes. Por consecuencia, estando mis libros tan bien llevados como los de mi adversario, esos libros se neutralizan, y el juez debe juzgarnos según las reglas del derecho, de acuerdo con la disposición final del artículo 53 del Código Español... Luego en el caso propuesto en que no hay otros documentos que los libros, López no puede sino sucumbir, puesto que todo demandante debe probar su demanda, y entre dos precios, uno más elevado que otro, cuyo *máximum* y *mínimum* permanece en una incertidumbre igual, el juez no debe aceptar sino el menor ".

III

Otra de las obligaciones de los comerciantes es la rendición de cuentas. Toda negociación es objeto de una cuenta. El comerciante necesita comprobar sus operaciones una vez concluidas y recibir el saldo á su favor ó abonar el que resulta en su contra, y para ello es preciso que la cuenta lo establezca, dando lugar á su examen.

¿Cómo se rendirá la cuenta? Las operaciones pueden haberse producido en un lugar distinto de aquel en que

se encuentra la persona por cuyo encargo se han llevado
á efecto, ó en diferentes lugares. ¿Cuál será el lugar de
la cuenta? ¿Cuál será la ley aplicable?

Las cuentas deben rendirse en el lugar en que se encuentra la administración que ha producido la operación
ú operaciones efectuadas, y deben comunicarse á la persona interesada para que determine á su respecto lo que
considere conveniente á sus derechos. Es allí donde se
han llevado á cabo los actos, y es allí donde se encuentran todos los antecedentes, todas los comprobantes de
las partidas que forman la cuenta, ya por razón de los
libros, ya por los documentos á que sus asientos hacen
referencia.

Lo mismo diríamos respecto á la ley aplicable para
determinar el tiempo, forma y demás requisitos de la
rendición de cuentas. Todo debe ser determinado por
la ley del lugar de la administración, porque es allí donde
se celebran los actos y donde la voluntad de las partes
ha determinado la ley aplicable. El tiempo, porque es la
ley bajo cuyo imperio se llevan á cabo los actos; la forma
por la regla *locus regit actum;* los demás requisitos, porque es la ley del lugar de la celebración que los determina cuando los interesados no han manifestado otra
cosa.

IV

El Código de Comercio de la República en los artículos 33 á 74 ha legislado detenidamente sobre el registro de comercio, sobre los libros de los comerciantes y sobre la rendición de cuentas, como obligaciones comunes á todos los que profesan el comercio, pero no se ha detenido á considerar las dificultades que hemos estudiado, sin duda porque su silencio debe entenderse como la voluntad de aplicar las soluciones de la ley civil que es supletoria en todos los casos, según lo dispone el artículo 207.

Sin embargo, la ley civil no puede concurrir sino con soluciones generales que suelen aplicarse solamente por analogía, desde que el registro, los libros y la rendición de cuentas son especialidades del comercio; y tales serían las que se refieren á la forma de los actos y á las obligaciones que nacen de los contratos.

Debemos recordar únicamente, en cuanto á los libros de comercio, el artículo 66 que establece que " para ser admitidos en juicio deberán hallarse en el idioma del país", y "si por pertenecer á negociantes extranjeros estuvieren en diversa lengua, serán préviamente traducidos en la parte relativa á la cuestión por un intérprete nombrado de oficio"; de donde se desprende que los comerciantes pueden llevar su contabilidad en cualquier idioma, á diferencia de otras legislaciones que prohiben el hacerlo en otro idioma que el del país.

En cuanto á la rendición de cuentas se encuentra el artículo 68 que determina el modo cómo deben rendirse, determinando la obligación de hacerlo: "toda negociación es objeto de una cuenta; toda cuenta debe ser conforme á los libros de quien la rinde, y debe ser acompañada de los respectivos comprobantes". El artículo 74 designa el lugar en que debe efectuarse: "la presentación de cuentas debe hacerse en el domicilio de la administración, no mediando estipulación en contrario ".

SECCIÓN III

DE LAS BOLSAS Ó MERCADOS DE COMERCIO

Sumario: I. Las Bolsas ó Mercados de Comercio. Su carácter y ley aplicable según los diferentes sistemas. — II. Títulos negociables. Personas que pueden negociar. Forma de la negociación. Ley que los rige. — III. Cotización de los valores. Ley que los rige. — IV. Operaciones á término. Diferente manera de apreciarlas. Ley aplicable. — V. Legislación Argentina.

Las bolsas ó mercados de comercio son la reunión de los comerciantes y agentes de comercio con el objeto de tratar sus propios negocios; y en este sentido puede decirse que son instituciones indispensables para facilitar las transacciones comerciales y garantir en cierta manera su legalidad.

La influencia que ejercen en la vida comercial no puede ser más importante: son las operaciones que en ellas se efectúan, las que establecen los valores de las mercaderias, de los títulos y de la moneda, teniendo en cuenta la oferta y la demanda, y los intereses públicos y privados dependen, puede decirse, de la seriedad y rectitud con que las operaciones se llevan á cabo.

En este sentido, fácil es comprender el interés que despiertan en la sociedad sus movimientos y como en todos los tiempos su existencia y su marcha ha sido objeto de una atención preferente por parte de los poderes públicos de los estados que los han tomado como un estorbo á sus miras financieras, ó como instrumentos que era necesario dominar, ó por lo menos vigilar cuidadosamente.

De aqui que hasta hoy mismo su constitución se presente bajo tres formas diferentes: 1º institución puramente oficial, como en Francia, en Alemania, en España, en Rusia, en Ginebra; 2º institución enteramente libre, como en Inglaterra, Bélgica y Estados Unidos; 3º institución autorizada y vigilada por el Estado, como en Austria é Italia.

No somos partidarios de las Bolsas oficiales ni de las

Bolsas libres, pero sí de las Bolsas intervenidas por los poderes públicos, en el sentido no de limitar sus operaciones ni de impedirlas, pero sí de conocer la manera cómo se constituyen y cómo cumplen la misión que les está confiada por sus estatutos. Organizadas las Bolsas, ellas constituyen, para ciertas operaciones, un monopolio de hecho en tanto es imposible la existencia de varias con el mismo objeto; pero, aún cuando no fuera así, sus operaciones no sólo afectan los intereses personales de los que las llevan á cabo, sino también los de la sociedad en general, y entonces es necesario que se organice un control, sea cual fuere, que dé garantías suficientes que el interés de unos pocos no se sobreponga al interés de todos y haga peligrar el bienestar general.

Comprendemos que en un orden regular de cosas, es siempre la oferta y la demanda las que establecen el precio, las que determinan los valores sea de mercaderías, títulos ó monedas; pero si en esa oferta y en esa demanda no hay seriedad, si se alteran sus términos en provecho de unos cuantos y esto ni se impide ni se castiga, entonces el interés social será el juguete de los audaces que buscan la fortuna por todos los medios.

En los países que viven bajo el curso forzoso y en que la moneda se cotiza como tal en las Bolsas, no es posible la libertad sin control que lleva fácilmente á la licencia, porque la licencia en la moneda es la alteración diaria en su valor y con ella la incertidumbre en todas las tran-

sacciones y su limitación como consecuencia, conspi-
rando así contra el objeto mismo de su institución.

Pero sea de ello lo que fuere desde el punto de vista de
la doctrina jurídica, la verdad es que las Bolsas se presentan constituidas bajo diferentes formas y que es necesario conocer su importancia en las relaciones de derecho
internacional privado. ¿Con arreglo á que ley se juzgará
su existencia?

La solución no nos parece difícil. Si en el pais en que
está constituida es una institución oficial, la ley será la
ley del propio país y bastará el hecho mismo de su
existencia para que se le reconozca como tal. Si es una
institución completamente libre ó autorizada y vigilada,
su ley será la que corresponda á la sociedad que la
caracteriza, y tendrá la personería exterior que á ella
pertenezca.

II

No todos los que pueden contratar pueden efectuar
operaciones de Bolsa, ni todos los títulos ó valores son
admitidos indiferentemente en esas operaciones.

Así en unos países toda operación de Bolsa debe efectuarse necesariamente por medio de los agentes especialmente autorizados para ello, mientras que en otros
existe libertad completa á ese respecto, de modo que,
ya sea directamente ó por cualquier intermediario, pueden llevarse á cabo. ¿Cuál será la ley aplicable al acto

celebrado en un lugar en que la ley exige la intervención del agente, cuando ese acto debe ejecutarse ó es materia de discusión en otro lugar en que tal intervención no es necesaria ?

La solución, á nuestro juicio, está en la ley del contrato y tal parece ser la que indica la jurisprudencia belga, aceptada por Rivière y por Pradier-Fodéré.

No sucede lo mismo con el título que es objeto de la negociación, porque si bien su creación se debe á la ley en que la sociedad ó el comerciante efectúa sus operaciones, su circulación y su cotización depende de la ley del lugar en que se quieren efectuar.

Una sociedad emite las acciones en el lugar en que funciona y con arreglo á sus leyes, pero esas acciones son adquiridas por individuos que residen en países extranjeros. ¿ Cuál será la ley que resolverá si los títulos son ó no cotizables en el mercado comercial que no es el de su creación ? La ley de este mercado, ya por medio de las autoridades públicas, ya por medio de las autoridades que dirigen las Bolsas. La circulación de un título debe ser controlada por la ley del lugar de esa circulación, para evitar los abusos y los fraudes á que se prestaría fácilmente en caso de que se pudieran crear papeles que, debiendo circular fuera del país, carecieran de toda seriedad y garantía.

Una sociedad, una administración pública, lanza á la circulación una emisión de títulos con primas determinadas que dependen exclusivamente de la suerte. Si la circulación se efectúa en otro lugar que el de su creación, corresponderá á su ley el resolver si debe ó no considerar el título como un billete de lotería, estando prohibida ésta, y en tal caso impedir la cotización. Así lo ha resuelto la jurisprudencia francesa y lo aceptan entre otros escritores, Rivière, Buchère, Rousseau, Mack, Weiss, Vincent y Penaud, Surville y Arthuys, Waliszewski.

Una sociedad emite sus títulos ú obligaciones con arreglo á la ley de su domicilio y se negocian en otro lugar y bajo el imperio de otra ley. La forma de los títulos emitidos y sus condiciones de emisión se determinan por la legislación del país en el cual la sociedad ha sido formada y por lo tanto con arreglo á ella se resolverá si corresponden á títulos al portador ó á personas designadas, si sus requisitos externos son ó no los que determinan sus estatutos. No se resuelve lo mismo cuando se trata de la capacidad de los que negocian los títulos, ni de la forma de la negociación, porque lo primero se resuelve por el estatuto personal de las partes, y lo segundo por la regla general *locus regit actum*.

III

Concentrándose en las Bolsas ó mercados las operaciones comerciales, uno de los resultados más importantes es precisamente la fijación del curso del cambio, el precio corriente de las mercaderías, fletes, seguros, fondos públicos y otros cualesquiera papeles de crédito cuyo curso sea suceptible de cotización.

La manera de efectuar la cotización de los valores varía según los reglamentos de las Bolsas y según las garantías que para ello se crea indispensable establecer. Así, mientras que para unas la cotización se tiene por establecida por cada operación que se lleva á cabo en las horas oficiales y por las personas autorizadas, en otras se efectúa por personas extrañas á los que operan y tomando en conjunto todas las transacciones del día.

¿Con arreglo á qué ley se tendrá por establecida la cotización? Si un agente de un país encarga al agente de otro una operación de bolsa, la compra de un título cualquiera por el precio corriente ¿se entenderá éste el precio de una operación cualquiera ó el término medio de todas las operaciones? Será el precio fijado en la plaza en que se adquiere y de acuerdo con los reglamentos de la Bolsa en que se hace la operación.

Y la razón es obvia: el agente ó corredor que lleva á cabo la operación, ó procede como un comisionista ó como un mandatario, y en ambos casos el acto que celebra se rige por la ley del lugar en que se encuentra.

IV

Las operaciones de Bolsa son al contado ó á plazos, y si sobre las primeras no ha habido dificultad, no sucede lo mismo con las segundas, en tanto en ellas puede ir envuelta una operación de juego que la ley castiga como contraria á los intereses morales y económicos de la sociedad.

Dificilmente se presentará una cuestión, como la referente á la apreciación de las operaciones á plazo, que haya dado lugar á mayores controversias en la doctrina y alteraciones en la legislación y en la jurisprudencia de los tribunales. Así, se rechazan como operaciones de juego en las legislaciones de Rusia y de Francia antes de la ley de 1885, estando de acuerdo Bozerian y Bravard-Veyrières; se admiten como válidas, aunque deban resolverse por simple diferencias, en Inglaterra, Francia, Suiza, Italia, Austria, España, estando de acuerdo Frémery, Leveillé, Guillard, Rendu, Badon-Pascal, Vidari, Deloison; se admiten como válidas en general, salvo que se justifique el juego, ya por el pago de diferencias ó porque no deban entregarse los títulos, en Bélgica y Alemania, estando de acuerdo Mollot, Buchère, Aubry y Rau, Laurent, Bastiné.

Establecida la naturaleza de la relación de derecho

que importan los contratos á término, la solución no puede ser difícil en cuanto á la ley aplicable. Desde que se considere el contrato como un contrato de juego, no es la ley del contrato la que debe aplicarse, sino la ley del lugar en que debe hacerse efectiva, una vez que esta ley los prohibe en interés del orden social.

V

La Bolsa de Comercio de Buenos Aires, organizada en 1822 por el Consulado, á iniciativa del Poder Ejecutivo, ha tenido más tarde una situación *sui generis,* en tanto su existencia ha sido el resultado de una simple asociación de personas sujetas á sus reglamentos internos, pero sin revestir ninguna de las formas establecidas para las sociedades comerciales por la legislación mercantil.

El Código de Comercio, sancionado en 1860 para la provincia de Buenos Aires y adoptado para toda la Nación en 1862, no tuvo prescripción alguna especial respecto á las Bolsas, sin duda porque creyeron los codificadores que ello pertenecia más bien á una legislación especial. La reforma de 1889 ha llenado el vacío, estableciendo las reglas generales á que deben sujetarse tales establecimientos, confirmando la ley de 1879 y alterando la de 1886, que se referían á los corredores y á la legalidad de las operaciones á término.

Después de establecer en el artículo 75 que " Bolsa ó mercado de comercio es la reunión periódica de los comerciantes y agentes de comercio para facilitar y realizar operaciones mercantiles, darles seguridad y legalidad ", y que " el reglamento de estos establecimientos señalará lo que conviene á su policía interna ", sanciona en el artículo 76 la libertad de fundar tales establecimientos siempre que se tome " cualquiera de las formas de las sociedades mercantiles inscribiendo y publicando sus documentos constitutivos y teniendo como uno de sus fines expresos la fundación de tales establecimientos ".

En el artículo 77 autoriza la celebración, en las Bolsas ó mercados, de toda clase de actos de comercio; en el 78, declara " prohibidas todas las operaciones que bajo cualquier forma legítima impliquen un contrato aleatorio de los prohibidos por las leyes ", estableciendo que " no producirán acción en juicio y harán incurrir á sus autores y cómplices en las multas establecidas en el artículo 86 " que consisten en " mil á cinco mil pesos por cada infracción, aplicables por los jueces de comercio, de oficio, á solicitud fiscal ó de cualquiera del pueblo "; en el 79 prescribe que " cuando una operación resulte legítima para una de las partes y aleatoria para la otra, sólo producirá acción en favor de la parte de buena fé "; y en el 80 establece que " las especulaciones llamadas *juegos de bolsa*, que consisten en las ventas y compras que no obligan á ninguna de las partes á la entrega, que no deben resolverse sino por el pago de las diferencias, entre el día de la compra y el de la entrega, son contratos ilícitos que no producen efecto legal ".

En el artículo 81 establece la obligación de cumplir todos los contratos de bolsa que no se consideren entre los prohibidos ; en el 82 sujeta á los corredores de Bolsa á los requisitos y disposiciones establecidas para los demás corredores, concordando en esto con las leyes de 1879 y 1886 ; y en el 83 determina que " el resultado de las operaciones y transacciones reales y legítimas que se verifiquen habitualmente en las Bolsas ó mercados, determinará el curso del cambio, el precio corriente de las mercaderías, fletes, seguros, fondos públicos nacionales y otros cualesquiera papeles de crédito cuyo curso sea susceptible de cotización ", dejando, por el artículo 84, al reglamento interno de cada establecimiento la designación de las garantías indispensables para asegurar el cumplimiento de todas las disposiciones respecto á la cotización y á las operaciones prohibidas, y estableciendo en el artículo 85 como condición para la admisión de las personas en las Bolsas la capacidad para ejercer el comercio, y para la cotización que los títulos sean emitidos conforme á las leyes ó por sociedades legalmente constituidas.

De estas disposiciones se deprende que las leyes que rigen las Bolsas y sus operaciones son : la ley de las sociedades en cuanto á las Bolsas, y la ley del contrato, ó la ley de la República, en cuanto á las operaciones según constituyen un contrato ilícito por ser de los aleatorios prohibidos por las leyes, comprendiendo en estos los que se resuelven en el pago de diferencias, ó un contrato lícito de los que las operaciones de Bolsa ó mercado tienen por objeto como regla general.

En cuanto á la cotización oficial de los valores en la Bolsa de Buenos Aires, constituida de acuerdo con los principios del Código de Comercio, los estatutos establecen las condiciones con que podrá efectuarse. La autorización corresponde, según el inciso 9 del artículo 40, á la Cámara sindical que podrá concederla siempre que existan las siguientes condiciones: 1º Que el monto de la emisión de los títulos no sea menor de quinientos mil pesos moneda nacional (500.000 pesos); 2º Que tratándose de sociedades anónimas, sus estatutos se encuentren debidamente aprobados é inscriptos; 3º Que se encuentre colocado en el público y pagado el cuarenta por ciento de la emisión; 4º Que antes de acordar la cotización se publiquen en la Bolsa y en los diarios principales de la Capital los Estatutos y el Balance demostrativo que acredite el estado de la sociedad; 5º Que en los casos de tratarse de títulos de renta pública, nacionales, provinciales, municipales ó extranjeros, su emisión haya sido autorizada por ley y la Cámara sindical haya publicado las leyes respectivas en los salones de la Bolsa y las condiciones en que ha sido acordada la cotización.

Aunque en las disposiciones 1ª á 4ª no se mencionan los valores extranjeros, la generalidad de sus términos induce á pensar que les son aplicables igualmente, tanto más cuanto que en la 4ª se hace expresa mención de los títulos extranjeros de renta pública. Siendo así, esas disposiciones no corresponderían á las condiciones generales que la doctrina y la legislación aceptan comunmente y serían un inconveniente para la cotización de los títulos extranjeros. La 4ª disposición misma impone una restricción que limita la facultad de los estados extranjeros exigiendo precisamente una ley, cuando esto sólo puede depender de la organización del Estado á quien corresponda el título.

SECCIÓN IV

LOS AGENTES AUXILIARES DEL COMERCIO

SUMARIO: I. Los corredores. Su carácter y ley aplicable á su intervención.— II. Los rematadores ó martilleros. Carácter que invisten según la manera de desempeñar sus funciones y ley aplicable en consecuencia. — III. Barraqueros y administradores de casas de depósito. Papel que desempeñan y ley aplicable.— IV. Factores y dependientes de comercio. Papel que desempeñan y ley aplicable.—V. Acarreadores, porteadores y empresarios de transporte. Ley que rige sus contratos: opiniones diversas; solución.— VI. Legislación argentina.

"No sería posible, en general, dice Obarrio, que los comerciantes ejecutaran todas y cada una de las operaciones que constituyen su giro, realizando por sí mismos los diversos actos que los preparan ó consuman", y desde que "el ejercicio del comercio supone una serie no interrumpida de contratos y una labor activa en el movimiento de los negocios", se hace necesaria la intervención de auxiliares que faciliten estos y eviten toda lentitud que sería, sin duda, un enemigo imposible de combatir en otra forma.

El corredor es uno de estos auxiliares. No es un comerciante, aún cuando ejecuta actos de comercio: es un simple intermediario, cuyo único objeto es facilitar las transacciones, acercando á los interesados. Una vez que ha puesto en conocimiento de las partes las condiciones de la negociación de que está encargado, el corredor concluye su misión, desde que no realizando por sí acto alguno, no tiene el carácter de un mandatario ni de un comisionista.

La existencia de estos agentes se manifiesta en todas las plazas comerciales: puede decirse que es una necesidad si se quiere dar impulso y movimiento al intercambio de productos. Ni la necesidad de adquirir, ni la de desprenderse de un producto, está en conocimiento de los que se encuentran respectivamente en tal situación. Es posible además que la oferta y la demanda se manifiesten en tiempos y lugares diferentes. ¿Cómo podría realizarse la operación?

La doctrina como la legislación, si bien no están conformes en el carácter oficial ó no que deben tener los corredores, lo están en su condición de simples intermediarios, así como también en que por cada una de las partes interesadas puede intervenir un agente. El corredor se encuentra en una plaza y los interesados en diferentes; los corredores en diferentes plazas y lo mismo los interesados; el corredor en una plaza puede tener el carácter de un oficial público y en otra ser completamente libre. ¿Cuál será la ley aplicable al corredor y á sus actos y cuál á los contratantes y á sus actos.

En cuanto á los contratantes, no puede haber mayor dificultad. Desde que el corredor es intermediario, son los contratantes los que celebran directamente, en definitiva, el contrato: el corredor desaparece del acto mismo en el que no ha tenido ni tiene más responsabilidad que la que su papel de intermediario le impone. Los contratantes, como tales, seguirán su ley, según sean comerciantes ó no, y el contrato celebrado se regirá por la ley que rige en general á todos los contratos. No puede considerarse el contrato ni celebrado por correspondencia, puesto que no ha mediado ésta, ni por mandatarios, puesto que el corredor no lo es; sin embargo podría quizá asimilarse á uno ú otro y aplicársele su ley, como lo veremos al ocuparnos de los contratos.

Pero no sucede lo mismo en cuanto al corredor ó corredores que intervienen. Si ha sido un solo corredor el que ha colocado á los interesados en situación de celebrar el contrato, su intervención en cuanto al carácter que inviste, sus responsabilidades y sus derechos, no reconoce otra ley que la ley del lugar en que se ha efectuado. Si han sido varios, sería necesario distinguir los actos que afectan aisladamente á cada comitente y los que afectan á los dos en común: en los primeros cada uno se regirá por la ley del lugar donde ha ejercido la profesión, es decir, por la ley del país en que su carácter de corredor es reconocido; y en los segundos, por la ley del contrato celebrado por su intervención.

La primera solución se explica por sí misma : los actos de cada corredor para su respectivo comitente se toman como actos aislados que tienen su ley propia. No es lo mismo la segunda, desde que la celebración del contrato ha creado intereses que deben perseguirse en paises diferentes. Así, ¿cómo se procedería en el caso en que la comisión de corretage debe pagarse entre los dos comitentes ó por uno solo, sea el de la oferta ó el de la demanda, y las cantidades á pagarse sean diferentes según las leyes respectivas ? Ejercitándose el acto de los corredores en diferentes lugares no habría razon para

referirse á una ú otra ley en virtud del acto ó de la profesión. Lo que hay de común, lo que ha resultado de la
intervención de ambos es un contrato y es la realización
de ese contrato lo que ha dado lugar al corretage. ¿Por
qué no sujetar el corretage á la ley del contrato, que es la
ley común y que rige para los contratantes, tanto más
cuanto que son ellos los que deben satisfacerlo?

II

Los rematadores ó martilleros son los agentes auxiliares del comercio que sirven de intermediarios para la
venta de los objetos de que se les ha encargado : las personas autorizadas para vender públicamente y al mejor
postor las cosas que se les encomienda con tal objeto,
según la expresión de Huebra y Obarrio. Su nombre es
la consecuencia del martillo que emplean para dar el
golpe que indica que ha sido aceptada una postura y que
se ha realizado la venta con la persona que la ha hecho,
designándose también y por la misma causa con el nombre de casa de remate ó martillos, á los establecimientos
destinados para efectuar las ventas en esa forma, según
Tejedor.

Estos agentes tienen sus analogías con los corredores,
pero se diferencian radicalmente en su manera de proceder : los primeros no realizan operación alguna por

cuenta de quien han recibido el encargo y se limitan á aproximar á los que se muestran interesados en la negociación que les han propuesto, mientras que los segundos llevan á efecto la operación, la dan por efectuada y hasta proceden á la entrega de las mercaderías que han sido su objeto.

De aquí es que la misma doctrina se encarga de determinar, de acuerdo con esas conclusiones, el carácter de las vinculaciones jurídicas que producen. ¿Cuál es la naturaleza del contrato celebrado entre el rematador ó martillero y la persona que le entrega las mercaderias para la venta? ¿Es un mandato, una comisión, ó uno ú otro, según los casos? No puede establecerse la solución en uno ú otro sentido exclusivamente : el rematador ó martillero puede ser un mandatario ó un comisionista y esto depende de la manera de llevar á cabo la operación recibida.

Cuando el martillero ejerce su oficio sin la presencia del dueño de las mercaderías se reputan verdaderos comisionistas y sus relaciones jurídicas se rigen por las reglas del contrato de comisión. Cuando no es así y en todos los demás casos, el martillero se considera un mandatario y las relaciones jurídicas se rigen por las reglas del mandato.

Aplicando estas soluciones al derecho internacional privado ¿cómo deberán resolverse las dificultades? ¿Qué ley se aplicará á las relaciones entre el dueño de las mercaderías y el martillero, ó entre este y los terceros á quienes se los adjudica por el golpe de su martillo? En un caso las leyes del mandato y en otro las de la comisión.

III

Las transacciones comerciales no siempre se operan en una misma plaza, pues el consumo no suele estar en relación con la producción ó es necesario el cambio de otros productos para satisfacer otras necesidades. Sucede también que tratándose de una misma plaza, la enajenación de los productos no es conveniente ó está sujeta á consideraciones de tiempo oportuno. ¿Cómo esperar el momento, cómo conservar los productos?

El productor no tiene los medios de efectuar todos los actos necesarios para realizar el cambio completo, y es indispensable que se valga de terceros intermediarios, y entonces, "la guarda y conservación de los efectos por cuenta de otro se convierte en una verdadera especulación, llegando hasta dar nacimiento á considerables empresas".

¿Cuál es el acto que constituyen estos agentes que especulan con la guarda y conservación de productos? Es el depósito y los agentes ó se denominan administradores de casas de depósito ó toman un nombre especial, como sucede en los paises que comercian con los productos primos, sin sujetarlos á transformación alguna.

En tal caso el depósito no es un acto aislado que se manifiesta excepcionalmente, sino el hecho continuo y de cada momento que ha llegado á constituir una verdadera especulación, con separación de las operaciones sobre títulos bancarios. ¿Variará esto la naturaleza propia y esencial del contrato de depósito comercial? El agente podrá tener obligaciones propias que dependerán de la ley que domina en el lugar en que ejerce su profesión; pero el depósito será tal y las relaciones entre el depositante y el administrador de la casa de depósitos se regirán por la ley que rige el contrato de depósito en general.

IV

Cuando el comerciante no quiere ó no puede atender sus negocios, encarga á otras personas el efectuarlo bajo su responsabilidad para con los terceros. Si encarga la dirección total ó parcial de un establecimiento, el encargado toma el nombre de factor, si reclama el auxilio como empleados subalternos ya sea para llevar los libros, para el pago ó recibo de cantidades de dinero, ó para ventas ó compras asiladas en el lugar ó fuera de él, esos empleados se llaman dependientes.

Todo esto está consagrado en la doctrina, sea cuales fueren los nombres con que se designen los intermediarios. ¿Cuál es su carácter juridico? ¿Cuál es la ley que rige sus relaciones? ¿Son, acaso, agentes auxiliares como los otros?

Los factores y dependientes, á diferencia de los demás agentes, reconocen una dependencia de los comerciantes á cuyo nombre efectúan las operaciones, y en realidad con más ó menos variantes en la extensión ó importancia de sus facultades, son verdaderos mandatarios y el contrato que los vincula, es, por consiguiente, el contrato de mandato.

Entre factor y principal se forman las mismas relaciones que entre mandante y mandatario, de igual modo que entre factor, principal y terceros; y toda dificultad que se produzca, debe resolverse por la misma ley que rige esas relaciones en el mandato.

V

Mientras el transporte de las personas ó de las mercaderías se hacía en el territorio de cada Estado, los contratos no dieron lugar á grandes dificultades una vez que la uniformidad de las legislaciones los sometía á reglas también uniformes, pero cuando la actividad y el desarrollo de las operaciones comerciales exigieron la conducción á diferentes territorios, y esta conducción se hizo rápida y continua por medio de los ferro-carriles, la legislación de cada territorio reclamó su imperio y fué necesario preocuparse de los medios conducentes para impedir los efectos de sus diferencias.

Una persona se traslada de un territorio á otro y una mercadería comprada en un lugar debe ser entregada en otro. La empresa de transporte se encarga de efectuarlo conduciendo la persona ó la mercadería, á traves de los diferentes territorios, hasta el lugar del destino. ¿Cómo deberá considerarse la empresa, según la ley aplicable? ¿Cuál será la ley que regirá el contrato celebrado para el transporte?

La empresa, como agente comercial, se regirá por la ley que lo constituye en tal agente, es decir, por la ley del lugar en que ejerce su profesión. No puede ofrecer dificultad esta solución que es generalmente aceptada, pero no sucede lo mismo respecto á la ley del contrato.

Según Laurent, Feraud-Giraud, Ruben de Couder, Lecasble, Munzinger, Levi, de Tullio, Vidari, Torres-Campos, Marino, Duverdy, Weiss, Redfield, el contrato de transporte internacional se rige por la ley del lugar donde se celebra ó donde se entrega la mercadería para ser trasportada. Se funda esta solución para unos en que esa es la ley de todo contrato y para otro, en que por el hecho de aceptar el transporte por medio de diversas empresas, la que se ha impuesto tal obligación ha celebrado con todas ellas una sociedad de hecho cuya base de operaciones se encuentra en el lugar en que funciona contrayendo tal obligación.

Según Thaller, la ley del lugar de la expedición determina la manera cómo se forma el contrato, así como la responsabilidad por las pérdidas, averías, retardos, y la ley del lugar del destino todas las condiciones y requisitos de la entrega. Esta solución no es sinó la aplicación de la regla general sobre los contratos que establece la diferencia entre la celebración y la ejecución, que Marino demuestra ser inaceptable en su aplicación á los transportes por ser contraria al *derecho* y al *hecho*.

Picoli, informando á nombre de la sub-comisión encargada de estudiar la materia de transportes, al discutir el proyecto de Código de Comercio italiano, cree, de acuerdo con las jurisprudencias alemana y francesa que invoca, que debe hacerse una diferencia según sean varios ó uno solo los porteadores. Así dice: "cuando un transporte tiene lugar de un estado á otro por medio de varios porteadores, la obligación que cada uno de ellos contrae aceptando la mercadería con la carta de porte, se regula por la ley del lugar en que se ha efectuado la aceptación... Si es uno solo el porteador, se aplicarán las leyes del lugar en que se ha hecho cargo del transporte".

Creemos que la solución debiera ser la aplicación de la ley del contrato, dejando que las empresas se entiendan respectivamente en cuanto á la manera de determinar sus derechos y obligaciones, y sin duda que como ley del contrato, á falta de una manifestación expresa de voluntad, ninguna mejor que la de la celebración, en tanto allí está presente el cargador y el pasajero puede tomar todas las medidas y garantías indispensables para asegurar sus derechos.

Pero como en los contratos de transportes se suele limitar la responsabilidad de las empresas, y esta limitación no es considerada de igual manera en las diferentes legislaciones, es indispensable establecer si se le aplicará ó no la misma ley.

Si una empresa se limita á establecer las condiciones que deben observarse para determinar su responsabilidad, las cláusulas respectivas no se pueden considerar como incluidas en las leyes rigorosamente obligatorias, puesto que, como dice Laurent, "no ponen al pasajero ó al cargador en manos de la empresa, de su negligencia y menos aun de su mala fé, y les dan, por el contrario, el medio de asegurarse una garantía completa, sometiéndose á las condiciones propuestas por ella, condiciones cuyo fin es conciliar los intereses de las dos partes contratantes".

Si, por el contrario, en virtud de la ley del lugar, la empresa establece su irresponsabilidad, y la ley del destino ó la del tránsito declaran nula tal cláusula, deberá primar esta sobre aquella, porque la disposición se funda en un interés de orden público, según la opinión común.

VI

El Código de comercio de la República establece en su artículo 17 que deben ser considerados agentes auxiliares del comercio los corredores, los rematadores ó martilleros, los barraqueros ó administradores de casas de depósitos, los factores ó encargados y los dependientes de comercio, y los acarreadores, porteadores ó empresarios de transporte; pero legislando acabadamente sobre cada uno de ellos, deja, sin duda, á la doctrina la solución de las cuestiones que interesan al derecho internacional privado.

En este sentido podríamos decir que las soluciones que hemos presentado son concordantes con sus prescripciones generales, desde que tratando de los corredores les da el carácter de simples intermediarios; de los rematadores ó martilleros establece en su artículo 121 que "cuando ejercen su oficio dentro de sus propias casas ó fuera de ellas, no hallándose presente el dueño de los efectos que hubieren de venderse, son reputados verdaderos consignatarios y sujetos como tales á las disposiciones del capítulo *de las comisiones ó consignaciones*", debiendo considerarse en caso contrario, como simples mandatarios; de los barraqueros y administradores de casas de depósito, prescribe en el artículo 131 que les son aplicables las disposiciones del título *Del depósito;* de los factores ó encargados y de los dependientes de comercio determina en los artículos 132 y siguientes que representan al principal, obran en su nombre y necesitan autorización para ello, de donde se desprende claramente su carácter de mandatarios; de los acarreadores, porteadores ó empresarios de transporte en los que incluye la empresas de ferro-carriles, establece : en el artículo 163 que "cuando el acarreador no efectúe el transporte por si mismo sino mediante otra empresa, conserva para con el cargador su calidad de acarreador, y asume á su vez, la de cargador para con la empresa encargada del transporte"; en el artículo 171 que "el acarreador responde por los acarreadores subsiguientes encargados de terminar el transporte", los que "tendrán derecho de hacer declarar en el duplicado de la carta de porte, el estado en que se hallan los objetos del transporte al tiempo de recibirlos, presumiéndose, á falta de tal declación, que los han recibido en buen estado y conforme á la carta de porte" y quedarán " subrogados en los derechos y obligaciones del primer acarreador "; en el artículo 204 inciso 2° que "los reglamentos ó estipulaciones de las empresas que hubiesen ofrecido sus servicios al público, excluyendo ó limitando las obligaciones ó responsabilidades impuestas por este código, serán nulas y sin ningún efecto", y en el artículo 205 " que las acciones que resulten del contrato de transporte podrán ser deducidas ante la autoridad judicial del lugar en que resida un representante del porteador, y si se trata de caminos de hierro, ante la autoridad judicial del lugar en que se encuentre la estación de partida ó la de arribo".

La convención celebrada entre la República Argentina y Chile con motivo del ferro-carril que debe unir ambos paises no ha establecido sino las reglas generales que deben servir para facilitar y garantir el tráfico, y el Congreso sud-americano ha determinado en el artículo 3º que los agentes auxiliares del comercio, entre los que se cuentan los acarreadores, porteadores y empresarios de transporte, "están sujetos á las leyes comerciales del país en que ejecutan su profesión".

CAPÍTULO II

DE LOS CONTRATOS DE COMERCIO

Sumario: I. Los contratos comerciales y la ley que los rige. Sistemas diversos según la doctrina aceptada respecto á la influencia de la legislación civil.— II. Naturaleza del acto según los contratantes. Soluciones diferentes en la doctrina y en la legislación comercial. Ley aplicable para obtener la solución.— III. Contratos por correspondencia epistolar ó telegráfica. Sistemas diferentes en el derecho común, origen, fundamento y solución. Ley aplicable: sistemas, crítica, solución.— IV. Contratos por teléfono. Sistemas en el derecho común, origen, fundamento, solución. Ley aplicable: opiniones diferentes y sus fundamentos. Solución.—V. Contratos celebrados por medio de corredor. Lugar en que se perfeccionan. Ley aplicable según su clase y según el número de corredores que intervienen.—VI. Reglas especiales á la materia comercial: solidaridad y condición resolutoria. Ley aplicable.—VII, Interpretación de los contratos. Sistemas diversos respecto á la ley que corresponda aplicar. Solución. — VIII. Legislación argentina.

¿ Cuál es la relación en que se encuentran el derecho civil con el derecho comercial ? ¿ Es uno la regla y el otro la excepción, son dos especialidades que se vinculan en algunos puntos, ó cada uno tiene su vida independiente

y completa? Es necesario resolver esto préviamente para facilitar la solución de todas las dificultades que pueden presentarse.

Conocidas son estas dudas en el derecho comercial,
así como también la anarquía de opiniones á su respecto; y, ó se afirma lo primero con Troplong, Massé, Clama-
geran, Tejedor, Obarrio, Lyon-Caen y Renault, ó lo
segundo con Vidari, Marghieri, Goldschmdit, Padoa, ó
lo tercero con Delamare y Le Poitvin. ¿Cuáles serán las
consecuencias? Son fáciles de preveer : si lo primero, las
disposiciones de la ley civil se aplicarán á las relaciones
comerciales á falta de una disposición especial de la ley
mercantil; si lo segundo, la solución se buscará préviamente en los usos y costumbres comerciales, y no en-
contrándola en éstos, en las leyes análogas y en las
civiles ; si lo tercero, los usos y costumbres suplirán la
ausencia de la ley comercial, sin que en ningún caso y
por falta de esta, se pueda aplicar la ley civil, si expresamente á ella no se ha referido aquella.

Así, dos comerciantes celebran un contrato comercial
en un lugar para ser cumplido en otro. ¿Cuál será la ley
de los efectos en tal contrato? ¿Será la establecida por
la ley civil ú otra diferente que se deba buscar en los
principios de las relaciones comerciales?

La doctrina tiene que ser consecuente : será lo uno ó
lo otro según el principio que sirva de punto de partida,
y de aquí las dos formas ó sistemas que se designan

para la solución de los conflictos y que se han incorporado á las diferentes legislaciones.

Sin entrar á largos desenvolvimientos que á nuestro juicio no son necesarios, bástanos referirnos á los últimos trabajos de codificación : el Código italiano, el Código portugués y el español. El italiano, de acuerdo con el aleman, el holandés y español, empieza por establecer en su artículo primero que á falta de disposición expresa de la ley comercial se deben observar los usos comerciales con preferencia á la ley civil y como una consecuencia de esta prescripción y de la naturaleza de las relaciones jurídicas comerciales, determina en el artículo 58, separándose de las disposiciones de la ley civil, la preferencia de la ley y usos locales, sobre todos los requisitos y formas de los contratos, como lo hicimos notar al ocuparnos de la capacidad para ejercer el comercio, transcribiendo el texto mismo de dicho artículo. El portugués aceptando en el artículo tercero la opinión contraria, sigue los principios y doctrinas de la ley civil, incorporándolos en los artículos 4°, 5° y 6° con mayor precisión y claridad, y lo mismo hace el español en su artículo 52.

Aceptamos la segunda solución porque seguimos las ideas de los que aplican la ley civil en la ausencia de una disposición expresa de la ley comercial. "El derecho civil, como ha dicho Troplong, es el derecho común, es la razón erigida en ley, es la equidad apreciada por el legislador del punto de vista más general... es la ley de todos los ciudadanos y de todas las transacciones." ¿Cuál es la relación jurídica que legisla la ley comercial? La que se separa del orden común atendiendo una especialidad que reconoce los mismos factores dominados por la ley civil; y si se comprende perfectamente que se atienda esa relación con una nueva regla, no se comprende que los elementos concurrentes, que aquellos que tienen ya su legislación propia, no sean incorporados con esta.

"El Código de Comercio, dice Tejedor, es sin duda completo é independiente en el sentido que encierra el conjunto de las leyes comerciales y que estas leyes son distintas de las civiles ; pero considerando los actos mismos de comercio, está ligado estrechamente con el civil, desde que sólo se ocupa de aquellos en lo que no ha sido reglado por ésta, ó lo ha sido de un modo contrario á los intereses y necesidades del comercio." ¿No nos demuestra esto mismo el desenvolvimiento operado en la legislación hasta llegar á fomar la legislación comercial? ¿No ocurrían al derecho romano, es decir, al derecho común, Casaregis, Stracha, Scaccia, Ansaldus, etc. etc., cuando dominando los usos como única regla, no encontraban en ellos la regla aplicable á los contratos formulados por las nuevas exigencias del comercio? "Las leyes comerciales, decían Velez Sarsfield y Acevedo, suponen la existencia de las leyes civiles, son una excepción de ellas y parten de antecedentes ya prescriptos en el derecho común".

El derecho comercial se ha formado por las derogaciones del derecho civil, quedando éste por consiguiente en las condiciones de fuente y regla de aquél cuando esas derogaciones no se han operado. El derecho civil rigió las operaciones comerciales y sigue rigiéndolas en todo lo que una excepción no se ha operado. Poco importa, como dicen Lyon-Caen y Renault, que se diga que el derecho comercial es un derecho *especial*, pero no un derecho *excepcional*. ¿Podría, acaso, establecerse actualmente una diferencia tan marcada entre ambas legislaciones? La facilidad de las comunicaciones ha estrechado las vinculaciones jurídicas de tal manera, que los elementos que caracterizaban los negocios civiles han desaparecido en una gran parte y puede decirse que no presentan las diferencias que presentaban antes con los negocios comerciales. La legislación civil está tan interesada en la rapidez de las operaciones, como la legislación comercial y las reglas que se establecían como especiales á ésta por esa razón, pueden y deben ser aplicadas á aquella.

Las soluciones, pues, establecidas por la doctrina civil, se aplican ó se incorporan á la doctrina comercial. No hay por qué hacer diferencia : los conflictos se resuelven de la misma manera, teniendo en cuenta solamente el carácter que se le atribuya á las leyes que deban aplicarse. "La mayor parte de las reglas del derecho civil sobre el estado y capacidad de las personas, dice Massé, sobre la naturaleza y distinción de los bienes, sobre su transmisibilidad, sobre las obligaciones en general y sobre las diferentes especies de contratos, puede encontrar lugar al lado de la situación particular que el comercio crea á las personas que están comprometidas directa ó indirectamente; á los bienes que son objeto del comercio y cuya manera de ser puede afectar por operaciones ó intereses comerciales; á las obligaciones que quedan sometidas en todos los casos á ciertos principios generales; á los contratos que tienen semejantes en uno y otro derecho; y en fin, aun á las contratos más esencialmente comerciales que toman casi siempre algo de las reglas generales del derecho civil."

II

Un acto puede ser comercial para los dos contratantes, ó comercial para uno y civil para otro. Si un comerciante por mayor vende las mercaderias á un comerciante por menor, ambos efectúan un acto de comercio, pero no sucede lo mismo cuando se trata de la venta hecha por un labrador ó hacendado de los frutos de sus cosechas ó ganados á quien los compra con el propósito de especular con ellos, ó de un autor de una obra al editor que la imprime y la pone en circulación, porque en estos casos los vendedores efectúan un acto civil, mientras que los compradores un acto esencialmente comercial.

La dificultad en la doctrina comercial se encuentra cuando el mismo acto reviste los dos caracteres, según el propósito que determina su celebración en cada uno de los contratantes. ¿Cuál será la legislación aplicable? ¿Será la comercial, serán las dos, será la del demandado?

Según Mancini y Vidari el acto es regido por la legislación comercial para los dos contratantes y esta es la solución consagrada por el artículo 277 del código alemán, el 204 de la ley suiza, el 54 del código italiano, el 56 del rumano, el 209 del portugués. De esta manera, dice Vidari, se consideran los intereses bien entendidos del comercio, y el contrayente que hace acto civil no puede menos que ser mejorado con la mayor rapidez de los juicios comerciales, con los fáciles y extensos medios de prueba y con la precisión en la ejecución, siendo así muchisimo más fácil obtener la unidad del juicio y la igualdad de los medios de prueba, evitándose todos los inconvenientes que en caso contrario se producirían.

Según Nouguier, Orillard, Bravard-Veyrières, Caravantes, La Serna, Obarrio, Glasson, Lyon-Caen y Renault, debe considerarse la naturaleza del acto en sus relaciones con el deudor á quien se ejecuta y del acreedor que ejer-

cita sus derechos, y si el demandado es aquel para quien
el acto es comercial, es la ley y la jurisdicción comercial
la que se aplicará, y si el demandado es aquel para quien
el acto es civil, es la ley y la jurisdicción civil. "Los principios generales·de derecho, dicen Lyon-Caen y Renault,
hacen admitir esta solución, pues por lo general es desde el punto de vista del demandado que se coloca para
determinar cuál es el tribunal competente". "En este
caso, dice Obarrio, es de estricta aplicación el principio
actor forum rei sequitur, sin que pueda decirse que impera el fuero de las personas, porque propiamente á lo
que se atiende es á la jurisdicción que resulta de la naturaleza de los actos". Esta solución estaba consagrada
en el artículo 91 del código italiano de 1865 y lo está en
el artículo 13 de la ley belga de Marzo 25 de 1876.

Nos parece preferible la primera opinión, pugnando la
segunda con la razón y la experiencia. "Es un imposible
jurídico, decía Mancini, fundando la disposición del artículo 54 del nuevo código italiano, que un solo y mismo
acto ó contrato sea el mismo tiempo gobernado por principios y leyes diversas; es imposible, por ejemplo, que
una compra-venta sea al mismo tiempo válida aplicando la ley comercial y nula según la ley civil, y por esto
válida para algunos de los contratantes que permanecen
vinculados, y nula para otros que no están obligados á
seguirla. No puede admitirse que un determinado medio de prueba para establecer la existencia de un con-

trato, sea á un mismo tiempo admisible é inadmisible, según la persona que lo invoca... No podría conciliarse con los principios elementales de justicia que las obligaciones nacidas de un solo y mismo contrato se extinguieren con la breve prescripción establecida por la ley comercial para los comerciantes y para los que habían hecho un acto de comercio, y que subsistieran para el contrayente, para el no comerciante ó que no había hecho acto de comercio, por toda la duración de la prescripción ordinaria de la ley civil".

¿Cómo se haría con una solución semejante en el caso de una demanda reconvencional? Demandado el que hace el acto de comercio, ó se verá privado de tal medio de defensa, ó deduciéndolo el demandante podrá negarse á aceptarla por incompetencia del tribunal, y aquél tendrá que ocurrir al tribunal civil con todos los perjuicios consiguientes.

Pero sea cual fuere la doctrina aceptada para resolver la dificultad en la legislación de cada país, la solución puede ser diferente en aquellas en que la obligación se contrae y se cumple. ¿Cuál será la ley aplicable? ¿Será la ley del lugar del acto que obedece al primer sistema, ó la del lugar en que se va á hacer efectiva que obedece al segundo? Seguirá la ley del acto mismo que como hemos visto ya puede ser diversa según el sistema que se adopte.

III

Los contratos en materia comercial como en la civil pueden celebrarse entre presentes como entre ausentes y estos últimos efectuarse por correspondencia epistolar ó telegráfica, como también por teléfono, por mandatarios y por corredores. Cuando los contratantes están presentes y convienen directamente en todas las condiciones del contrato, este se considera perfeccionado en el momento y en el lugar en que se opera el acuerdo : sobre esto no hay dificultad.

Pero un comerciante de la plaza de Buenos Aires propone la compra ó la venta de una determinada mercadería á otro comerciante de la plaza de Montevideo por medio de una carta. ¿Cuál será el lugar y el momento en que debe considerarse perfeccionado el contrato? ¿Será el lugar de donde partió la propuesta ó el en que se manifestó la aceptación? ¿Será la plaza de Buenos Aires ó la de Montevideo?

La cuestión no es nueva, aunque ha tomado mayor importancia con las facilidades que presenta la comunicación postal, y la diversidad de soluciones que recibe, nace de la manera de considerar el momento en que el consentimiento de los contratantes se ha efectuado de manera á establecer el vínculo jurídico.

Los sistemas principales son :

1º El de la *información*, según el cual el lugar del contrato es aquel de que partió la propuesta, considerando que el *in idem placitum consensus* se ha operado recién cuando el proponente ha conocido la voluntad del aceptante. Siguen esta solución: Rocco, Massé, Laurent, Espersón, Macri, Vaquette, Lomonaco, Miloni, Wächter, Bard, Merlin, Pardessus, Toullier, Troplong, Larombière, Delamarre et Le Poitvin, Maynz, Wurth, Vidari, Arntz, Marghieri, Castellanos, Tejedor, Ramirez y los códigos : de Italia, artículo 36, Austria, artículo 852, Uruguay y Paraguay, 204.

2º El de la *declaración*, según el cual el lugar del contrato es aquél en que se manifiesta la voluntad del aceptante, cualquiera que'sea el lugar de que haya partido la propuesta y en que el autor se encuentre en ese momento. Siguen el sistema : Casaregis, Story, Burge, Félix, Savigny, Phillimore, Brocher, Fiore, Norsa, Lecasble, Weiss, Despagnet, Pothier, Duvergier, Mercadé, Aubry y Rau, Alauzet, Demolombe, Pacifici-Mazzoni, Borsari, Serafini, Hepp, Rousseau, Pigozzi, Guillouard, Thöl, Obarrio, y los códigos de Alemania, artículo 321, de Suiza, artículo 8, de Hungría, artículo 318, del Brasil, 127, de España, 54, del Perú, 186, de Chile, 99 y 108, de Méjico, 222.

Este sistema, según Riviére, Lomónaco y Giorgi, se subdivide en otros subsistemas : 1º el de *la declara-*

ción sensu estricto, según el cual el vínculo se forma en el momento mismo en que la aceptación es declarada, en el momento en que la persona á quien se ha hecho la oferta escribe que la acepta ó lo dice á su mensajero; 2° el de *la expedición* que exige, fuera de la anterior, una declaración *hecha al proponente:* que la carta ó el mensasage sea expedido, es decir, que la carta haya sido entregada en el correo, ó el mensajero se haya puesto en viaje; 3° el de *la recepción*, que requiere que la contestación haya llegado al domicilio del proponente, aunque éste no se haya enterado de su contenido por estar ausente, enfermo, ó por no conocer su llegada.

Además de estos sistemas que son absolutos, se han hecho valer otros que se clasifican como mixtos, y se consideran tales:

1° El de *Grocio*, que asimila los contratos hechos por carta á los que se hacen en alta mar ó en una isla desierta, suponiéndoles exentos de toda jurisdicción y sometidos á las reglas del derecho natural, y distinguiendo los contratos bilaterales de los unilaterales requiere para la perfección de los primeros el conocimiento de la aceptación por parte del proponente, suponiendo lo contrario para los últimos.

2° El de *Windscheid* que se formula en diferentes reglas que han hecho conocer Riviére, Lomónaco y Giorgi y que tiene por punto de partida la distinción entre *proponente* y *aceptante*. El proponente queda ligado por la declaración de aceptación ; el aceptante no lo está sino por el recibo de su declaración por el proponente, siendo la posición de este último, entre la emisión y el recibo de su aceptación, análoga á la situación del pupilo, *negotium claudicans*. La oferta puede ser revocada hasta la declaración de aceptación. La aceptación puede ser revocada hasta su recibo por el proponente. La declaración de revocación produce sus efectos inmediatamente desde el momento de su expedición y no solamente desde su recibo; pero el revocante está obligado á indemnizar á la otra parte de todo daño que pueda resultarle de su ignorancia de la revocación. En caso de aceptación tácita aquel á quien la oferta se ha hecho queda ligado por la realización del acto que manifiesta su voluntad de aceptar.

3° El de *Pescatore*, que aceptando el sistema de la *recepción*, lo limita por varios casos de excepción en que la simple remisión hace perfecto el contrato si el proponente así lo estableció en su propuesta expresamente ó se desprende de sus términos, ó si producida una aceptación inmediata, no se había cambiado de opinión cuando llegó la noticia de haberse efectuado.

4° El de *Kœppen*, que ha pretendido reconstruir una teoría romana, según Riviére y Giorgi, considerando la oferta misma como obligatoria en las convenciones destinadas á fundar obligación : es una *dilación de obligación bajo condición de aceptación* comparable al derecho de obligación diferido por legados y adquirido *quasi ex contractu* por la aceptación.

Todos los sistemas que dejamos indicados se refieren á los contratos por cartas principalmente y es á consecuencia de ellos que se han presentado; pero descubierta la comunicación por medio del telégrafo ha sido necesario buscar la aplicación de sus conclusiones á los celebrados por este.

La solución ha sido la misma no obstante las diferencias que existen entre una y otra comunicación. Si bien el laconismo empleado en los telegramas no expresa con tanta claridad y precisión el pensamiento del que lo envía como se produce en una carta; si el valor intrínseco no es el mismo en tanto la carta está escrita ó firmada por el autor y el telegrama que recibe el destinatario se escribe por el empleado que traduce los signos trasmitidos por el aparato telegráfico; si bien el pensamiento en una carta no puede ser alterado mientras que el telegrama puede no ser la reproducción fiel de la voluntad del que lo expida; si bien el que envía una carta puede saber de antemano el momento en que llegará á poder del destinatario, lo que no sucede con el telegrama cuya expedición está sujeta á la aglomeración de despachos, á las preferencias que marcan los reglamentos, ó á los accidentes atmosféricos; estas diferencias no autorizan, ó más bien, no fundan un cambio radical en la doctrina y sólo aconsejan mayor cuidado y prudencia en el uso del telégrafo que en el de la carta.

" Los contratos que se celebran por telégrafo, según Vidari, son de la misma especie jurídica que los que se celebran por carta, es decir son contratos por escrito", desde que tanto los despachos telegráficos como la correspondencia epistolar se efectúan por medio de las letras del alfabeto en definitiva, y como ha dicho Serafini y ha repetido Vidari, es un principio incontestable, como consecuencia de esa premisa, que todas las reglas de interpretación gramatical y lógica que rigen las escrituras en género y la correspondencia epistolar en especie, se aplican á la correspondencia telegráfica.

Sea en la correspondencia epistolar ó en la telegráfica, la cuestión se mantiene sin solución satisfactoria y los mismos argumentos se hacen valer en todo sentido. Si hay conformidad en que es necesario que el consentimiento se haya producido por los dos contratantes para que el contrato se considere celebrado, no la hay sobre el momento en que el consentimiento del uno y del otro se encuentran como para producir el acuerdo de voluntades.

¿Cuándo se encuentran esos consentimientos? ¿Se encontrarán en el momento de la aceptación, ó cuando cada interesado está en posesión del consentimiento respectivo? Sin entrar á estudiar la diversidad de argumentos que se hacen á este respecto, nos inclinamos á la solución que establece la entrega de la aceptación en el lugar de que partió la oferta como lugar de la perfección del contrato.

A favor de esta solución podemos decir: que en el momento que ella determina es cuando se opera el concurso de voluntades requerido para la perfección de todo contrato, no habiendo por la simple aceptación sino una coexistencia de voluntades, desde que aquel supone que cada una de las partes sabe lo que quiere la otra; que establece una verdadera igualdad entre los contratantes dejando á proponente y aceptante un tiempo semejante para retractar la manifestación de la voluntad, al proponente hasta el momento de la aceptación y al aceptante hasta el momento en que esa aceptación llega á poder del proponente; que concuerda con el sistema de la información en tanto se supone el conocimiento por el recibo de la carta ó telegrama, evitando así los argumentos que provoca el conocimiento efectivo, y con el sistema de la declaración en cuanto la aceptación no se puede decir que se ha producido sino cuando el aceptante se encuentra en la imposibilidad de hacerla desaparecer y esto sucede cuando ha transcurrido el tiempo necesario para que llegue á poder del proponente.

Reconocemos que en esta solución pueden presentarse dificultades, pero seguramente ninguna de las que se formulan por los diversos sistemas se salva de ellas: son la consecuencia de la ausencia de los contratantes y de los medios que tienen que emplearse. No debe olvidarse que las soluciones que presenta la doctrina tienen por objeto suplir el descuido ó el abandono de los contratantes y que por lo tanto si no se quiere sufrir inconvenientes, si la demora ó la mala fé pueden producir perjuicios en cualquiera de las soluciones, está en sus manos el evitarlos estableciendo las condiciones que les deje plena libertad ó que los vincule desde un momento dado.

Ahora bien: la importancia de la solución fácilmente se comprende para el derecho internacional privado, sobre todo en la materia mercantil en general por la necesidad de efectuar los contratos comerciales por cartas, y aún más, por telegramas, dada la rapidez de los negocios y las alternativas que sufre la oferta y la demanda de las mercaderías en las plazas comerciales.

Si la ley de los contratos es la ley del lugar de la celebración, esa ley será, ó la del lugar de que partió la propuesta, ó la del lugar en que se operó la aceptación. Así: es lo primero para Roccó, Massé, Esperson, Laurent, Lomonaco, Miloni, Bard, Galdi, Macri, Vaquette; y es lo segundo para Burge, Story, Fœlix, Fiore, Brocher, Norsa, Field, Lecasble, Weiss, Despagnet, Ramirez, Marino y Pinedo. No hay la misma uniformidad en los autores que aceptan la ley de la ejecución como ley del contrato.

Para estos, cualquiera que sea el lugar de la celebración es preciso investigar en todos los casos el lugar de

la ejecución y según esto aplicar la ley. De esta manera
Savigny con quien concuerdan Wächter, Phillimore,
Bar, Freitas y Falçao, establece tres conclusiones en
cuanto á los contratos por correspondencia :

1° El lugar del contrato es aquel en que la primera carta
ha sido recibida y de donde ha sido espedida la respuesta afirmativa, porque es allí donde el acuerdo de voluntades se ha manifestado, desde que se presume que el
que ha escrito la primera carta se ha transportado al
domicilio de la otra parte y ha recibido ahí su consentimiento.

2° El lugar de la jurisdicción es el lugar de la obligación en sí misma con arreglo al sistema, y en este caso
debe ser el domicilio de cada una de las partes contratantes, salvo que se hubiese determinado un lugar de
ejecución, siendo absolutamente inadmisible que lo sea
el lugar en que la primera carta ha sido recibida y con-
testada, porque el que expide la primera carta puede á
lo más ser asimilado á un viajero y no puede ciertamente presumirse que ha establecido una residencia permanente en el domicilio de la otra parte y haberse sometido de este modo á la jurisdicción de esta localidad.

3° El derecho local de la obligación se determina desde luego por el lugar de la ejecución, si se ha fijado uno,
y si no, cada una de las partes queda sometida al derecho de su domicilio, siguiéndose en esto la misma regla
de la jurisdicción determinada en la conclusión anterior.

No habiendo aceptado al tratar de las obligaciones civiles ninguno de los sistemas extremos respecto á la ley á que están sometidas, no podemos aceptarlos tampoco en los contratos por cartas ó por telegramas. En estos contratos como en los demás domina la autonomía de la voluntad y sólo en su ausencia puede ocurrirse á presumirla, no pudiendo aceptarse, como dice muy bien Laurent, que cada una de las partes haya querido una cosa distinta, una vez que es el concurso de voluntades que constituye precisamente el consentimiento, ó como dice Falçao, siendo el contrato uno é indivisible como es uno é indivisible el consentimiento, la parte substancial del mismo contrato no sea regida por un solo derecho, salvo en lo que se refiere á la capacidad de las partes.

Diremos, pues, que los contratos por cartas ó telegramas se rigen por la ley á que expresa ó tácitamente se han querido someter los contratantes, y si hubiese duda á este respecto por la ley del domicilio, si este fuera común, y no siéndolo, por la ley del lugar del proponente que es para nosotros la ley del lugar de la celebración.

El Congreso Sud-americano de derecho internacional privado coincide con esta opinión, no obstante que acepta la ley de la ejecución como ley general de los contratos, y así establece en el artículo 37 del tratado de derecho civil internacional que "la perfección de los contratos celebrados por correspondencia ó mandatario se rige por la ley del lugar del cual partió la oferta". Esta solución no tendría objeto si no se aceptara como ley del contrato la ley de la perfección del mismo, que es la ley del proponente, según el sistema de la información.

IV

Los contratos pueden celebrarse también por medio del teléfono, sirviendo este de instrumento de comunicación directa entre los contratantes que hacen oir sus propuestas recíprocamente y en el mismo momento. ¿Cómo se considerarán estos contratos? ¿Serán contratos entre presentes, entre ausentes, ó participarán de los dos caracteres?

Las opiniones se han dividido á este respecto y hasta ahora ni la legislación ni la jurisprudencia han resuelto la cuestión, no obstante el uso frecuente del teléfono en las transacciones comerciales, y sobre todo, en las que se refieren á las operaciones de Bolsa, que reclaman una comunicación rápida é inmediata.

Según Gabba, Porro, Marghieri y Bianchi los contratos por teléfono deben considerarse como contratos entre presentes. Gabba, que fué el primer escritor que inició la cuestión, funda la solución empezando por establecer lo que se debe entender por contratos entre presentes y entre ausentes, de lo que resulta que el elemento propio

y característico de los primeros es la falta de un intérvalo sensible entre la declaración de uno de los contratantes y la percepción de ella por parte del otro, mientras que en los segundos es todo lo contrario, y como
por el teléfono los contratantes se corresponden inmediatamente y en el acto mismo en que la declaración es
escuchada deben considerarse presentes en el sentido
jurídico aunque materialmente no lo estén, reputándose
perfeccionado el contrato en ese lugar y en el tiempo en
que el aceptante confía al teléfono la respuesta de aceptación.

Según Vidari y Orma los contratantes por teléfono
deben considerarse como contratos entre ausentes. Esta
solución fué sostenida por Vidari contestando la que había dado Gabba, y la funda en que es necesario tener en
cuenta no solamente el elemento subjetivo sino también
el objetivo que ofrece la materia del contrato y sobre el
cual el primero ejerce su virtud vivificante, el *fiat* crea-
dor de la relación jurídica. Para que dos personas se
consideren presentes es necesario que lo sean *ánimo et
corpore*, único medio eficaz é inmediato de comprobar
la identidad, puesto que la voz puede fácilmente simu-
larse. Si bien es cierto que el teléfono trasmite la voz, la
trasmisión y la audición de esta no se hace natural sino
artificialmente, y en este mismo caso no se suprime la
distancia que separa á los contratantes.

Según Bolaffio y Giorgi, los contratos por teléfono son

de una naturaleza especial que participan de los celebrados entre presentes y de los entre ausentes: lo primero en cuanto á la instataneidad de la comunicación y hasta en el *momento* de la conclusión, y lo segundo en cuanto al lugar de la conclusión y á la competencia judicial. De aquí deducen que se perfeccionan en el lugar de la oferta, como si se tratara de personas ausentes, y la revocación es imposible una vez manifestada la voluntad, como si se tratara de personas presentes.

Según Norsa y Lomónaco, los contratos por teléfonos no pueden clasificarse ni como entre ausentes, ni como entre presentes, y la solución sobre su perfeccionamiento debe dejarse á la apreciación judicial, según los hechos que se manifiestan. La cuestión controvertida no envuelve un punto de derecho, como lo indican Bolaffio y Giorgi, sino un punto de hecho, y en esto se encuentra precisamente la divergencia. "En lugar de convertir en una tesis genérica y abstracta el modo de perfeccionarse los contratos telefónicos, debe resolverse por una indagación sobre los puntos siguientes : si hubo ó no una propuesta aceptada, cuando tuvo lugar el acuerdo de dos ó más personas, si la propuesta y la aceptación se han verificado de un modo definitivo y irretractable. Estas investigaciones se resuelven esencialmente en una apreciación de hecho de índole más bien práctica que científica, y la decisión depende entonces, no de la clasificación doctrinal del contrato telefónico, sino del criterio igual y del discernimiento del magistrado".

En esta controversia nos decidimos por la opinión de Gabba, Porro, Maghieri, Bianchi que consideran el contrato por teléfono como un contrato entre presentes como dicen los primeros, ó concluído por *relación directa* como dice el último.

La diferencia que para sus efectos establecen las leyes entre los contratos entre presentes y los entre ausentes, no depende de la distancia en que se encuentran los contratantes materialmente, sino de los medios de comunicación de que se valen para manifestar sus voluntades. En los contratos entre presentes es la voz la que trasmite la voluntad de contratar ó de vincularse y en la emisión de la voz puede decirse que no hay intérvalo suficiente como introducir la más mínima interrupción en la voluntad. No sucede lo mismo en los contratos entre ausentes en que empleándose otros medios que la palabra, es imposible fijar el momento en que las voluntades se han encontrado, sin que haya habido variación por parte de alguno de los contratantes.

La presencia de los contratantes no fué indispensable sino cuando era imposible hacer oir la voz sin esa presencia, porque si no fuera esta la razón de la exigencia, no habría obra plausible que manifestar, desde que la distancia no tiene límite marcado y la simple vista de la persona no agrega elemento alguno al contrato. ¿ Cuántos metros deberán mediar entre las personas para decirse presentes? ¿El ciego no podrá concluir contratos entre presentes?

Pero desde que el teléfono ha venido á establecer que para escucharse los contratantes no es necesario estar en presencia, ni verse, no vemos por qué debiera entrar la presencia como elemento del contrato. ¿Será, acaso, para comprobar la identidad personal? No lo creemos tampoco, puesto que los errores que puedan cometerse á este respecto tienen su medio de reparación en la nulidad del contrato, y estos pueden producirse bajo cualquier forma, una vez que los contratantes no se conozcan personalmente ó no conozcan la letra respectivamente. La voz es un elemento esencial de la identidad personal, pero si pudiera imitarse ó no distinguirse claramente por medio del aparato telefónico, bastaría una precaución cualquiera para garantirse, haciendo repetir una palabra, por ejemplo, cuya manera de pronunciación se conoce, como ya ha sucedido. "Se hable de certeza objetiva ó de certeza subjetiva, dice Bianchi, no se puede afirmar absolutamente que la existencia de esa certeza caracteriza los contratos entre presentes, ni que su ausencia caracterize los contratos entre ausentes".

No desconocemos que para que dos personas se tengan por presentes es necesario que coincidan ambas *animo et corpore*, como dice Vidari; pero para el significado jurídico, para la diferencia en los contratos, es la diferente manera en la comunicación lo que la ca-

racteriza, como ya lo hemos manifestado, es el efecto
de la separación sobre los medios de concordar las
voluntades. ¿ Hay, acaso, alguna diferencia en los elementos constitutivos de uno ú otro contrato ? ¿No son
esos elementos los mismos en uno y en otro caso ? Tanto Gabba como Marghieri han dicho que lo que determina el contrato entre presentes es la comunicación directa
y simultanea, y quizá fuera preferible para evitar todas
estas dificultades hacer desaparecer esta división en
los contratos que dá lugar á tantas controversias, exami-
nando simplemente si el contrato ha sido concluido por
relación directa é instantanea ó por medio de *intermediarios*.

Separándonos de la doctrina en el derecho común
¿cuál será la ley aplicable á esta clase de contratos?
¿ Será la ley del lugar donde se encuentra el proponente
ó la del lugar donde se encuentra el aceptante? ¿Cuál
es la importancia que pueda tener en el derecho internacional privado la clasificación de los contratos por
teléfono?

En realidad, tratándose de los contratos en cuanto al
lugar en que se celebren y á la ley á que están sometidos,
puede suceder que considerándose presentes los contratantes se diga que están ausentes en cuanto se encuentran sometidos á leyes diversas. La distancia que separa á los dos contratantes puede ser una línea imagi-
naria ó una marca natural que no impida la comunica-

ción por viva voz, desde que para que se produzca la dificultad en el derecho internacional privado basta que sean diferentes territorios. ¿Cómo se considerará el contrato asi celebrado? ¿Será entre presentes ó entre ausentes? Será entre presentes porque aun cuando para el hecho internacional se deban considerar como si lo fuera entre ausentes, la presencia es un hecho que se impone, tanto más cuanto que existe la relación inmediata y directa entre los contratantes.

Ahora bien ¿dónde se produce la simultaneidad de la declaración telefónica tanto para los que consideran el contrato como entre presentes ó como entre ausentes? Los que sostienen que los contratos por teléfono tienen todos los caracteres de los contratos entre ausentes siguen por regla general la opinión de que participan en el derecho común y les aplican, ó la ley del proponente, ó del aceptante. Así lo resuelven Vidari, Bolaffio, Giorgi, Surville y Arthuys siguiendo la ley del lugar del proponente: "El contrato telefónico, dice el segundo, debe reputarse perfeccionado en el lugar y en el tiempo en que el proponente recibe por el teléfono la respuesta de la aceptación; y es la ley del lugar en que se encuentra el proponente que regula el contrato, su forma y sus efectos; y es la ley de ese lugar la que determina la competencia del juez en las cuestiones que provoca la ejecución del contrato."

Los que, por el contrario, establecen que el contrato

por teléfono es un contrato entre presentes, no están de acuerdo en cuanto á la ley aplicable. Gabba afirma que "el contrato celebrado por teléfono debe reputarse perfeccionado en el lugar y en el tiempo en que el aceptante da por el teléfono la respuesta de aceptación", y por consiguiente debe ser regulado preferentemente "por la ley del Estado en que reside el aceptante". Bianchi después de establecer que la ausencia de los contratantes no es un elemento suficiente para alterar la solución, concluye diciendo que "tanto en los contratos por teléfono, como en los contratos bilaterales entre presentes ó entre ausentes, el momento y el lugar de la conclusión es jurídicamente aquel en el que se encuentra el proponente y en el cual recibe la noticia de la aceptación".

Nos adherimos á esta última opinión; y para fundar nuestra preferencia nos bastarán tres consideraciones. Es la primera, que como ya lo hemos dicho, para el derecho internacional privado la diferencia de lugar no cambia la naturaleza del contrato, que nace de la comunicación directa. Es la segunda que la comunicación inmediata y directa, hace que el concurso de voluntades se produzca en el lugar del proponente, porque la manifestación del aceptante en el mismo momento en que se manifiesta llega á conocimiento de aquel, y puede y debe suponerse que á los efectos jurídicos se encuentran en un sólo y mismo lugar. Es la tercera que siendo un contrato entre presentes se considera celebrado en el lugar en que los dos contratantes han convenido personalmente en todos sus requisitos constitutivos, y si la ley de los contratos ha de ser la ley del lugar de la celebración, á falta de una voluntad conocida en contrario, esa ley no puede ser otra que la del lugar donde los dos contratantes se han encontrado en relación directa y el acuerdo de voluntades se ha operado.

V

Los corredores intervienen en los contratos: acercan á los interesados, los ponen en relación y facilitan de esta manera la satisfacción de sus exigencias respectivas. ¿Cuál es el efecto que produce esta intervención en cuanto al contrato mismo? ¿Cuándo se puede decir que el contrato ha quedado perfecto? ¿Cuál es el lugar de la perfección del contrato, y cuál es la ley aplicable?

Desde que los interesados son los que realizan el contrato, siendo el corredor un simple intermediario, el contrato quedará perfecto en el momento en que el acuerdo de voluntades se haya operado entre los contratantes. ¿Cuándo se habrá operado este acuerdo? Cuando se ha manifestado al intermediario la aceptación, es decir, cuando las partes están conformes en realizar la operación que el corredor les ha propuesto con todas sus condiciones.

La solución no parece difícil cuando se trata de un solo corredor ó intermediario; pero ¿sucederá lo mismo cuando sean dos ó más corredores, es decir, cuando los corredores se propongan los negocios respectivamente? En este caso la solución tendría que buscarse por una asimilación con el contrato por correspondencia epistolar, telegráfica ó telefónica una vez que los contratantes no se han uniformado en un solo entermediario y los corredores han debido entenderse por ese medio de comunicación. Nosotros, consecuentes con las opiniones ya manifestadas diríamos que el contrato se ha perfeccionado en el lugar en que el corredor proponente se encontraba al hacer el ofrecimiento de la operación, y que por lo tanto la ley aplicable es la ley de ese lugar.

Pero en materia de corretaje ni la doctrina ni la legislación están conformes en la manera de considerarlo, se trate de operaciones sobre mercaderías ó títulos; y así, ó se considera al intermediario como tal con una responsabilidad limitada en la operación misma, ó se le hace parte en ésta apareciendo con personería propia mientras una responsabilidad ulterior no se requiera. ¿Se aplicarán las mismas reglas á unos contratos que á otros? ¿Será lo mismo la intervención del corredor que la del agente de cambio, para usar una terminalogía generalmente admitida?

En los corretajes de Bolsa propiamente dichos, las dificultades sólo se presentan en operaciones que se encargan de una plaza á otra y que deben realizarse forzosamente en la plaza que recibe el encargo, puesto que los títulos, monedas, etc., tienen su mercado propio y sólo pueden ser adquiridos en condiciones especiales. Entonces el agente ó corredor ejerce necesariamente las funciones del comisionista ó del mandatario respecto á la persona de quien recibe el encargo; y siendo lo primero, el contrato queda perfecto en el lugar en que el comisionista se encuentra y lleva á cabo la comisión, sea que haya partido la iniciativa del comitente ó del comisionista, aunque pueda haber diferencia respecto al momento en que el contrato queda perfecto, como lo enseñan muy bien Delamarre y Le Poitvin; y siendo lo segundo, el contrato queda perfecto en el lugar en que recibe el mandatario el encargo, una vez que basta su voluntad para establecer el vínculo contractual.

¿Cuál será entonces la ley que regirá el contrato entre el comitente y el comisionista, ó entre el mandante y el mandatario, y entre el comisionista ó el mandatario y los terceros? Será la ley en que se encuentran comisionista y mandatario y en que según las órdenes recibidas se debe operar el encargo del comitente ó mandante: según ella se juzgará el carácter oficial ó no del agente, si puede operar ó no por su cuenta, garantir ó no la operación, efectuar ó no operaciones á término y el carácter que ellas revisten, si la quiebra se produce, de qué manera puede afectar la operación, y cómo podría hacerse efectiva.

Bastiné, haciéndose cargo de estas dificultades, concluye afirmando que todas ellas "deben ser resueltas por el principio de derecho internacional *locus regit actum*", con excepción del caso de quiebra en que es indispensable la existencia de la reciprocidad. "Según este principio, agrega, las órdenes dadas por un agente en Bélgica á un agente extranjero, que son aceptadas en país extranjero y que deben ser ejecutados en él, son regidas por la ley extranjera, y al contrario, las órdenes recibidas del extranjero, aceptadas en Bélgica y que deben ser ejecutadas allí, son sometidas á las leyes belgas. Poco importa el lugar de donde parte la orden, el mandato no existe jurídicamente sino por la aceptación, y el lugar de la aceptación es el lugar del contrato".

Antes que este autor, é informando en un litigio entre un agente de cambio de Paris y de otro de Amberes, el Procurador general Leclercq decía: "La orden de comprar dada por el demandante y la ejecución de esta orden en el interés de este son los dos hechos cuya reunión engendra la obligación, porque en conjunto, y en conjunto solamente, constituyen la convención de mandato que, según la ley belga como según la ley francesa, no se perfecciona sino por la aceptación del mandatario y obliga al mandante á reembolsar á aquel las cantidades pagadas por él : enunciar estos hechos es determinar el lugar en que ha nacido el acto de que derivaría la obligación reclamada, si ella existe. Que la orden del comprador haya sido dada de Amberes ó de Paris, el mandato no ha existido sino desde el momento de la aceptación de esta orden, y no estableciendo la decisión reclamada otra aceptación que la ejecución de la orden por la compra de los fondos públicos, la que ha tenido lugar en Paris, es en Paris también que se ha cumplido y ha nacido el acto que forma el título de la obligación, y es en consecuencia por las leyes vigentes en Paris que debe ser reglado el valor y los efectos de su título.

"Fuera del estado y de la capacidad de las personas que, en los contratos y cuasi contratos, en cualquier lugar en que se efectúen, son regidos por las leyes de la nación á que pertenece cada una de las partes, fuera también de los bienes inmuebles que no pueden ser sometidos á otras leyes que las de su situación, el principio general en esta materia es que todo hecho considerado como causa de una obligación debe ser regido, en cuanto á su valor y á su eficacia, por la ley civil del lugar en que se celebra ; este principio resulta del artículo 1159 del Código Civil que, sometiendo la interpretación de los contratos al uso del lugar en que son celebrados, tiene por esto mismo como regla de las convenciones, la ley del lugar donde se produce su nacimiento."

VI

¿ Se presume la solidaridad en materia comercial á diferencia de la materia civil ? ¿ Es necesario para que no exista que se haya establecido así expresamente en el contrato ? Esta es una dificultad en cuya solución están divergentes las opiniones de los autores como las legislaciones de los diferentes paises.

Así sostienen que en materia comercial la solidaridad se presume, entre otros escritores, Fremery, Delamarre et Le Poitvin, Rodière, Vidari, y con ellos están conformes las legislaciones de Alemania artículo 280, Hungría artículo 268, Suiza artículo 79, é Italia artículo 40. Se funda esta solución en las formas de la estipulación romana, en los usos y costumbres comerciales para cuya comprobación se invocan las opiniones de Bartolo, Stracha, la Rota de Génova y de los antiguos escritores franceses, y en las mayores garantías que ofrece al comercio y que son necesarias para asegurar el cumplimiento de las obligaciones cuya rapidez impide casi siempre realizarlas con formas completas y eficaces.

Sostienen, por el contrario, que es un principio común á la solidaridad entre los acreedores y entre los deudores, la necesidad de una estipulación expresa para que ella exista: Bravard-Veyrières, Alauzet, Pardessus, Massé y todos los códigos que aceptan la legislación civil á este respecto. Se funda esta solución en que tanto la legislación romana como las demás autoridades que se invocan para sostener lo contrario se refieren á los casos de sociedad en que la solidaridad se presume por la ley, y en que ella es una consecuencia necesaria de la regla que somete las materias comerciales á las disposiciones del derecho civil.

Esta diversidad de opiniones nos demuestra cómo puede producirse la dificultad en los contratos comerciales. Celebrado el contrato en Italia y ejecutado en la República Argentina, sin que se haya determinado expresamente la solidaridad, no siendo el caso de excepción, ¿se considerarán solidarios los deudores ó los acreedores? La solución dependerá de la ley que rija el contrato: habrá solidaridad si es la ley del lugar de la celebración porque el contrato se habrá celebrado con arreglo á la ley italiana, y no la habrá si es la ley de la ejecución, porque en la República Argentina se debe ejecutar y con arreglo á la ley de esta la presunción no existe.

Puede ser también una especialidad en las materias comerciales lo referente á la condición resolutoria. ¿ Se entiende implícitamente comprendida en todos los contratos bilaterales ó sinalagmáticos ?

Esta es la cuestión que en el derecho común divide á los escritores y á las legislaciones, en tanto se cree que si puede aceptarse la negativa en las materias civiles no sucede lo mismo en las comerciales. "Obligar á un comerciante, dice Obarrio, á pedir en todos los casos el cumplimiento del contrato que ha celebrado, sin que le sea permitido disolverlo, á pesar de su interés, cuando el otro contratante no lo cumple, sería encerrarlo muchas veces en una situación violenta y ocasionarle pérdida tal vez de grave consideración. No se ajusta á la actividad de las transacciones mercantiles la morosidad de los juicios y debe dejarse al comerciante en completa libertad de obrar. Él sólo debe ser el Juez de su propia conveniencia".

Pero en este caso como en el anterior todo depende de la ley del contrato. Se considerará la condición resolutoria implícita ó no en el contrato según lo disponga la ley que lo exija, de acuerdo con las doctrinas diversas á su respecto.

Cuando la condición resolutoria está expresa en el contrato, la voluntad de los contratantes se ha manifestado y es ella la ley que exclusivamente rige; pero cuando se trata de una condición implícita es necesario recurrir á la ley que rige el contrato en ausencia de la voluntad de los contratantes. Sin embargo, esta solución que Laurent y Weiss aceptan y que por nuestra parte creemos arreglada, no se presenta de la misma manera para los que como Félix hacen diferencia entre los efectos directos y las consecuencias accidentales de los contratos, en tanto comprenden en estas últimas la condición resolutoria que se refiere á la inejecución como resultado de un hecho posterior al contrato, sin fijarse sin duda, en que la condición se funda precisamente en la intención tácita de los contratantes y que es esa intención la que viene incorporada al contrato é impone la ley de este, como algo que se ha previsto y querido.

VII .

Los contratos no tienen siempre una redacción tan clara y precisa que haga imposible cualquier dificultad en su cumplimiento, y la interpretación de sus cláusulas requiere un estudio especial para determinar la ley con arreglo á la cual debe efectuarse ó la intención que ha presidido á su formación.

Generalmente esta materia suele tener una extensión desproporcionada con su importancia en tanto se confunden con ella todas las cuestiones de aplicación del derecho local, pero tomándola en su sentido propio no puede considerarse comprendido en ella sino las dudas que nacen de las expresiones ambiguas del contrato.

De esta diferente manera de considerar la interpretación de los contratos nacen otros tantos sistemas:

1° La interpretación debe hacerse buscando para cada

especie la verdadera intención de las partes, según las reglas generales que sirven para los contratos.

Este sistema es seguido por Boullenois, Wächter, Savigny, Massé, Warton, Fiore, Laurent, Despagnet, Falçao. Según Savigny "la cuestión es una cuestión de hecho como en la interpretación de las leyes. En uno y otro caso se trata de determinar el verdadero sentido de la declaración oral ó escrita. La aplicación del derecho local es extraña á esta cuestión, pero frecuentemente el lenguaje local puede hacer conocer el pensamiento de la persona autora de la declaración. Si se pregunta cuál es el lugar cuyo lenguaje debe ser tomado en consideración, las reglas sobre el derecho local aplicable no pueden servirnos de guía, y es por error que muchos autores indican el lugar del origen ó del cumplimiento de la obligación, porque frecuentemente el uno ó el otro determina el derecho local aplicable".

2º La interpretación debe hacerse de acuerdo con la ley ó el lenguaje que rige el contrato, sean éstos los de la celebración ó los de la ejecución ó cumplimiento.

Siguen este sistema Story, Burge, Kent, Henry, Pardessus, Merlin, Felix. Según Story la solución es científica y está fundada en una política sabia y una conveniencia general: interpreta perfectamente la voluntad de las partes, teniendo en cuenta la ley que han conocido y las costumbres que observaban al celebrar el contrato, y evita que la voluntad de los jueces venga á imponerse y suplantar la verdadera intención de los contratantes.

Por nuestra parte aceptamos el último sistema, diciendo que es la ley ó el lenguaje del contrato lo que sirve para interpretar sus cláusulas, porque siendo para nosotros esa ley, la voluntad de las partes expresa ó tácitamente determinada, y solamente en caso de duda la ley del lugar de la celebración, estamos en la solución que combina los dos sistemas. ¿Cuál será la ley ó el lenguaje que servirá para interpretar el contrato celebrado por correspondencia epistolar ó telegráfica? La ley del lugar de que partió la propuesta, porque el autor de la carta ó despacho ha tenido presente el lenguaje que le es familiar ó porque en ese lugar se perfecciona el contrato. ¿Cuál será la ley en el contrato celebrado en el domicilio de los dos contratantes? La ley de este domicilio, porque esa es la intención de las partes y esa es la ley del contrato.

VIII

El Código de Comercio de la República legisla sobre la mayor parte de los puntos que hemos estudiado en la doctrina, facilitando la solución que en otras legislaciones no se encuentra y cuya falta ha dado lugar á vacilaciones en la jurisprudencia.

Así, en el artículo 207 que concuerda con la regla I del título preliminar, y que tiene su fuente en los artículos 2 y 96 del Código de Chile, da resueltamente la preferencia al derecho civil sobre la costumbre en ausencia de toda legislación .especial : "el derecho civil, dice, en cuanto no esté modificado por este Código, es aplicable á las materias y negocios comerciales". De esta manera los contratos comerciales se rigen en cuanto á sus efectos por las disposiciones de los artículos 1205 á 1216 del Código Civil.

En el artículo 7° que tiene su fuente en los artículos 277 del Código Alemán y 54 del Italiano, resuelve por la preponderancia de la ley mercantil, el caso en que el acto sea comercial para una de las partes y civil para la otra. "Si un acto es comercial para una sola de las partes, todos los contrayentes quedan por razón de él, sujetos á la ley mercantil, excepto á las disposiciones relativas á las personas de los comerciantes y salvo que de la disposición de dicha ley resulte que no se refiere sino al contratante para quien tiene el acto carácter comercial."

En el artículo 214 equipara la correspondencia telegráfica á la epistolar : "la correspondencia telegráfica se rige por las mismas disposiones relativas á la epistolar para la celebración de contratos y demás efectos jurídicos". Deja á ley civil la solución de la cuestión referente á los contratos entre ausentes, adoptando sus conclusiones en cuanto al lugar en que se perfeccionan y á la ley que se les debe aplicar.

Sobre este último punto debemos hacer presente las siguientes consideraciones:

1° Que antes de la reforma que ha sufrido el Código de Comercio, éste tenía disposiciones especiales (artículos 203, 204 y 205) que establecían que los contratos por correspondencia se perfeccionaban en el lugar y en el acto en que la respuesta del que acepta el negocio llega al proponente, y que aquellas las ha hecho desaparecer dejando subsistentes las del Código Civil en sus artículos 1149 á 1156.

2° Que las disposiciones del Código Civil han dado lugar á críticas, creyendo que se encuentran en contradicción en tanto aceptan los principios de los dos sistemas, es decir, la perfección del contrato en el lugar de la aceptación y en el lugar del recibo de ésta por el proponente. Así lo afirman Obarrio, Llerena, García Moreno, Orma, buscando el segundo de estos autores la conciliación en la división del perfeccionamiento del contrato para el aceptante y para el proponente en dos momentos diferentes.

No desconocemos que las disposiciones del Código se prestan á las observaciones hechas, no sólo por los términos que emplean sino también por las fuentes con que se justifican; pero es necesario no olvidar que esto es uno de los defectos principales del código y que para no darle más importancia que la que en realidad tiene, es indispensable estudiar las disposiciones en conjunto, tomando las fuentes como justificativos aislados y sin relación con la doctrina fundamental del autor ó autores á que pertenecen.

Creemos que las disposiciones del código establecen una teoria mixta, en el fondo quizá la teoria de Windscheid, que según la opinión de Rivière es la que mejor resuelve la cuestión. El contrato por correspondencia se perfecciona desde que la aceptación " se hubiese mandado al proponente " (artículo 1154), entendiéndose que se ha mandado cuando ha llegado al domicilio del proponente, haya tomado ó no conocimiento de ella, pues recién hay la certeza del envío (articulos 1149 y 1155); pero como es necesario colocar en igualdad de condiciones á los dos contratantes, el proponente sólo puede retractar su propuesta hasta el momento de la aceptación (artículo 1150) y el aceptante hasta el momento en que la aceptación ha llegado al domicilio del proponente (articulo 1155).

Sin embargo, cualquiera que sea la solución que corresponda, ella en nada afecta la elección de la ley que debe aplicarse, desde que el código acepta la teoría de Savigny sobre la ley de la ejecución, como ley de los contratos y con esta establece en el artículo 1214 que el contrato por correspondencia debe ser juzgado por las leyes del domicilio de las partes respectivamente: "si el contrato fuese hecho entre ausentes por instrumento privado, firmado en varios lugares, ó por medio de agentes, ó por correspondencia epistolar, sus efectos, no habiendo lugar designado para su complimiento, sean juzgados respecto de cada una de las partes, por las leyes de su domicilio".

En el artículo 213 determina el momento en que se considera perfecto el contrato celebrado por medio de corredor: "mediando corredor en la negociación, se tendrá por perfecto el contrato luego que las partes contratantes hayan aceptado, sin reserva ni condición alguna, las propuestas del corredor. Espresada la aceptación no puede tener lugar el arrepentimiento de las partes".

En el artículo 216 acepta la condición resolutoria implícita en todos los contratos bilaterales ó sinalagmáticos, haciendo así una excepción en materia comercial, pero el Código Civil sigue la opinión contraria; y en cuanto á la presunción de solidaridad, deja con su silencio subsistente lo dispuesto por la legislación civil en el artículo 701 del Código, disposición que antes estuvo también en el mismo Código de Comercio en el artículo 263.

En el inciso 6º del artículo 218 y en los artículos 219 y 220, establece como base de interpretación de los contratos los usos y costumbres que prevalecen en el lugar de la ejecución. " El uso y práctica generalmente observados en el comercio, y en casos de igual naturaleza, y especialmente la costumbre del lugar donde debe ejecutarse el contrato, prevalecerán sobre cualquiera inteligencia en contrario que se pretenda dar á las palabras" (inciso 6º artículo 218). "Si se omitiese en la redacción de un contrato alguna cláusula necesaria para su ejecución, y los interesados no estuviesen conformes en cuanto al verdadero sentido del compromiso, se presume que se han sujetado á lo que es de uso y práctica en tales casos entre los comerciantes en el lugar de la ejecución del contrato" (artículo 219). "Cuando en el contrato se hubiese usado para designar la moneda, peso ó medida, de términos genéricos que puedan aplicarse á valores ó cantidades diferentes, se entenderá hecha la obligación en aquella especie de moneda, peso ó medida que esté en uso en los contratos de igual naturaléza" (artículo 220).

SECCIÓN I

DEL MANDATO Y DE LAS COMISIONES Ó CONSIGNACIONES

SUB-SECCIÓN I

Del mandato

Sumario : I. Relaciones jurídicas que nacen del mandato sobre mandante y mandatario y mandatario y terceros. Opiniones diversas y sus fundamentos, crítica y solución. — II. Agente intermediario para oir proposiciones y mandatario que se extralimita en sus poderes. Opiniones diversas, fundamentos, crítica, solución. — III. Conclusión del mandato por muerte del mandante. Dificultades que presenta y ley aplicable según las opiniones diferentes. — IV. Legislación argentina : el Código de Comercio y el Código Civil.

El mandato comercial se tiene por tal en razón del objeto que lo motiva y en él se consideran comprendidos todos los actos de comercio de los que los ejercen por cuenta y á nombre de otros. Sus diferencias con el mandato civil puede decirse que se encuentran fundamentalmente en la naturaleza del objeto que motiva su constitución. Fuera de allí en ambos hay iguales relaciones en todos los que intervienen en el contrato, y puede opinarse que para el derecho internacional presentan idénticas dificultades.

Si en el mandato hay relaciones entre mandante y mandatario, las hay también entre el mandatario y los terceros. El mandante da el encargo al mandatario y entre ambos celebran el contrato de mandato; el mandatario cumple el encargo vinculándose con un tercero y celebra un contrato á nombre y por cuenta del mandante. ¿Dónde se celebran estos contratos y cuál es la ley que los rige? Es necesario estudiarlos separadamente para mayor claridad.

Contrato entre mandante y mandatario. — Sobre el lugar en que se perfecciona y sobre la ley que lo rige como consecuencia, no hay uniformidad en la doctrina, quizá porque las costumbres comerciales y por ellas las legislaciones, han formado diversas clases de agentes que se caracterizan en el mandato, aunque en realidad no sean mandatarios ó siéndolo se diferencian en la extensión de sus facultades solamente.

Según Casaregis, Burge, Story, Felix, Massé, Phillimore, Fiore, Esperson, Rocco, Wharton, Lomónaco, Boisson, Lecasble Despagnet, Weiss, Pradier-Foderé, Pinedo, el contrato se celebra en el lugar en que se encuentra el mandatario y por el solo hecho de su aceptación, y la ley que lo rige es la ley de ese lugar. La solución es idéntica, sea que se haya celebrado el mandato tácitamente, ó expresamente por el envío de la procuración ó por medio de cartas, y según Story y

Phillimore ha sido aceptada por la jurisprudencia de Inglaterra y de los Estados Unidos.

El contrato, dicen los sostenedores de esta solución, no se forma sino por la aceptación del mandatario, y esta aceptación basta para el perfeccionamiento, puesto que puede presumirse con certeza que el mandante persiste en su voluntad, siempre que no manifieste una intención contraria, y que el mandatario, ejecutando de hecho el mandato, consiente en él indudablemente. En el mandato la obligación principal es única y en el solo interés del mandante; es el mandatario el que se obliga, el que contrata una obligación, y debe bastar que él acepte la vinculación. Por esto el mandante puede revocar el mandato cuando le parezca y el mandatario puede renunciar á él con la notificación formal respectiva, ora de la revocación, ora de la renuncia. No sucede lo mismo en los contratos sinalagmáticos, porque en estos cada una de las partes se obliga y el solicitante puede tener interés en retirar sus ofertas en tanto que la otra parte no le haya informado de su aceptación.

Según Laurent, Asser y Rivière, Bar, la jurisprudencia de los tribunales alemanes y el Congreso Sud Americano en el artículo 37 del proyecto de tratado de derecho civil internacional, el contrato se celebra en el lugar en que se encuentra la persona que ha dado el mandato y ese contrato se rige por la ley que á ese lugar corresponde. Se funda en que si el mandato es dado únicamente en el interés del mandante y el mandatario no hace sino representarlo en el negocio de que está encargado, es natural que el mandante determine la extensión del poder que quiere conferir al mandatario; y á falta de una declaración de voluntad se puede presumir que él se refiere á la ley del lugar que habita, y que por lo común será su ley personal que la conoce, que se presume que la conoce, mientras que con frecuencia ignorará completamente la ley del lugar en que el mandato es aceptado por el mandatario.

Esta solución es, sin duda, preferible. Nos parece que las razones en que se funda son concluyentes. El que confiere el mandato sabe cómo lo confiere y puede establecer su alcance por la ley que conoce, y si á falta de una manifestación expresa, se debe aceptar alguna presunción, ninguna como la de que aquél que constituye una procuración en su interés, tenga en cuenta la ley á que está vinculado y no la ley que accidentalmente va quizá á intervenir en las transacciones que le afecten en sus negocios. "Admitir lo contrario, como decía la Corte de Berlin, entrañaría la consecuencia que el principal que delega á un tercero una parte de su personalidad jurídica, en la extensión determinada por las leyes de su domicilio, para concluir negocios en un territorio sometido á un derecho extranjero, sometería de antemano su voluntad á todos los cambios ó á todas las modificaciones posibles que ocasionaría la legislación de ese territorio ; y no es posible suponer que haya tenido la intención de someterse en la persona de un representante que ha recibido una dirección precisa y revestida de poderes determinados por las leyes de su país, á las numerosas y quizá incalculables modalidades de las relaciones legales que comporta el derecho escrito ó consuetudinario de un territorio extranjero. "

Contratos entre mandatario y terceros. — En estos contratos podrian presentarse las mismas dificultades que en los anteriores. No habiendo lugar designado ni pudiendo designarse este, se presume que los contratantes han querido someterse á la ley del contrato, según la expresión común. Pero ¿ cuál es el lugar del contrato en estos contratos que se llevan á cabo por cuenta y á nombre de una persona que se encuentra ausente? ¿Es el lugar del mandante y la ley de este lugar, ó es el del mandatario y la ley que le corresponde?

Los escritores que se dividen al considerar los contratos entre mandante y mandatario, están de acuerdo en esto : para todos ellos el contrato entre mandatario y terceros, aunque interesa y afecta al mandante, se entiende celebrado en el lugar en que se encuentra el mandatario. Ellos dan la razón diciendo que, como el mandatario es el representante del mandante, debe suponerse que forman ambos para la celebración del contrato una sola persona y para lo que el mandante se ha trasladado al domicilio del mandatario.

Sin embargo podría observarse que más bien debe suponerse que el mandatario se traslada al domicilio del mandante una vez que aquel depende de éste y no este de aquél, como igualmente que, aplicando la ley del mandatario, se aplicaría una ley que el mandante no conoce, lo que se hace valer para los contratos entre mandante y mandatario. Pero á lo primero se contesta que si es posible suponer que el mandatario se traslade al domicilio del mandante, no lo es que lo haga el tercero que no tiene relación alguna de dependencia con el mandante; y á lo segundo, con Laurent, que la ley del lugar es una presunción legal á la cual ocurre el legislador por necesidad : la ley, y en su ausencia, el juez se encuentran obligados á presumir la intención de las partes porque estas no han manifestado voluntad alguna, tanto más cuanto que es á ellas á las que corresponde prevenir una presunción que puede no responder á su voluntad.

II

Puede suceder que el agente intermediario no tenga poderes para realizar acto alguno en representación de los que le han encargado de la operación comercial, debiendo limitarse á escuchar las proposiciones y trasmitirlas para la resolución; y puede también suceder que el agente tenga todas las facultades para representar al mandante, pero que en el ejercicio de esas facultades se extralimite y admita soluciones que para tener un valor jurídico necesiten la intervención de aquél.

En el primer caso la solución depende de la manera de considerar la situación del agente; y de aquí que para Pardessus, Dalloz, Massé, Fiore, Wharton, Vincent y Penaud, Phillimore, el contrato se rija por la ley del lugar de la persona de quien depende el agente, y para Orillard, Surville y Arthuys, sea la ley del lugar en que el agente llevó á cabo el contrato la que tenga aplicación.

Según los primeros se trata de un empleado que en lugar de ser autorizado á concluir negocios determinados, es encargado simplemente de recoger órdenes y trasmitirlas á su patrón que se reserva el derecho de aceptar ó de rehusar los pedidos que se le hagan. El empleado ofrece negocios en condiciones determinadas y concluye su misión dando aviso de lo que están dispuestos á aceptar: desaparece su persona para que los aceptantes y el dueño de las ofertas resuelvan por sí mismos su situación respectiva. Entonces los contratos deben reputarse celebrados en el domicilio del patrón, desde que su aceptación ha sido necesaria para que haya vinculación recíproca.

Según los otros el dependiente ó encargado no es un agente intermediario entre comprador y vendedor que se limita á trasmitir al uno las proposiciones del otro, como un corredor; no es un tercero desinteresado que interviene en un negocio como conciliador, para ayudar con sus noticias y consejos á dos partes que están por contratar; es un asalariado que hace su propaganda en favor de una de las partes. Defiende sus intereses, trata de obtener las condiciones más favorables, arregla todas las cláusulas de la convención, salvo la aprobación de su patrón, y obtenida la aprobación, las ofertas son ratificadas, teniendo entonces todos los efectos de la ratificación.

Por nuestra parte, seguimos la primera solución, porque nos parece lógica con la situación del agente que no es un mandatario, sino más bien un agente de propaganda de los negocios que pueden hacerse con su patrón. Los fundamentos que sirven para establecer la solución contraria cambian el carácter del agente y se refieren á un verdadero mandatario; y aunque fuera cierto, como dice Orillard, que no siempre sea fácil reconocer cuándo el agente obra como mandatario ó como simple proponente de negocios, naciendo de esta situación numerosas dificultades que desaparecen con la solución que propone, suprimir la dificultad, como dice Massé, no sería resolverla.

En el segundo caso se trata de un verdadero mandatario que ejecuta actos fuera de sus facultades y que requieren para su existencia la ratificación del mandante. La solución depende entonces de la manera de considerar la ratificación, ya sea como un nuevo acto, ya sea como confundido con el acto del mandatario; y se aplicará cualquiera de las leyes que dominan la ratificación en las diferentes doctrinas á su respecto. Así lo entienden Casaregis, Story, Félix, Fiore, Wharton, Laurent, Despagnet, Weiss, Boisson, Lecasble, Surville y Arthuys, y Vaquette.

III

El mandato concluye por diferentes causas y entre ellas por la muerte del mandante, y si en esto la doctrina y la legislación están de completo acuerdo, no sucede lo mismo en cuanto al momento en que la muerte produce el efecto de hacer cesar el mandato: la cesación del mandato se produce por el hecho de la muerte del mandante, la conozca ó no el mandatario, ó sólo cuando ese conocimiento ha tenido lugar, y de aquí que los gastos ejecutados en el intermedio entre el hecho de la muerte y su conocimiento se consideren válidos ó no. ¿Cuál será la ley aplicable en tal caso?

Story, que es uno de los primeros escritores que propone la cuestión, manifiesta que no ha sido resuelta directamente ni en los Estados-Unidos ni en los otros países, pero si indirectamente por algunas decisiones de los tribunales de aquellos en favor de la aplicación de la ley del domicilio del demandante. Sin embargo Phillimore, Wharton, Westlake, Guthrie, Fiore, son de una opinión contraria y solucionan la dificultad aplicando la ley del lugar del mandatario.

Nos inclinamos á la última solución, porque si bien se trata de la duración del mandato no lo es en cuanto á las relaciones de mandante y mandatario, sino á las del mandatario con los terceros, y en tal caso es la ley de aquél la que prima en los actos celebrados.

IV

La legislación argentina ha resuelto de una manera expresa todo lo referente á los contratos celebrados por mandatario, si no en la ley comercial que se limita en el artículo 222 á aceptar la existencia de un mandato especial, en la ley civil que debe aplicarse á falta de una disposición en aquélla.

El artículo 1214 del Código Civil establece que : " si el contrato fuera hecho entre ausentes... por medio de agentes... sus efectos, no habiendo lugar designado para su cumplimiento, será juzgado respecto á cada una de las partes, por las leyes de su domicilio". De esta disposición nos hemos ocupado ya al estudiar las obligaciones que nacen de los contratos y escusamos toda consideración á su respecto.

SUB-SECCIÓN II

De las comisiones ó consignaciones

Sumario: I. El contrato de comisión y sus caracteres especiales. Relaciones jurídicas que establece, ley por la cual se rigen, opiniones diversas, crítica, solución. — II. El comisionista vendiendo sus propias mercaderías, opiniones diversas, crítica, solución. Momento en que la mercadería pasa á poder del comitente: ley aplicable según los casos, crítica y solución. — III. Legislación argentina: prescripciones del Código de Comercio y soluciones de acuerdo con ellas.

La comisión, en el derecho comercial, tiene condiciones peculiares que la caracterizan separándola de lo que puede llamarse especialmente mandato, sea que se acepte la doctrina que á este respecto tiene mayor número de adherentes y que reconocen el mandato y la comisión comerciales, sea que rechazando esta se siga la que reune todos los caracteres de ambos contratos bajo la sola denominación de comisión.

En este sentido las reglas que deben aplicarse al estudiar este contrato que, si bien tiene un origen común con el mandato, se separa en sus requisitos principales, reclaman una atención especial. El comisionista hace las operaciones á nombre propio, pero por cuenta del comitente y esas operaciones que pueden ser diversas, deben ser individualmente determinadas, produciendo diferentes relaciones: entre comisionista y comitente; entre comisionista y terceros; entre comitente y terceros; fuera de la diversidad de cuestiones que suscita la peculiaridad de esos mismos efectos.

Relaciones entre comitente y comisionista. — La ley que las rija dependerá de la manera de apreciar la naturaleza del contrato que da lugar á dichas relaciones, siguiendo las doctrinas de los comercialistas á este respecto.

Si entre comitente y comisionista el contrato de comisión es un mandato, como lo pretenden la mayoría de los escritores y entre ellos Delamarre y Le Poitvin, Bravard-Veyrières, Troplong, Domenget, Massé, Bedarride, Norsa, Le Jolis, Obarrio, la ley aplicable será la ley que rige el mandato. Si por el contrario no es un mandato, sino un contrato diverso según el encargo que recibe el comisionista, como lo sostienen Locré y Vincens, la ley aplicable será la ley de ese contrato.

Por nuestra parte aceptando la primera doctrina, aceptamos, de acuerdo con Norsa, como ley la que hemos establecido para el mandato.

Relaciones entre comisionista y terceros. — Sea que el comisionista obre á nombre del comitente, como lo aceptan en la doctrina Delamarre y Le Poitvin, sea que obre á nombre propio, como lo sostiene Bravard-Veyrières, la ley aplicable será la ley del contrato celebrado por el comisionista: En el primer caso porque esa es la ley

aplicable tratándose del mandato, y la comisión, entonces, aunque con tal nombre, es un verdadero mandato;
y en el segundo, porque se trata de un contrato celebrado por el comisionista en su nombre con los terceros
y estos no saben ni tienen por qué saber que esa operación se lleva á cabo por cuenta de otra persona cuyo
nombre no se manifiesta, no siendo en tal caso los que
contratan con el comisionista terceros á su respecto, sino
partes contratantes como en todos los contratos.

Relaciones entre comitente y terceros. — Ejecutando el
acto jurídico el comisionista en nombre del comitente,
los terceros tienen una acción directa contra el comitente que es un mandante, siendo el comisionista un mandatario, un instrumento pasivo, *nudum organum, nudus
minister*, como dicen los doctores; y ejecutándolo á
nombre propio y con independencia absoluta del comitente, la acción de los terceros sólo puede existir contra
éste por una cesión de los derechos del comisionista.
En ambos casos se trataría de ejercitar acciones que nacen del mandato y la ley aplicable sería la que corresponde á este contrato.

II

En los casos generales el comisionista encargado de
comprar determinadas mercaderías por cuenta del co-

mitente efectúa la operación con terceros poseedores de dichas mercaderías, pero puede suceder que el mismo comisionista las tenga, y en lugar de buscarlas en otra parte, las tome de sus depósitos y las remita al comitente. ¿Se aplicarán en este caso los mismos principios que antes hemos expuesto?

Casaregis, y los escritores que le siguen como Story, Massé, Fiore, Laurent, Boisson, Roussel, Esperson, Despagnet, establecen que la ley aplicable es la ley del lugar en que se encuentra el comisionista, puesto que si bien hay dos contratos, uno de comisión ó mandato y otro de venta, el primero se ajusta á esa ley como tal contrato y el segundo se celebra en el mismo lugar. "Desde que los intereses del comitente no se comprometen, dice Massé, nada le importa el origen de la mercadería, y su aceptación, si tiene la calidad requerida, no siendo necesaria en un caso más que en otro, la venta que le hace el comisionista se reputa hecha en el lugar donde se encuentra éste, puesto que en él se reunen las dos cualidades, la de vendedor por su propia cuenta y la de comprador por cuenta de su comitente".

A nuestro juicio, y teniendo en consideración las diferentes doctrinas que se sostienen tanto sobre el mandato como sobre la compra, la solución se debe establecer en general, diciendo: las relaciones entre el comisionista y el comitente en cuanto al contrato mismo de comercio, se rigen por la ley del mandato, que será la del lugar del mandante, ó la del lugar del mandatario, y las que nacen del carácter de comprador en el comitente y de vendedor en el comisionista por la ley del contrato de venta que será diverso, según la teoría que se siga en cuanto á los contratos en general.

¿Será lo mismo en el caso en que en lugar de tratarse de una comisión de compra se trate de una comisión de venta, es decir, que el comitente sea vendedor y el comisionista comprador? No vemos por qué se podría resolver de una manera diversa, desde que le serían aplicables los mismos casos, y así lo resuelve también Massé.

Sin embargo, tanto en el caso especial que acabamos de examinar como en todos los demás en que se trate de una simple comisión de compra, puede ser necesario establecer el momento en que la cosa comprada ha pasado á poder del comitente. ¿Por qué ley se establecerá ese momento?

La solución en el caso general nos parece que no puede ofrecer gran dificultad. La cosa comprada pasa á poder del comitente desde el momento que el tercero la entrega al comisionista, porque habiendo entre comitente y comisionista relaciones de mandato, éste último representa la persona del primero, y la ley que lo determina será la ley del mandato.

En el caso especial en que el comisionista ha sido el vendedor, el momento no es único, una vez que la cosa está en su poder, y entonces, ó es aquél en que se expide al comitente ó aquél en que éste la recibe. Casaregis, y con él Fiore, creen que, desde el momento en que la mercadería es expedida por el comisionista pasa á poder del comitente: "ha llegado, dice el primero, la oportunidad de preguntarse si las mercaderías trasmitidas por un comerciante á requisición de su corresponsal, pasan al dominio del comitente antes de que lleguen á sus manos, y responde: que desde aquel instante en que el comerciante á quien fué dada la orden de trasmitir la mercadería las embaló ó las entregó al capitán, porteador ó conductor para ser consignada al comitente, desde ese instante ha pasado al dominio de éste. Porque el comerciante trasmitiendo las mercaderías por orden de su corresponsal inviste una doble personalidad, á saber, una de vendedor y otra de procurador del comprador su corresponsal, en cuya representación y nombre recibe por sí mismo la entrega, la medida, el peso ó el número de las mercaderías por el precio convenido, lo que anota en los libros y cartas que recíprocamente se han cambiado, de lo que ciertamente se desprende que producida en seguida la quiebra del comerciante comitente las predichas mercaderías se consideran trasmitidas á su patrimonio, aunque existieran las mismas en las naves ó en poder del porteador, conductor, ó en la Aduana en que se hubiesen depositado".

Si la venta, según estos escritores y según nuestra opinión, debe considerarse como perfecta en el lugar en que reside el comisionista que reune la doble calidad de vendedor por cuenta propia y de comprador por cuenta ajena, la mercadería pasa á poder del comitente desde el momento de la perfección de la venta siguiendo la ley del lugar de su perfección.

La misma ley del lugar del comisionista debe aplicarse para determinar claramente las responsabilidades en que puede incurrir antes de haber aceptado la comisión ó habiéndola rechazado, ya tratándose de actos meramente conservatorios de los derechos, ya de la ejecución de operaciones urgentes por su naturaleza ó por los resultados que se esperan.

En el momento en que se producen tales actos no existe vinculación alguna entre el que pretende ser comitente y el comisionista, y éste no puede ser responsable de sus actos ante su propia ley, que es la que determina sus deberes y sus responsabilidades en el ejercicio de su industria, desde que la autonomía de su voluntad no ha podido operarse. Si las necesidades del comercio requieren algunas limitaciones en el ejercicio propio de ciertas profesiones, esas limitaciones se determinan en cada localidad, y como consecuencia del ejercicio de esas profesiones por la ley á cuyo amparo se llevan cabo. De otra manera fuera dar intervención á lo indebido, á la ley extranjera, sin que siquiera la autonomía de la voluntad se haya impuesto para alterar las prescripciones de la ley nacional.

III

El Código de Comercio de la República no contiene disposición especial respecto á la manera de solucionar los conflictos en el contrato de comisión; pero si en cuanto á los puntos de derecho comercial que pueden servir de partida para la aplicación de las doctrinas formuladas.

Así, según el articulo 321 ''el mandato comercial es un contrato por el cual una persona se obliga á administrar uno ó más negocios lícitos de comercio que otro le encomienda '', y según el inciso 1º del artículo 222 ''se llama especialmente mandato, cuando el que administra el negocio obra en nombre de la persona que se lo ha mandado'', y según el inciso 2º del mismo artículo ''se llama comisión ó consignación, cuando la persona que desempeña por otras, negocios individualmente determinados, obra á nombre propio ó bajo la razón social que representa''.

Se desprende de aquí que la comisión, como contrato comercial, no puede ser confundido con el contrato que se denomina especialmente mandato comercial, aunque puede decirse que ambos nacen del mandato. El mandatario comercial obra á nombre del mandante y por cuenta de éste con ó sin determinación de los asuntos de que debe ocuparse, mientras que el comisionista

debe obrar á nombre propio aunque por cuenta del cc-
mitente, y los negocios de que se encarga deben ser individualmente determinados.

Según el artículo 232, que es una consecuencia de lo
dispuesto en el artículo 221, "entre el comitente y el
comisionista hay la misma relación de derechos y obligaciones que entre el mandante y el mandatario, con las
ampliaciones ó limitaciones que se prescriben en este
capítulo" (comisiones ó consignaciones): y según el articulo 263 "es indispensable el consentimiento expreso del
comitente, para que el comisionista pueda efectuar una
adquisición que le está encargada con efectos que tenga en su poder, ya sean suyos ó ajenos".

Establecidas todas estas conclusiones y todas las que
le son concordantes, podremos decir que : las relaciones entre comitente y comisionista se rigen por la ley
del mandato; las relaciones entre comisionista y los terceros, por la ley del contrato; las relaciones entre comitente y terceros, en el caso de cesión de los derechos del
comisionista, por la ley del mandato. Si se trata de una
comisión de compra y el comisionista vende sus propias
mercaderías con consentimiento expreso del comitente,
las relaciones se regirán por la ley del mandato y por
la del contrato. Si se trata del momento en que la cosa
comprada pasa á poder del comitente, ese momento se
establecerá por la ley del mandato ó por la del contrato,
según los casos.

SECCIÓN II

DE LAS COMPAÑÍAS Ó SOCIEDADES

SUMARIO : I. Las sociedades civiles y las comerciales. La personalidad de unas y otras. Importancia de la discusión. Nomenclatura diversa. Solución. — II. Las sociedades comerciales y sus formas. Ley que las rige. Soluciones diferentes y sus causas. Cómo debe considerarse la cuestión de acuerdo con las mismas tendencias de la doctrina y de la legislación. Soluciones diversas, su examen y sus fundamentos.— III. Legislación argentina. Las personas jurídicas según el Código Civil : aclaraciones y rectificaciones á lo expuesto al estudiar las personas jurídicas en general. Soluciones del Código de Comercio y cuestiones á que pueden dar lugar. Soluciones del Congreso Sud-Americano.

El espíritu de asociación ha tomado desenvolvimientos más intensos á medida que las exigencias de la vida y de la civilización han manifestado la necesidad de ser atendidas para no producir un desequilibrio, y con él un retroceso en el desarrollo natural de las fuerzas individuales y colectivas ; y si en los intereses puramente civiles, el desarrollo ha sido lento, y consultando el egoísmo de los individuos y de los pueblos, en los intereses comerciales ha sido tan rápido como fecundo, manifestándose en formas variadísimas que escaparon casi siempre á la previsión de los legisladores.

Las asociaciones civiles se limitaron y se limitan hoy mismo en el territorio de los estados, ya por el carácter especial de su organización, ya por los objetos de orden puramente local que motivan su establecimiento: son las personas que se congregan teniendo en cuenta su responsabilidad individual y son los intereses generales los que priman en su dirección y en su desenvolvimiento.

No sucede así en las asociaciones que toman el carácter puramente comercial. En ellas el objeto es el lucro que se busca en donde es posible encontrarlo, aún salvando las fronteras de los estados, y para conseguirlo y asegurarse al mismo tiempo contra los resultados de las ambiciones desmedidas y de las ilusiones que ellas provocan, se hace desaparecer las personas y se limitan las responsabilidades, consiguiendo con lo uno, la rapidez y la unidad en las resoluciones, y con lo otro, la fijación de las pérdidas que la extensión de las combinaciones de especulación oculta generalmente.

De aquí que las asociaciones civiles operen en lugares determinados y no traspasen por regla general las fronteras de los estados en que se han formado, siendo caso rarísimo el de un conflicto por pretender una personalidad exterior y el ejercicio de los derechos que el contrato y la autorización pública han consagrado. Las asociaciones comerciales, por el contrario, nacidas para responder á las exigencias del comercio interno y más que de este, del tráfico internacional, su movilidad es contínua, encontrándose por sus operaciones sucesivas en los diferentes territorios y necesitando en cada uno de ellos justificar su personería y hacer conocer sus responsabilidades: los intereses, las especulaciones que persiguen se chocan y se hostilizan respectivamente, y cada asociación ó sociedad pretende desalojar á la que se le presenta como un obstáculo á sus pretensiones, buscando para ello el apoyo en la ley ó en la explotación de los sentimientos siempre egoístas del tráfico comercial.

¿Por qué, sino, la manera diferente de considerarlas en la doctrina y en la legislación? Es el modo de constituirse y el objeto á que responden, lo que imprime las diferencias; y así como respecto á las sociedades comerciales no ha sido difícil el reconocerles una personalidad propia, respecto á las sociedades civiles, las más profundas disidencias se han manifestado y ni la doctrina ni la legislación, han tomado una actitud resuelta y definitiva. Las sociedades civiles que no se han formado en un interés de orden social ó que afecte ó pueda afectar la comunidad por su organización ó su explotación, no tienen una personalidad jurídica reconocida.

La personalidad de las sociedades comerciales parece fuera de cuestión, pero la dificultad está propiamente en la manera de considerarla, una vez que las sociedades tanto civiles como comerciales, han tomado formas diversas, y en el derecho se les reconoce con diferentes

nombres, que pudieran producir confusión en las aplicaciones que reciben. Las sociedades comerciales, por
su objeto, por la manera de funcionar, por la extensión
que abarcan, requieren indudablemente una unidad de
acción que dé rapidez y seguridad á sus operaciones, y
esto no es posible conseguirlo si la dirección no es única
y las obligaciones y responsabilidades no pueden hacerse efectivas de una manera fácil y en cualquier parte
donde han sido contraídas. Si esto es indispensable, no
sólo es necesario que exista la representación de la persona ó que el conjunto de individuos y de capitales revistan sus caracteres, sino también que esa representación pueda ser reconocida por donde quiera que se haya
manifestado en una vinculación jurídica.

Así, como decíamos antes, la doctrina, la legislación
y la jurisprudencia, están conformes en reconocer á las
sociedades comerciales, la personalidad que no reconocen con esa misma unanimidad á las sociedades civiles; pero la dificultad se presenta cuando se quiere ca-
racterizarlas y deslindar su personalidad de las demás
que reconoce el derecho. ¿Cómo deben considerarse,
pues, las sociedades comerciales? ¿Son simples asociaciones de individuos sin representación jurídica independiente con caracteres especiales, ó son personas con
estos caracteres y que se separan y diferencian de las
reconocidas en los primeros desenvolvimientos del derecho?

Si dejamos de lado la opinión de Toullier que se considera generalmente por los escritores como contraria á toda personalidad de las sociedades, lo que no es exacto. puesto que lo que afirma exclusivamente, es que las sociedades formadas para hacer un comercio no pueden considerarse como un sér moral, una tercera persona colocada entre los dos asociados, en tanto le da á ese ser el carácter de la personalidad creada por el derecho romano—podemos recordar cuatro opiniones diferentes en los escritores de derecho comercial: la que sostiene que las sociedades son personas morales ó jurídicas; la que negándoles este carácter, admite solamente que sean entidades colectivas ó individualidades jurídicas; la que las caracteriza como personas *sui generis* ó como personas-comerciantes; y la que las comprende en el nombre de personas de existencia ideal, de las que forman parte las personas jurídicas.

Creemos con Vidari, que toda esa divergencia de opiniones en cuanto á la manera de considerar las sociedades comerciales, es el resultado más bien de una divergencia de expresiones ó palabras que de principios. Desde que todos convienen en que las sociedades ejecutan los actos que nacen de los contratos respectivos con una representación única que impone responsabilidades directas con esa representación, ninguno puede desconocer que ejercitando tales actos lo hacen como entidades colectivas ó jurídicas, sin tener en cuenta el nombre

-de cada una de las personas que las forman. Estas entidades, personas ó individualidades jurídicas no serán,
sin duda alguna, aquellas personas morales ó jurídicas
que se han reconocido en el derecho, respondiendo á
un interés público ó social, cuya existencia y disolución
depende del poder público, y cuyos bienes pueden pasar á manos de éste en detérminadas condiciones, pero
serán personas de una existencia ideal que si no tendrán
todas esas condiciones y no formarán una entidad en
que desaparecen completamente los que la han formado, serán tales en sus relaciones con los terceros.

En este sentido y sin entrar á recordar todos los fundamentos que aducen respectivamente los sostenedores
de las diferentes conclusiones, nos parece que siguiendo
las clasificaciones de Freitas no se produce confusión
alguna. Para este escritor, las personas son de existencia visible ó de existencia ideal, y estas últimas son pú--
blicas ó privadas, llamándose las primeras personas
jurídicas que pueden ser de existencia necesaria ó posible, é incluyéndose en las segundas, las sociedades
civiles ó comerciales.

De esta manera, llamaríamos á las sociedades comerciales personas privadas de existencia ideal y dejaríamos
el nombre de persona jurídica para todas aquellas asociaciones que responden á lo que siempre se entendió por tal
en la doctrina y en la legislación, evitando, de esta manera,
toda discusión. Las sociedades comerciales son perso-

nas, sin ser personas jurídicas, morales, civiles, ficticias, etc., etc., y como tales y con las limitaciones que la ley les impone, realizan sus fines y dan satisfacción á las nuevas exigencias, tanto del tráfico interno como del internacional.

II

Las sociedades comerciales toman diferentes formas que las caracterizan de una manera especial y que la doctrina ha agrupado en dos clases: sociedades de personas ó de intereses y sociedades de capitales ó de acciones, perteneciendo á la primera clase las colectivas y las en comandita simple, y á la segunda las anónimas y las en comandita por acciones.

¿Cuál será la ley que rija á todas estas sociedades? ¿Se aplicará á todas la misma ley ó se tendrá en cuenta su naturaleza especial para resolverlo? No teniendo todas las sociedades la misma manera de constituirse y de funcionar, según la doctrina y la legislación, se ha creido que esto debía influir decisivamente en su manifestación internacional y de aquí los sistemas y confusiones que hacen difícil sino imposible una solución aceptable para todos.

Sin duda alguna que tratándose de las sociedades comerciales, aunque se consideren como personas jurídicas ó morales, la solución no podría ser idéntica á la que corresponde á las personas de creación de la ley y que lleven el mismo nombre. En aquellas, el interés personal prima sobre todo desde que se trata en ellas de buscar un lucro como resultado de los actos puramente comerciales que constituyen su esencia y su razón de existencia. En las últimas, por el contrario, su creación se funda en una razón de interés social, de orden público, y, por consiguiente, la regla á que obedecen en un país puede no ser la misma para otro y los intereses llamados á tutelar en un caso ser diametralmente diferentes á los que debe tutelar en otro.

Todo esto es exacto y considerado desde este punto de vista, bien podría aceptarse la personería jurídica de las sociedades comerciales y no aceptarse para ellas las soluciones de las otras. Pero las sociedades de capitales, en que la responsabilidad se limita y se divide, no se introdujeron sin las desconfianzas naturales tanto más cuanto que se abandonaba el régimen exclusivo de la solidaridad con que habían nacido y se habían desenvuelto las asociaciones. Se juzgó necesario amparar á los terceros contra los abusos posibles por parte de los iniciadores de las nuevas sociedades, introduciendo la acción del estado, y de aquí que se creyera ver en ellas ese interés social que limita con el territorio de cada estado y cuya apreciación, como es consiguiente, queda librada á sus propias autoridades.

La autorización prévia de los poderes públicos se impuso y en poco tiempo la discusión á su respecto vino á introducir una confusión que hasta ahora dura. Las sociedades de personas no desempeñan el mismo papel que las de capitales y una y otras sólo afectan intereses individuales que cada persona comprometida debe encargarse de defender; pero, en las desconfianzas de los estados y en el temor de un acercamiento demasiado estrecho que produjera el desenvolvimiento de los unos á costa de los otros, se produjo la confusión consiguiente, y tomando sólo el lado de la personalidad jurídica, se vió una creación de la ley y se olvidaron los intereses, aplicándose á todas la misma regla.

Como consecuencia, la doctrina que acepta la personalidad jurídica de las sociedades, puede decirse que está dividida: entre los que, tomando por punto de partida esa personalidad y aplicándola especialmente á las sociedades de capitales, niegan sus efectos extraterritoriales y hacen extensiva la solución á todas las demás, sin tener en cuenta para nada sus especialidades; los que admiten ese efecto para las primeras, pero no para las segundas; y los que, siguiendo un camino inverso de los primeros, dan á las sociedades la misma representación que á las personas naturales, les reconocen una nacionalidad que influye en su carácter y amparan todos sus actos en el derecho de los bienes.

Las dificultades y las divisiones dependen, cómo lo

hemos dicho, de la intervención directa del estado, prestando su autorización para el funcionamiento de ciertas
sociedades, dando á esa autorización una importancia
de que carece en el caso, ya que sucede lo contrario en
las personas jurídicas propiamente dichas. Basta estudiar los escritores que se han ocupado de ello para alcanzar un convencimiento completo á su respecto,
siendo necesario sacar las conclusiones con arreglo á
cada legislación y construir los sistemas desde su punto
de vista.

Pero la autorización y su influencia decisiva en la manera de considerar las sociedades que la requieren van
desapareciendo sucesivamente. Las sociedades comerciales, no son las sociedades ó asociaciones que se forman con un fin social, que á él obedecen exclusivamente
y que en concurrencia con el fin del estado se hacen sus
colaboradores y se ponen forzosamente bajo su vigilancia é inspección. Otro es su papel como exigencia de las
vinculaciones del tráfico internacional, desde que responden exclusivamente á intereses individuales, al lucro
que pueden producir sus operaciones conducidas de una
manera prudente y cuidadosa; y la autorización responde únicamente al examen de los requisitos que la ley
ha determinado para llenar sus fines en el mecanismo
de los actos comerciales.

En este sentido creemos, pues, que el punto de partida
tiene que ser diverso y que no es la manera como ha

sido formado el ente jurídico, lo que decide de su personería internacional, de su aptitud para ejercer los actos fuera del lugar de su formación. Son los actos mismos y el asiento de sus operaciones los que establecen la ley á que las sociedades deben estar sometidas: la autorización ó no que las ha precedido depende para su eficacia de esos hechos, á fin de que, como personas que sólo tienen en mira los bienes y para ellos son creadas ó formadas, no burlen las leyes que para esos objetos han sido especialmente dictadas. No es la autorización, propiamente dicho, lo que separa la eficacia extraterritorial de las diferentes clases de sociedades: formadas con autorización ó sin ella, respondiendo á las personas ó á los capitales, funcionarán ó no con la ley de su creación, según los actos, según el asiento ó centro de sus operaciones.

Por esto, separando toda asimilación con las personas jurídicas, y siguiendo el movimiento operado por la legislación belga, continuado por las legislaciones italiana, portuguesa, rumana, suiza, y de la doctrina en los escritores que la aceptan y desenvuelven, pensamos que la clasificación de las sociedades comerciales en extranjeras y nacionales por el lugar de su formación carece de importancia, y que para conocer las leyes á que deben someterse en su formación y en sus actos, basta tener en cuenta la naturaleza de estos.

Así pueden presentarse tres casos diferentes:

1º Una sociedad formada y con su asiento en un lugar determinado, pretende ejercer actos como tal sociedad fuera de ese lugar, actos de su comercio, actos que no son propiamente de éste ó que no son la consecuencia de otros actos;

2º Una sociedad formada en un lugar determinado, pretende ejercer su comercio ó tener el asiento principal de sus negocios fuera de ese lugar; ·

3º Una sociedad formada en un lugar determinado y con el asiento principal de sus negocios en ese lugar, pretende establecer una sucursal en otro territorio ó tener una representación aislada que ejercite en éste sus operaciones habituales.

El primer caso nos parece de solución sencilla : la sociedad es tal sociedad, si ha sido constituida con arreglo á sus leyes, es decir, á las leyes del lugar de su formación y sus actos son válidos como celebrados por tal sociedad. Hay el reconocimiento de una persona de existencia ideal que tiene por objeto facilitar las operaciones comerciales y vincular los intereses internacionales, quedando siempre subentendido que los actos que ejecuta no contravienen á ninguna ley de orden social, y serán juzgados con arreglo á los principios generales, según su naturaleza.

· Así una sociedad colectiva ó anónima se constituye y establece el centro de sus negocios en el Brasil para explotar un establecimiento de café ó azúcar y contrata en la República Argentina la venta de un cargamento de café, por medio de un representante especial al efecto ; ó esa misma sociedad necesita tomar participación en un acuerdo de acreedores para liquidar extrajudicialmente los bienes de un deudor, ó presentarse en juicio para hacer valer sus derechos contra un deudor que tiene su domicilio en la República ó para cualquier otro acto de jurisdicción voluntaria. ¿ Podrá desconocerse su personería, porque la sociedad no está constituida con arreglo á las leyes argentinas ?

No, sin duda : la sociedad es una sociedad extranjera en tanto no se ha constituido, ni tiene el asiento de sus negocios en la República, pero estando constituida con arreglo á sus leyes, que es lo único que corresponderá tener en cuenta á los contratantes ó á los tribunales, su personería es completa. " Cuando una sociedad, constituida en el extranjero, establecida en el extranjero, dice Pirmez, viniere á efectuar cualquier operación en Bélgica, ó sostener cualquier proceso, la ley belga debe tratar esa individualidad jurídica como trata los individuos físicos ; les admitirá á contratarse, á presentar en juicio, dejando discutir su existencia ó su capacidad, según la ley de su país. Nosotros no tenemos la responsabilidad de estas sociedades, no debemos tomarla ; aquellos que se vinculen contando con ellas saben que tienen que hacer con una creación exótica ; es en el extranjero que tienen que buscar sus conocimientos ó sus garantías ".

En el segundo caso, la sociedad debe regirse por la ley del lugar que ha venido á ser el centro principal de sus negocios, cualquiera que sea el lugar en que se ha formado y la ley que se haya tenido presente para ello. A diferencia del caso anterior, la influencia de la ley que ha presidido la constitución de la sociedad desaparece, y esta toma todos los caracteres propios de la sociedad que constituye la ley que ampara el negocio ó negocios á qué responde su nacimiento.

¿Por qué esta diferencia? ¿Por qué no reconocer en este caso también la personalidad de la sociedad que puede tener el capital del país en que se ha constituido y pertenecer todos los socios á la nacionalidad de ese país? ¿No sería esta la manera de atraer los capitales extranjeros que de otro modo no vendrían, una vez que sus poseedores no creyeran en otra garantia que la de sus propias leyes?

En primer lugar sería una anomalía que se pudiera admitir que los Estados extranjeros se encargaran de constituir todas esas entidades colectivas, como si las leyes del país en que van á funcionar y para lo que han sido creadas, no fueran bastantes para efectuarlo. Si una sociedad tiene su principal establecimiento en un país, si es allí donde han resuelto los socios formar el centro principal sino el único de la explotación, tratándose de una vía férrea, de tranvias, minas, etc., etc., no es posible desinteresar al país que va á sufrir sus ventajas ó inconvenientes del papel que naturalmente le corresponde, so pena de nulificar la acción de sus leyes por la falta de personas sobre quien hacerlas efectivas. Formada la sociedad para funcionar en un lugar determinado, la ley cuyo amparo y protección se ha buscado, debe regirla sometiéndola á todas sus exigencias y no una ley extranjera, una ley que si sirvió para formarla no debía seguirla en todos sus desenvolvimientos, tanto más cuanto que un accidente ó un fraude pudieran haberle dado su intervención.

En segundo lugar sería consagrar el fraude de las leyes, desde que bastara traspasar las fronteras del país para el cual se forma la sociedad para someterse á otras leyes más favorables, colocando así á las sociedades que se sometían á aquéllas en una situación desventajosa á su respecto. "De esta manera, como dice Vidari, sería muy fácil eludir las disposiciones de la ley, donde se permitiese á la sociedad extranjera que pusiese en el territorio nacional el objeto, y el asiento principal de su empresa, el hacer en el extranjero el acto constitutivo, sustrayéndose de esta manera á los mayores requisitos que la ley nacional impusiera en comparación con la ley extranjera"; ó los nacionales transportarse al extranjero para eludir su propia ley, como lo hace notar Calamandrei.

En tercer lugar, porque si bien pudiera decirse que podría operarse el retraimiento de los capitales extranjeros que no querrían sujetarse á otras leyes que las propias, sería necesario tener en cuenta que los capitales buscan siempre su mejor colocación y desde que esta ofreciera un lucro seguro y garantías bastantes para conseguirlo, aceptarían la posición que les creara las leyes á que deben someterse sus operaciones. Lo contrario sería también aceptar lo que no se quiere aceptar respecto á las personas naturales, es decir, que en un lugar determinado se encontrarán en aplicación tantas leyes cuantas sociedades estuviesen en ejercicio.

Podría quizá sostenerse, como lo hace Namur, que en todo caso la forma externa del contrato de sociedad debiera regirse por la regla general *locus regit actum;* pero desde que la creación de la persona depende de la ley y ella debe ser la del país para el cual se crea, las garantías que ésta tiene establecidas podrían ser burladas, ya sea estableciendo la forma verbal en lugar de la escrita, ó ya sea alterando los demás requisitos esenciales, como lo hace notar Vidari. Esto, sin embargo, no sería fundamental á nuestro juicio, siempre que se limitara la excepción á lo puramente externo, es decir, á aquello que cae bajo la regla de las formas, sin afectar lo que hace la substancia del acto mismo, como lo hemos explicado en otra parte.

En el tercer caso, la sucursal ó el representante estable de la sociedad será reconocido con la personalidad que le da la ley de creación de la sociedad en su asiento principal; pero sufrirán la aplicación de todas las disposiciones referentes á la publicación y registro de los contratos ó estatutos y de los poderes respectivos, como garantía para los terceros con quienes van á contratar en el país.

Esta solución es una solución mixta en tanto si reconoce la existencia de la sociedad en su sucursal ó representante, aplica la ley nacional para exigir las garantías por ella establecidas. Su fundamento se comprende fácilmente, desde que no se trata de una operación especialmente destinada al país de la sucursal, pues si no lo fuera así la forma que se adoptara no impediría la aplicación de la ley nacional, como en el caso anterior: se quiere facilitar el tráfico internacional, facilitando que las sociedades extranjeras operen fuera del territorio en que actúan.

III

Al tratar de las personas jurídicas hemos recordado los antecedentes de nuestra legislación á su respecto, mencionando también algunos casos de la jurisprudencia administrativa referentes especialmente á las sociedades anónimas y como aplicación de las disposiciones del Código Civil.

Volviendo sobre lo expuesto allí y después de un estudio más detenido, creemos indispensable formular algunas conclusiones que servirán de otras tantas aclaraciones y rectificaciones:

1° Según el Código Civil las personas son de una existencia ideal ó de una existencia visible (art. 31); son personas de existencia ideal ó personas jurídicas, todos los entes susceptibles de adquirir derechos, ó contraer obligaciones, que no son personas de existencia visible (art. 32); y las personas jurídicas sobre las que legisla son las que de una existencia necesaria ó de una existencia posible son creadas con un objeto conveniente al pueblo, tienen por principal objeto el bien común, poseen patrimonios propios, son capaces por sus estatutos de adquirir bienes y no subsisten de asignaciones del estado, comprendiéndose entre ellas el Estado, cada una de las provincias federadas, cada uno de los municipios, la iglesia, los establecimientos de utilidad pública, religiosos ó piadosos, científicos ó literarios, las corporaciones, comunidades religiosas, colegios, universidades, sociedades anónimas, bancos, compañías de seguros y cualesquiera otras asociaciones (art. 33).

De estas disposiciones se desprende que no hay otras personas de existencia ideal que las personas jurídicas ó más bien, que las personas jurídicas son las personas de existencia ideal, que á su vez son de existencia necesaria ó de existencia posible, y que en ellas se comprenden, entre otras, "las sociedades anónimas, bancos, compañías de seguros y cualesquiera otras asociaciones", siempre que sean creadas con un objeto conveniente al pueblo, tengan por principal objeto el bien común, posean patrimonio propio, sean capaces por sus estatutos de adquirir bienes, sin subsistir de asignaciones del estado.

Dados los términos de las disposiciones recordadas, resulta que si las sociedades mencionadas son personas jurídicas, sólo lo son cuando reunen las condiciones requeridas y que en todos los demás casos, es decir, cuando toman un carácter puramente comercial, serán cualquier cosa, pero no tales personas. Esto es, á lo menos, lo que lógicamente se desprende de sus términos, lo que no sucedería si fuera posible una interpretación con arreglo á sus fuentes.

Se sabe que las disposiciones del Código civil tienen por fuentes inmediatas en esta parte, el proyecto de Freitas que está redactado casi siempre con claridad y precisión. Según este proyecto las personas ó son de existencia visible, ó de existencia solamente ideal (art. 17); todos los entes suceptibles de adquirir derechos que no son personas de existencia visible son personas de existencia ideal (art. 272) ; las personas de existencia ideal son públicas ó privadas, teniendo las públicas la denominación de personas jurídicas (art. 273); las personas jurídicas son de existencia necesaria ó de existensia posible, perteneciendo á las primeras las mismas que el código argentino determina en los incisos 1 á 4 del

artículo 33, y á las segundas : *los establecimientos de utili-*
dad pública, religiosos ó píos, científicos ó literarios y
cualesquiera otras existentes en el pais para fines de bien
común, *como* iglesias, capillas, cabildos, seminarios, asi-
los, hospitales, colegios, siempre que tengan patrimonio
propio y subsistan sólo de asignaciones del estado; cualesquiera *corporaciones* instituidas para iguales fines, como
comunidades religiosas, cofradías, hermandades y cualesquiera otras asociaciones existentes en el país, con tal
que tengan también patrimonio propio y estén legalmente autorizadas; las *sociedades anónimas ó en comandi-*
ta por acciones, destinadas á cualquier fin de industria ó
comercio, *como* bancos de cualquier clase, establecimientos de crédito, compañías de navegación ó de caminos, compañías de seguros también existentes en el país
y una vez que hayan sido igualmente autorizadas (arts.
274 y 276). Las personas privadas de existencia ideal
vienen á ser entre otras las sociedades civiles ó comerciales, nacionales ó extranjeras, existiendo en virtud de
sus contratos, las cuales se regirán por las disposiciones
especiales á su respecto y por las del código de comercio (art. 278).

Como se vé, la redacción de Freitas es clara y en las
disposiciones que establece el proyecto todo es lógico y
preciso en sus términos : para este son personas públicas
de existencia ideal ó personas jurídicas las sociedades
anónimas ó en comandita por acciones, destinadas á

cualquier fin de industria ó de comercio, *como* bancos de cualquier clase y compañías de seguros, bastando para ello que hayan sido autorizadas; y las demás sociedades comerciales son personas privadas de existencia ideal, que sólo existen en virtud de sus contratos respectivos. Freitas explica, cómo despues de muchas vacilaciones resolvió comprender las sociedades anónimas entre las personas jurídicas, decidiéndole solamente á ello la necesidad de la autorización, puesto que conservan la diferencia esencial con las *corporaciones* en cuanto estas exclusivamente tienen la calidad de personas jurídicas en toda la independencia de los entes humanos.

El Código civil de la República ha aglomerado todas estas disposiciones usando muchas veces sus mismos términos, de donde resulta una variación fundamental en las consecuencias que se desprenden. Así, limitando nuestro examen á lo que nos interesa estudiar en este momento: para Freitas son personas jurídicas las sociedades anónimas ó en comandita por acciones, destinadas á cualquier fin de industria ó de comercio, *como* bancos de cualquier clase, compañías de seguro, etc. etc., una vez que hayan sido autorizadas; mientras que para nuestro código son " las sociedades anónimas, bancos, compañías de seguros y cualesquiera otras asociaciones"; para el primero las sociedades anónimas y en comandita por acciones son personas jurídicas exclusivamente por la autorización que necesitan para constituirse,

porque como él lo dice " la autorización del gobierno es
por cierto un carácter importante, porque de ella provie-
ne la existencia pública ó la propia cualidad de persona
jurídica y este carácter influyó en mi ánimo para clasificar esas sociedades entre las personas jurídicas", mientras que para el segundo todas las personas que menciona siendo " creadas con un objeto conveniente al pueblo ", deben " tener por principal objeto el bien común,
con tal que posean patrimonio propio y sean capaces
por sus estatutos de adquirir bienes y no subsistan de
asignaciones del estado".

No vacilamos en afirmar que Freitas es más lógico,
más claro y más preciso que nuestro código ; pero dada
la redacción de las disposiciones de este último, debemos
concluir que ambos no llegan á las mismas conclusiones. .
¿Cualquier banco, cualquier compañía de seguros, cualquier asociación, se considerará persona jurídica, aun
cuando los primeros no tengan la condición de sociedades anónimas y aún cuando los segundos no tengan ni
este carácter, ni el de una sociedad perfecta, como sucede con las en participación ? ¿ Las sociedades anónimas,
etc. etc., que no hayan sido creadas con un fin conveniente al pueblo y no tengan por principal objeto el bien
común, como sucede en general con las puramente comerciales que tienen por objeto inmediato un lucro,
serán ó no personas jurídicas ?

Creemos que estando á la letra de las disposiciones

es necesario resolver lo primero por la afirmativa y por lo tanto que toda sociedad ó asociación de esa clase puede adquirir el carácter de persona jurídica ó persona de existencia ideal; y lo segundo por la negativa, es decir, que sin esos elementos no hay personas jurídicas y por consiguiente que no son personas jurídicas las instituciones de esa clase que tienen un objeto exclusivamente comercial. Lo contrario resolveríamos en uno y otro caso, si debiéramos hacerlo según las doctrinas á que obedecen las disposiciones y las fuentes de que han sido tomadas hasta en su redacción misma en muchas parte.

2° Las mismas dificultades se hacen notar en cuanto á las personas jurídicas extranjeras, comparando el texto del código con las disposiciones concordantes y con las fuentes.

Según el artículo 34 " son también personas jurídicas los Estados extranjeros, cada una de sus provincias ó municipios, los establecimientos, corporaciones ó asociaciones existentes en paises extranjeros y que existieren en ellos con iguales condiciones que los del artículo anterior". ¿ A qué establecimientos, corporaciones ó asociaciones se refiere? ¿ Necesitarán haber sido autorizados en el país en que se han formado? ¿ Necesitarán ser autorizadas á funcionar en el territorio nacional? ¿ Se les reconocerá como personas jurídicas, aun cuando hayan sido creadas sin autorización, por no necesitarla con arreglo á sus leyes?

Freitas empieza por establecer en el artículo 274 que las personas jurídicas de existencia necesaria ó posible se distinguen en nacionales y extranjeras. Después de establecer en el mismo artículo las que se consideran personas jurídicas nacionales de existencia necesaria, agrega en el artículo 275 que "son personas jurídicas extranjeras de existencia necesaria cada uno de los Esdos extranjeros, ó cada una de sus provincias ó municipios"; y después de hacer lo mismo en el artículo 276 con las personas jurídicas nacionales de existencia posible, en el artículo siguiente 277 dice que "son personas jurídicas extranjeras de existencia posible cualesquiera establecimientos, corporaciones ó sociedades, en las condiciones del artículo anterior, existentes en país extranjero". Relacionando estas disposiciones se comprende á qué se refieren cuando usan términos generales, porque á su alrededor se agrupan las especies á manera de ejemplos, como se explica también el silencio guardado respecto á la autorización puesto que ella es exigida expresamente; pero no sucede lo mismo con el Código una vez que ni emplea los términos generales, ni se refiere en las disposiciones concordantes á la autorización.

Dejando de lado lo que hace á la legislación civil, y estudiando las sociedades comerciales, podriamos recordar á este respecto las aplicaciones que se han hecho á estas. tanto por la legislación anterior al Código Civil como por la de este mismo, ya sea considerándolas en

el caso de la autorización previa, sin relación á su personalidad jurídica, ya en cuanto á esa misma autorización pero como consecuencia de su carácter jurídico
comprendido en las personas jurídicas de existencia posible, como lo hicimos notar al tratar del derecho civil
internacional.

El Código de Comercio de 1862, nada estableció sobre
las sociedades comerciales extranjeras, pero las reformas
sancionadas por la ley de 9 de Octubre de 1889, han
lenado ese vacío de una manera completa, colocándose
en los diferentes casos en que pueden encontrarse en
razón de sus operaciones, aunque guardando silencio,
como la legislación comercial alemana, sobre el carácter
de las sociedades.

. "Las sociedades legalmente constituídas en país extranjero, dice el artículo 286, que no tuvieren asiento,
sucursal ó cualquier especie de representación social en
la República, podrán, sin embargo, practicar en esta los
respectivos actos de comercio que no sean contrarios á
la ley nacional."

La disposición de este artículo está tomada del artículo 109 del Código de Comercio de Portugal, que concordando con el artículo 128 del Código de Bélgica,
se coloca expresamente en los diferentes casos, generaliza á todas las sociedades la regla y agrega que
deben estar constituidas las sociedades legalmente,
salvando con estas ampliaciones las dificultades que se

habían presentado en la doctrina y en la jurisprudencia.

Las sociedades pueden ejecutar en la República todos los actos que pueden llamarse civiles y todos los de comercio, como actos aislados, y ésto lo podrán hacer sin autorización previa alguna, siendo sociedades anónimas. Bastará que estén legalmente constituídas con arreglo á su ley, cuya comprobación será de exclusiva cuenta de los que entren con ellas en relaciones comerciales.

Según el artículo 286 "las sociedades que se constituyan en pais extranjero para ejercer su principal comercio en la República, serán consideradas para todos sus efectos como sociedades nacionales, sujetas á las disposiciones de este Código".

La fuente inmediata de este artículo está en el artículo 110 del Código de Portugal, concordando con el artículo 129 del de Bélgica y el inciso 4°, artículo 130, del de Italia.

Dos cuestiones podrían presentarse, dados los términos de la disposición. ¿Cuál será la regla que deberá aplicarse á la forma del contrato de sociedad, ó más bien, por qué ley se regirá esa forma? Si la sociedad constituída en el extranjero tiene allí su asiento en tanto en ese lugar se encuentran todos los accionistas y los directores nombrados para su administración, ¿se encontrará comprendida en el caso del artículo?

Sobre la primera hemos dicho, al ocuparnos de la doctrina, que no aceptábamos la opinión de Vidari que trata de justificar la solución dada por el Código italiano al exigir que la forma constitutiva de la sociedad sea de acuerdo con la ley nacional, inclinándonos más bien á aceptar la opinión de Namur que en el silencio de la ley belga aplica la regla *locus regit actum.*

Nuestro Código ha aceptado una redacción general y en lugar de establecer como el Código italiano una disposición expresa y separándose de la redacción del belga, ha dicho que las sociedades extranjeras "serán consideradas para todos sus efectos como sociedades nacionales" sujetas á las disposiciones que él contiene. Si por formas del acto se ha de entender, como Vidari, la escrituración ó no, la constitución del capital para funcionar ó la manera de componerse el consejo de vigilancia y su misma existencia, es claro que la consecuencia debiera ser la aplicación de la ley nacional; pero si la regla de la forma se ha de entender tal como la hemos explicado en los principios generales, es decir, á lo puramente externo, no vemos por qué se habría de negar su aplicación.

Si la ley extranjera establece que puede constituirse verbalmente ó por escritura privada y la ley nacional que debe ser por escrito y en escritura pública ó instrumento público, ó si la una acepta la organización limitada de la legislación inglesa y la otra no la comprende en sus disposiciones, la ley nacional debería aplicarse dados los términos de su redacción. ¿Por qué? Porque no se trata de la forma á que se refiere la regla *locus regit actum* sino de lo que algunos han llamado formas solemnes substanciales, que quedan fuera de esa regla y del principio incorporado á las disposiciones del Código Civil á este respecto, que son las que deben aplicarse.

En cuanto á la segunda, me parece que si bien en la doctrina y en la jurisprudencia de otros paises se han suscitado dudas á este respecto, estas no pueden tenerse en presencia de la disposición que estudiamos. Se comprende que cuando la ley habla, como el Código italiano, de sociedades que tengan su asiento y el objeto principal de sus empresas, se pueda creer como lo cree Vidari y la jurisprudencia que él cita, que para que se aplique la ley nacional es indispensable que los dos hechos se produzcan, de modo que no siéndolo así, sólo se exija las publicaciones; pero el artículo 286 se refiere á las sociedades constituídas en el extranjero para *ejercer su principal comercio en la República*, de modo que siempre que la sociedad tenga por objeto explotar un negocio cualquiera en el país, como un ferro-carril, un tranvía, un banco, etc., todo lo que á ello se refiere deberá efectuarse de acuerdo con la ley argentina, desde su organización hasta su dirección.

Para salvar cualquier dificultad respecto á los accionistas residentes en el extranjero, se han establecido los artículos 358 y 359, que tienen su fuente en el artículo 187 del Código de Portugal. "Cuando una sociedad anónima, dice el 358, tenga accionistas residentes en país extranjero, que representen por lo menos un veinte y cinco por ciento del capital suscrito, tendrán la facultad de reunirse para examinar las cuentas y memorias de los directores y síndicos, y nombrar uno ó más que los representen en la asamblea general ordinaria, en la cual tendrán tantos votos cuantos por los estatutos pertenezcan á los accionistas reunidos. En tal caso nombrarán un presidente que reciba los respectivos ejemplares de las memorias y cuentas que deberá remitirles la administración central con la debida anticipación; los convoque á las conferencias y se corresponda con esta. Estas disposiciones no perjudican el ejercicio individual de los derechos de los accionistas, cuando no quieran proceder colectivamente conforme á este artículo". "Salvo el caso del articulo anterior, dice el 359, ó de disposición contraria de los estatutos, los accionistas residentes en país extranjero son en todo equiparados á los residentes en la República".

"Las sociedades igualmente constituidas en pais extranjero, dice el artículo 287, que establecieran en la República sucursal ó cualquier especie de representación social, quedan sujetas, como las nacionales, á las disposiciones de este Código, en cuanto al registro y publicación de los actos sociales y de los mandatos de los respectivos representantes, y en caso de quiebra á lo establecido en el artículo 1385. Los representantes de dichas sociedades, tienen para con los terceros, la misma responsabilidad que los administradores de sociedades nacionales".

Este artículo esta tomado del artículo 111 del Código de Portugal, concordando con el artículo 130 del Código de Bélgica, y los artículos 230, 231 y 232 del de Italia. De sus términos generales se desprende que los agentes ó representantes de sociedades anónimas no tendrán necesidad de autorización, pudiendo decirse que es una excepción el artículo 258, según el que " las compañías extranjeras de seguros no pueden establecer agentes en la República, sin autorización del Poder Ejecutivo respectivo, y si lo hicieran serán personalmente responsables los agentes, así como en el caso de infracción de los estatutos de su compañía".

Los comentadores, tanto del Código belga como del Código italiano, discuten si la publicación y el registro á que se refieren sus disposiciones se limitan á lo que corresponde á las sucursales, y si la obligación comprende á las sociedades, sucursales ó representantes establecidos con anterioridad á su vigencia. Sobre lo primero nos parece que el artículo 287 establece claramente la solución en los términos que emplea, *en cuanto al registro y publicación de los actos sociales* ; y lo mismo sobre lo segundo en tanto se refiere á las sociedades que legalmente constituidas en país extranjero *que establecieren* en la

República sucursal ó cualquier especie de representa-ción social. Diciendo los *actos sociales* incluye todo lo referente al establecimiento principal, y á la sucursal, tanto más cuanto que lo referente al mandato lo pres-cribe expresamente; y empleando el verbo establecer en el futuro, *establecieren*, no puede referirse sino á las su-cursales que se establezcan ó á los mandatos que se dén después de la vigencia de la disposición.

El Código determina como requisito de la escritura de sociedad la designación de la razón social ó de la deno-minación de la sociedad, en su caso (artículo 291), pres-cribiendo que estas constituyen una propiedad (artículo 300) y expresa los efectos de la inclusión del nombre en las sociedades colectivas ó en comandita, etc., etc. (ar-tículos 299, 375); pero no resuelve las cuestiones que pudieran presentarse con este motivo, tratándose de sociedades que usaran de una razón social que tuviera incluido nombre de personas que no existieran y sobre las que no fuera posible hacer pesar responsabilidad al-guna.

Aunque partiendo de una base diferente, quizá se pudiera aplicar en parte las disposiciones de los artículos 1679 y 1680 del Código Civil, tomadas de los artículos 1323 y 1324 del Código Civil de Nueva-York. "Ninguna sociedad, dice el 1679, puede conducir sus negocios en nombre de una persona que no sea socio; pero una so-ciedad establecida fuera del territorio de la República, puede usar en ella el nombre allí usado, aunque no sea el nombre de los socios." "El nombre de una sociedad, añade el 1680, que tiene sus relaciones en lugares fuera del territorio de la República, puede ser continuado por las personas que han sucedido en esos negocios y por sus herederos, con el conocimiento de las personas, si viven, cuyos nombres eran usados."

El congreso Sud-americano consagró á esta parte del derecho mercantil cuatro artículos especiales cuyas disposiciones no sufren comparación á nuestro juicio con las reglas del Código antes mencionadas, ni por su método, ni por su claridad, ni por la propiedad de los términos usados.

Después de lo que dejamos expuesto, excusamos todo examen detenido de sus disposiciones que tienen, por otra parte, sus fuentes y sus comentarios en los antecedentes que han servido para formularlas y.nos bastará reproducirlas para que se pueda formar juicio á su respecto.

"El contrato social se rige tanto en su forma como respecto á las relaciones jurídicas entre los socios, y entre la sociedad y los terceros, por la ley del país en que tiene su domicilio comercial" (artículo 4). "Las sociedades ó asociaciones que tengan carácter de personas jurídicas, se regirán por las leyes del pais de su domicilio; serán reconocidas de pleno derecho como tales en los Estados y hábiles para ejercitar en ellos derechos civiles y gestionar su reconocimiento ante los tribunales. Mas para el ejercicio de actos comprendidos en el objeto de su institución, se sujetarán á las prescripciones establecidas en el estado en el cual intentan realizarlas" (artículo 5). "Las sucursales ó agencias constituidas en un estado por una sociedad radicada en otro, se consideran domiciliadas en el lugar en que funcionan y sujetas á las jurisdiccción de las autoridades locales, en lo concerniente á las operaciones que practiquen" (artículo 6). "Los jueces del país en que la sociedad tiene su domicilio legal, son competentes para conocer en los litigios que surjan entre los socios ó que inicien los terceros contra la sociedad. Sin embargo, si una sociedad domiciliada en un estado realiza operaciones en otro, que den mérito à controversias judiciales, podrá ser demandada ante los tribunales del último" (artículo 7).

SECCIÓN III

DE LA COMPRA-VENTA Y DE LA CESIÓN DE CRÉDITOS

Sumario : I. Compra-venta. Ley de la forma del contrato. Ley de los contratantes. Ley de la cosa objeto del contrato. Ley del precio. Pactos especiales y ley que les corresponde.—II. Obligaciones del vendedor. Transferencias de la propiedad: opiniones diferentes sobre la ley que la rige entre los contratantes y entre éstos y los terceros. Garantías á que queda obligado el vendedor: evicción, vicios rehibitorios ; opiniones diversas respecto á la ley aplicable. — III Obligaciones del comprador. Pago del precio y opiniones respecto al lugar del pago, al valor de la moneda y á la clase de esta. Arras y ley que las rige según su objeto.—IV. Cesión de créditos. Ley aplicable respecto á la forma, objeto, capacidad de las partes y relaciones entre cedentes y cesionarios. Derechos de los terceros y ley que les debe ser aplicada. Derecho de tanteo y soluciones que se proponen. Legislación argentina Congrero sudamericano y sus proyectos.

La compra-venta comercial, ha dicho el Dr. Obarrio caracterizando con precisión sus elementos, es un contrato por el cual una persona, se obliga á transferir la propiedad de una cosa adquirida á título oneroso y con el propósito de lucro, á otra que se obliga á pagar por ella un precio cierto en dinero y que la adquiere para venderla ó alquilarla. Excusamos toda explicación que pudiera hacer conocer la doctrina en que se fundan sus elementos principales y que la diferencian como contrato comercial del contrato civil. Es 'un contrato y esto bastaría para aplicarle los principios consagrados para todos los contratos y las obligaciones que de ellos nacen, tanto más cuanto que ya nos hemos ocupado de la regla que dirige ó resuelve la comercialidad de los actos jurídicos, así como de la relación de dependencia en que se encuentra lo comercial con lo civil y de la manera de aplicar las doctrinas y la legislación positiva, según los casos.

Pero, no obstante la exactitud de todo lo anterior, el contrato, dada la importancia que tiene y sus especialidades, reclama el estudio separado de algunos de sus elementos por las dificultades que provocan; y en este sentido nos ocuparemos de ello, dando como es natural, por conocida la doctrina común á su respecto y recordándola solamente en cuanto sea indispensable para fundar una solución.

La forma del contrato se rige por la regla general: *locus regit actum*. Ninguna especialidad del contrato exige una variación á su respecto y la doctrina es uniforme en la solución. ¿Sucederá lo mismo en cuanto á la capacidad requerida para los que intervienen en el contrato?

A nuestro juicio la capacidad ó incapacidad de las personas para celebrar un contrato de compra-venta, se rige por la regla general, es decir, por la ley personal, porque si bien es cierto que tanto la doctrina como las legislaciones establecen sus excepciones, ellas están comprendidas en las que tiene aquélla, porque dependen del interés público ó social y forman otras tantas incapacidades de derecho que son meramente territoriales y exigen su aceptación, en todo caso. Así lo entienden Pradier-Foderé, Asser y Rivière, Weiss, Rougelot de Lioncourt y las diferencias que se notan en Brocher, Laurent, Félix, Demangeat, Bertauld, dependen de la apreciación que hacen estos autores de las diferentes limitaciones en sí mismas y de las razones que les sirven de fundamento.

El contrato obliga á uno de los contratantes á transferir la propiedad de una cosa. ¿Cuál será la regla para que esta obligación se cumpla? ¿Cómo se juzgará la cosa misma que debe ser entregada? La cosa objeto del contrato debe estar en el comercio, según los términos consagrados, es decir, debe ser susceptible de ser transferida y adquirida. ¿Por qué ley se juzgará esta posibilidad de adquisición?

Casi todos los escritores están de acuerdo en que se debe aplicar la ley de la situación de la cosa (*lex rei sitœ*). Así opinan Savigny, Fiore, Phillimore, Brocher, Laurent, Asser y Rivière, Lecasble, Despagnet, Surville y Arthuys, Fernandez Falçao, Weiss, Bar, Aubry y Rau, Story, ocupándose especialmente del contrato de compra-venta; pero nos parece que á este respecto bastaría referirnos á la regla establecida para los actos jurídicos y especialmente para las obligaciones que nacen de los contratos, tanto más cuanto que la opinión de esos escritores depende en gran parte de la doctrina general aceptada respecto á aquellas.

El objeto del acto jurídico ya consista éste en cosas ó en hechos, depende en realidad de la ley que rige el acto mismo; pero como las cosas ó los hechos pueden afectar el interés público ó social en el lugar en que se encuentran ó en que se realizan, la regla sufre la excepción predominando entonces la ley territorial.

Es otro requisito el precio que se entrega en compensación de la cosa que se adquiere. La fijación del precio puede efectuarse por los mismos contratantes, por terceros ó por las cotizaciones que las cosas tienen en el mercado. Es posible también que el precio quede indeterminado ó á voluntad de uno de los contratantes, ó se fije en dinero y en cosas. ¿Cuál será la ley que servirá para regular su validez ó los requisitos que deben servir para llevar á cabo la fijación?

El precio es un elemento esencial del contrato. Sin la determinación del precio habría cualquier cosa menos un contrato de compra-venta. Es la ley del contrato la que debe establecer su determinación, como lo hace con los demás requisitos.

Pero el contrato puede llevar agregadas, por acuerdo de las partes, cláusulas especiales ó pactos que subordinen á condiciones ó modifiquen las obligaciones que contiene, como los pactos de retroventa, de reventa, de preferencia, etc., etc.; y es indispensable saber si seguirán ó nó la suerte del contrato principal ó si deben sujetarse á otra ley y á otras condiciones.

Se trata de un pacto de retroventa. Las legislaciones como la doctrina varían sobre si pueden ser objeto de ese pacto las cosas muebles. La legislación del país donde se celebra el contrato admite el pacto y lo rechaza la de aquél donde se somete á discusión ó donde se encuentra la cosa. ¿Subsistirá el pacto? ¿Podrán hacerse efectivos los derechos que consagra?

Por regla general el pacto se rige por la ley del contrato de que forma parte, puesto que él no importa sino una cláusula especial de un contrato. La negativa de la ley donde es objeto de discusión el contrato, ó donde se encuentra la cosa, primará ó no, según la manera de considerar el pacto mismo, según se considere ó no afectando el orden social ó público.

Tratando de este pacto, tanto Esperson como Laurent, creen que por regla general la ley que lo rige es la ley del contrato; pero estudiando el caso especial del plazo para que el pacto produzca sus efectos, afirman que en ello puede estar afectado el orden social y que por consiguiente, si la ley del contrato fija un plazo mayor en concurrencia con otra ley que lo restrinja, predominará ésta.

Brocher, estudiando la cuestión desde el punto de vista del derecho francés, manifiesta que debe hacerse una diferencia según las cosas que han sido objeto del contrato. Si las cosas son inmuebles domina la ley de la situación en todas las vinculaciones y efectos; si muebles, la ley de la situación, suscitándose dudas sobre si para los créditos la situación será la que corresponda al acreedor ó al deudor, se trate del derecho activo ó de la obligación, y si para los muebles corporales, será la situación real ó la ficticia que se les asigna en el domicilio de su titular. Pero en la doctrina él está de acuerdo con las opiniones de Esperson y de Laurent.

II

El contrato impone diferentes obligaciones al vendedor, y como principales, las dos siguientes: entrega de la cosa al comprador en el lugar y tiempo convenido, transfiriéndole la propiedad, y garantía de la propiedad transferida. ¿Por qué ley deberán regirse todas estas obligaciones?

Según la doctrina y las legislaciones, la transferencia de la propiedad de la cosa objeto del contrato, puede hacerse de dos maneras: por el hecho de la celebración del contrato ó por la tradición, y en este último caso por la simbólica ó por la real y efectiva. En esta situación puede suceder que el contrato se celebre en un lugar en que la ley considere efectuada la transferencia por el contrato solamente, y que la cosa se encuentre ó se entregue en otro lugar en que la ley considere que para que exista transferencia de propiedad se necesita que se efectúe la tradición; y puede también suceder que, aun aceptando ambas legislaciones la tradición como requisito indispensable, una acepte como bastante la simbólica y la otra exija la real ó efectiva. ¿Cuál ley se aplicará para las vinculaciones formadas entre los contratantes y para los efectos que ellas pueden producir con relación á los terceros?

Para Savigny, Fèlix, Fiore, Field, Asser y Rivière, Le-

casble, Weiss, Pradier-Foderé, Bar, Guthrie, Westlake, Phillimore, Woolsey, Gabba, Marino, Fernández
Falçao, la ley que debe aplicarse es la que corresponde
á la cosa objeto del contrato, ya como consecuencia,
para unos de la ley de la situación, para otros de la ejecución de los contratos ó de la ley que rige á éstos.

Savigny pone el ejemplo siguiente: cuando un francés vende á uno de sus compatriotas sus muebles que se
encuentran en Berlin, la propiedad no se trasmite sino
por la tradición; y cuando un alemán vende á uno de
sus compatriotas sus muebles que se encuentran en
Paris, la propiedad se trasmite por el solo consentimiento. Domina para él la ley de la situación de la cosa,
aplicando la legislación alemana que requiere la tradición, ó la francesa que se satisface con la celebración del
contrato, sea que la cosa se encuentre pasageramente ó
no, pues si la situación fuera indeterminada se conside-
raria como tal el lugar en que la cosa está destinada á
permanecer.

Pero podría suceder que la cosa vendida estuviera en
viage en el momento de la venta, de modo que no pudiera establecerse claramente la situación para los efectos de la perfección del contrato. Tanto Felix, como
Fiore, Field y Asser y Rivière, se colocan en este caso,
aplicando los cuatro primeros, la ley del contrato, y los
últimos la ley del lugar del destino que llevaba le cosa.
"La mercancía que se encuentra en el mar, dice Fiore,

no está en el territorio de ninguna nación, de donde se sigue que, si por la entrega de la póliza del cargamento, que equivale á la entrega de la mercancía, se convierte el comprador en verdadero propietario antes de que hubiese llegado á colocarse bajo el dominio de una ley diferente, su derecho ya perfecto, no puede ser invalidado, porque el buque haya llegado á un puerto donde es necesaria la entrega para la transferencia de la propiedad."

Para Story, Kent, Livermore, Massé, Burge, Brocher, Esperson, Boullenois, la solución depende de la ley del contrato, que se confunde con la ley personal del vendedor. El fundamento de esta opinión se encuentra en la manera de considerar los bienes muebles. Si los bienes muebles se rigen por la ley personal de su propietario y ésta que puede ser la del contrato, transfiere la propiedad de la cosa por el simple consentimiento, la consecuencia es que la ley del contrato resuelve el caso. Es quizá cuestión de palabras en el fondo, aunque no menos exacta por eso la resolución, una vez que podría decirse que la ley del contrato viene á ser la ley de la situación de la cosa, sino efectivamente, por una presunción de la ley.

Sin embargo, entre esta opinión y la anterior, hay otra opinión intermedia que corresponde á Laurent y á Despagnet, y en cuyo apoyo pudieran quizá invocarse algunas de las decisiones citadas por Story. Según estos escritores es necesario hacer una diferencia entre el caso en que se trate de las relaciones entre vendedor y comprador y aquél en que se presente comprometido el interés de un tercero: en el primer caso se aplicará la ley del contrato, y en el segundo la ley territorial ó sea la ley donde se encuentra la cosa.

Se trata de una cosa mueble situada en un país en que es necesaria la tradición para que se opere la transferencia de la propiedad, habiéndose hecho el contrato donde basta el consentimiento. Para las relaciones entre vendedor y comprador la celebración del contrato habrá hecho desprenderse al vendedor de la propiedad y al comprador adquirirla. Pero si mientras se celebraba el contrato un tercero adquiría la posesión de la cosa por hecho del mismo vendedor ó por un derecho consagrado antes del contrato, se aplicaría la ley de la tradición tanto más cuanto que estuviera establecido que la posesión en esta clase de bienes vale por título. ¿Por qué razón se debe hacer esta diferencia?

La solución se funda en la manera de apreciar el acto. En el primer caso, la transferencia entre las partes, dice Despagnet, es una consecuencia de la convención misma, que depende, como todo efecto de un contrato, de la ley á que las partes se han referido, no justificándose la aplicación de la *lex rei sitæ* desde que no se trata de la organización de la propiedad, ni de la defensa del crédito público sino de apreciar simplemente el efecto de una convención. En el segundo caso el derecho de los terceros es de interés público, dice Laurent, puesto que la seguridad de las relaciones civiles y comerciales está comprometida y el estatuto es real, como lo es por el hecho de la posesión cuando ella está discutida, como consecuencia de la regla que la posesión vale título.

Nos parece que esta última opinión consulta arregladamente la naturaleza de las diferentes relaciones que nacen del contrato. Desde que en todo contrato predomina la autonomía de la voluntad, los contratantes han podido determinar la ley á que han querido sujetarse, pudiendo por consiguiente alterar la ley del lugar que exige la tradición ó que se satisface con el simple consentimiento; pero si la voluntad puede ir hasta allí, ella no puede alterar los derechos de los terceros que no han intervenido y que la ley tutela por razones de interés social.

La ley del contrato rige todo lo referente á la obligación de entregar la cosa, el plazo en el cual se deberá hacer la entrega y las consecuencias de la falta de esa entrega. Pero si se trata de cosas que deben ser medidas, pesadas ó contadas al efectuar la entrega ¿cuál será la ley á que deberán ajustarse esas operaciones?

La dificultad nace de la diferente manera cómo se se llevan á cabo tales operaciones, según los usos comerciales ó las leyes de las diferentes plazas. No obstante que á este respecto se formulan diversas opiniones, como lo hemos hecho constar al ocuparnos de la interpretación de los actos comerciales en general, creemos que la solución se encuentra en la ley del contrato que, según nuestra opinión, se establece siempre buscando la voluntad de los contratantes.

Pero entregada la cosa objeto del contrato queda pendiente todavía otra obligación más por parte del vendedor : debe garantir la trasmisión misma de la propiedad y que la cosa no tiene vicio alguno que la desnaturalice, la desperfeccione ó la haga inútil á los objetos para que fué comprada. Es necesario determinar la ley que ha de reglar las responsabilidades que son la consecuencia de esas obligaciones.

La garantía por la evicción, puede regirse por diferentes leyes, según las opiniones manifestadas à su respecto. Para Boullenois, Rocco, Massé, Fiore, Laurent, Burge, Esperson y Marino, la evicción se rige por la ley donde se celebró el contrato, porque los contratantes pueden suprimir ó disminuir la garantía que importa lo que la hace depender de su voluntad, y desde que nada se ha estipulado á su respecto, la voluntad concuerda con esa ley. Para Savigny y Lecasble, la ley aplicable es la ley de la ejecución ó donde se encuentra la cosa, *lex rei sitæ*, porque afecta la cosa y porque en ese lugar es donde se va á hacer efectiva la garantía, concurriendo también la jurisdicción. Para Demangeat debe seguirse la ley del domicilio del vendedor ó del comprador, porque el estatuto es personal, desde que se trata de una responsabilidad personal por los actos que ha asegurado.

Según, Massé y Laurent, no se puede aceptar la ley de la cosa, porque la garantía obliga la persona y no la cosa y cualquiera que sea el lugar del pago, el vendedor debe siempre la garantía que es de la naturaleza del contrato, sin que tenga que hacer el lugar de la entrega con la obligación de indemnizar al comprador en caso de evicción; y tampoco es la ley del domicilio del vendedor, porque si bien es cierto que el vendedor debe ser demandado en ese lugar y es su ley la que rige la forma de la acción, en cuanto al fondo de ésta queda siempre bajo el imperio de la ley en que la acción toma su origen y acepta sus consecuencias.

Por nuestra parte creemos que no hay necesidad de una discusión especial á este respecto: nos bastaría afirmar que la ley que rige la garantía por la evicción es la ley del contrato. La diversidad de opiniones depende de la solución que se acepta en cuanto á los contratos en general, más que de un estudio especial del punto aisladamente considerado. Por el contrato se establecen los derechos y obligaciones de los contratantes y es su ley la que han debido tener presente para el caso de una responsabilidad como consecuencia de su relación.

¿Sucederá lo mismo en el caso de una venta en que deba darse caución por la garantía? Según Dumoulin,

Boullenois, Bouhier y Massé, en este caso debe regir la ley del domicilio del deudor que para los dos primeros era la ley personal, desde que no haya existido una manifestación expresa en contrario, porque el estatuto de la caución es personal y porque la necesidad de dar caución no produce sino una acción personal. Según Lauterbach, Christinæus, Mascardus, Laurent y Despagnet, la ley debe ser la que corresponde al contrato, porque en el caso la caución es una formalidad requerida para la perfecta celabración de la venta, *ad firmitaten contractus,* un modo agregado á la garantía debida por el vendedor, *verus conventionis et obligationis*, que hace parte del vínculo del contrato, porque como dice Mascardus, la obligación de dar la caución *oritur secundum naturam contractus.*

Nos adherimos á esta última opinión, porque, como dice Laurent, "no siendo la caución sino una cláusula accesoria, no se comprende por qué habría una presunción diferente de lo principal para lo accesorio: la ley del domicilio del vendedor para la caución y la ley del contrato para la garantía". La naturaleza jurídica de la caución y el acto mismo á que responde, conducen lógicamente á la aplicación de la misma ley.

En cuanto á la garantía por los vicios redhibitorios que debe prestar el vendedor, la doctrina se inclina á las mismas soluciones que respecto á la evicción y así lo manifiestan los escritores antes mencionados.

Tanto Massé como Laurent, se ocupan especialmente y con mayor extensión, de las dificultades que pueden presentarse, no porque discrepen en la solución que no es para ellos sinó la que corresponde al contrato por su ley, sino porque recordando con Boullenois á escritores antiguos como Colerus, que Henrry también recuerda, y á Schotan, se separan del razonamiento en que pretenden fundar esa solución. La verdadera razón está, según Massé, en que el "derecho de recurrir contra el vendedor por los defectos ocultos de la cosa vendida constituye el vínculo del contrato que no se hubiese formado si los defectos hubieran sido conocidos ó manifiestos. El vendedor está obligado á garantir al adquirente contra los vicios de la cosa vendida, como lo está por la evicción: contrae la obligación de garantir por lo mismo que vende. Luego, salvo convención en contrario, la ley que rige el contrato rige el ejercicio de la acción en garantía que pertenece al adquirente por los defectos de la cosa vendida, como rige la que le pertenece en el caso de evicción".

Pero respecto al plazo dentro del cual la acción puede ser ejecutada, ó se sigue la ley del juicio, *lex fori*, ó la ley de la acción misma. La primera solución es indicada por Laurent y la segunda por Massé, aduciendo uno y otro los fundamentos en que respectivamente la apoyan.

La lógica nos conduce á aceptar la primera opinión. Se trata de una acción y del término para ejercitarla y las doctrinas sobre la prescripción son aplicables. Si bien es cierto que la acción es de la esencia del contrato, su duración depende del interés social que afecta y que quiere la estabilidad de las transacciones comerciales. El mismo Massé coincide á este respecto, puesto que para la prescripción de las acciones aplica la ley del acto á que corresponden, y lo mismo sucede con los demás escritores que como Fiore siguen igual dotrina.

III

El comprador tiene obligaciones correlativas á las del vendedor y entre ellas, como principal, la de pagar por la cosa que le entrega el vendedor un precio cierto en moneda. De esta obligación pueden nacer varias dificultades ya sea en cuanto al lugar del pago, ya en cuanto al valor de la moneda, ya en cuanto á la clase de moneda.

Lo primero se resuelve por la ley del contrato. Lo segundo, tratándose de monedas que tienen un mismo nombre, pero diferentes valores en las legislaciones, recibe la solución que corresponde siguiendo las reglas establecidas en los casos de interpretación. Lo tercero, que sólo puede producirse en los casos de curso forzoso en el lugar del pago imponiendo la obligación de recibir por su valor nominal la moneda circulante con poder chancelatorio, se determinará por la ley de aquél lugar, que dado su carácter especial imperaría en todo caso.

Sin embargo de que las soluciones manifestadas tienen una aceptación general, tratándose del curso forzoso, se ha creído por escritores como Pardessus y Massé, que si bien el pago se hacía válidamente con la moneda en esas condiciones, quedaba reservado al acreedor extranjero el derecho de reclamar en su país la diferencia entre el precio del lugar del contrato y el del pago.

Esta opinión ha sido rechazada, á pesar del valor que se atribuye á los escritores que la siguen, por Wharton, Fiore, Bar, Lecasble, Despagnet, pensando que su aceptación importaría destruir la regla de decisión adoptada para la solución general. El perjuicio que pueda sufrir el acreedor recibiendo una moneda despreciada es una de las tantas contingencias de la vida de los negocios y no hay por qué hacerse una excepción fundada en el carácter de extranjero que, para el ejercicio de los derechos civiles, no puede aspirar á otra cosa que á la igualdad de condiciones, que es suficiente para hacer posible la vida internacional. ¿Se obligaría al acreedor, en el caso inverso, á devolver lo que hubiese recibido de más por el mayor valor que se atribuye á la moneda en otro país?

Llegado el caso á que la solución quiere atender, el comprador ofrece el pago del precio en la moneda que la ley ha impuesto para todas las transacciones y sobre cuyo valor no es lícito pactar, y si el vendedor no lo acepta por su depreciación en relación con la moneda que él creyó recibir, aquel efectúa la consignación judicial, que hace las veces de pago. Si la consignación es válida, si ella es suficiente para libertar al comprador de su obligación, el magistrado del domicilio del vendedor no podría invocar título bastante, como lo dice muy bien Fiore, para obligarlo á pagar de otra manera que aquella á que está obligado por su ley.

Cuando se dan arras, puede serlc como prueba de un contrato que ha de celebrarse, ó como seguridad del contrato que se celebra. En el primer caso la dación de las arras tiene todos los caracteres de un contrato especial y se le aplicarán las reglas de todos los contratos. En el segundo, las arras forman parte del contrato para cuya seguridad son dadas y siguen la ley que corresponde á ese contrato.

Los efectos que pueden producir las arras en la existencia del contrato, ya sea que tomen el carácter de una cláusula penal ó no, no alterarán la ley aplicable. Así es posible que como estipulación de los contratantes ó de la ley, sea lícito arrepentirse y dejar de cumplir lo contratado mediante la pérdida de las arras el que la dió ú otro tanto de su valor, el que la recibió, y en tal caso se resolverá por la ley que corresponde al contrato, según sea esa ley la de la voluntad expresa ó presumida.

IV

La cesión de créditos tiene todos los caracteres de una verdadera venta cuando la operación se efectúa por un precio en dinero, y ella puede ser examinada como ese contrato en sus requisitos esenciales.

En cuanto á la forma, al objeto y á la capacidad de las personas que intervienen, la solución la hemos determinando para la venta, y lo mismo podemos decir en cuanto á las relaciones entre el cedente y el cesionario, como perfectamente lo establece Laurent en contra de la opinión de Fiore, que pretende aplicar la ley del domicilio del acreedor.

Pero la cesión produce también sus efectos contra los terceros que puedan tener alguna acción que ejercitar como consecuencia de un derecho que les haya sido reconocido. En este caso las opiniones varían más, aunque á mi juicio no habría fundamento bastante para separarse de la ley del contrato en su excepción.

Puede suceder que con arreglo á una ley, la inglesa, por ejemplo, la cesión del crédito se opere sin necesidad de notificación al deudor, y por otra ley, la italiana, francesa ó argentina, esa notificación sea indispensable. ¿Cuál será la ley aplicable en presencia de los derechos que pretendan ejercitar los terceros?

Según Brocher, Bar y Olivart, será la ley del contrato

y según Laurent, Surville y Arthuys, la ley territorial, por el fundamento á que responde la publicidad por la notificación. Según Fiore, Lecasble y Milhaud, por la ley del domicilio del deudor; y según Casaregis, Livermore, Kames, Story, Burge, Wharthón y Marino, por la ley del domicilio del acreedor, que es la ley del bien, de acuerdo con los principios de que los bienes muebles siguen la ley personal de su propietario, que en este caso lleva el bien consigo.

La diversidad de opiniones se explica fácilmente por el punto de partida que se toma para establecerla, y cada una tiene su lógica; pero el caso posible de conflicto tiene la misma semejanza que el referente á la tradición de que antes nos hemos ocupado y la solución tiene que ser la misma: ley de la notificación por lo que ella importa como garantía. Así, dice Laurent: "respecto á los terceros, la formalidad de la notificación ó de la aceptación hace las veces de la tradición ó de la publicidad prescriptas según las diversas leyes para la trasmisión de la propiedad de los inmuebles respecto á terceros, es una especie de publicidad que forma un estatuto real".

Algunas legislaciones, como la del Código Civil francés (art. 1699), y los códigos de Comercio del Uruguay (art. 569), del Paraguay (art. 569), de Méjico (art. 651) y de la República Argentina antes de su actual reforma (arts. 569 y 570), consagran el derecho de tanteo á favor del deudor del crédito cedido; pero otras como la de Holanda y hoy la de la República han suprimido tal derecho no sólo en la legislación civil sino también en la comercial; ¿cómo se resolverá en caso de aplicación de una ú otra ley, consagrando ó negando el derecho? ¿Podría ejercerse el derecho de tanteo en la República porque se trata de una cesión hecha en el Paraguay, cuya legislación lo consagra? ¿Podría resolverse de un modo inverso, ante los Tribunales en que el litigio se ventila, en el Paraguay, siendo hecha la cesión 'en la República Argentina?

Lecasble cree que la solución depende del estatuto personal y no de la ley del contrato, porque se trata de uno de esos derechos que se encuentran estrechamente unidos á la persona. Brocher siguiendo la ley de los bienes piensa que debe hacer una distinción : si se trata de derechos inmuebles debe aplicarse la ley de la situación y si de valores muebles la ley del lugar del contrato. Pero Laurent, separándose de estas dos opiniones, estudia el derecho en sí mismo y encontrando que él se consagra ó no desde el punto de vista del interés social, afirma que corresponde al estatuto real que exige la aplicación de la ley propia en cada caso.

Nos inclinamos también á esta última opinión. Tanto los que consagran el derecho como los que lo niegan tienen en vista el interés social y la defensa de derechos que consideran prudente tutelar. Si para los unos el derecho se justifica por la razón y la humanidad, para los otros los intereses económicos y los intereses puramente sociales exigen mayor estabilidad en los actos para facilitarlos por las garantías que ofrecen. La ley que lo consagra ó lo niega tiene que ser puramente territorial; y el mejicano no podrá ejercitar el derecho ante los tribunales de la República, y el argentino podrá hacerlo ante los tribunales de Méjico.

V

Ni en la legislación, ni en la jurisprudencia comerciales de la República, se encuentran soluciones respecto á las diferentes cuestiones que hemos estudiado. Si la dificultad se presentara, sería el caso de aplicar los principios generales que hemos establecido al tratar de las obligaciones comerciales en general, recurriendo á la legislación civil ó á la doctrina.

El Congreso Sud-Americano en su proyecto de tratado, ha establecido algunas prescripciones especiales que servirian sin duda para resolver las dificultades. Los bienes se rigen, cualquiera que sea su naturaleza por la ley de la situación (art. 26); los buques en aguas jurisdiccionales se reputan situados en el lugar de la matrícula (art. 27), y los cargamentos fuera de esas aguas en el lugar del destino definitivo de las mercaderías (art. 28); los derechos creditorios se reputan situados en el lugar en que la obligación de su referencia debe cumplirse (art. 29); el cambio de situación de los bienes muebles no afecta los derechos adquiridos con arreglo á la ley del lugar donde existían al tiempo de su 'adquisición, sin embargo los interesados están obligados á llenar los requisitos exigidos por la ley del lugar de la nueva situación para la adquisición ó conservación de los derechos mencionados (art. 30); y los derechos adquiridos por terceros sobre los mismos bienes, de conformidad á la ley del lugar de su nueva situación, después del cambio operado y antes de llenarse los requisitos referidos, priman sobre los del primer adquirente (art. 31).

SECCIÓN IV

DE LAS FIANZAS Y CARTAS DE CRÉDITO

SUMARIO: I. La fianza y sus caracteres. Ley que rige el contrato y sus efectos: opiniones diferentes. Solución según el momento y el lugar del contrato.—II. Cartas de crédito, sus requisitos y su importancia. Ley que debe aplicarse según la naturaleza de las relaciones á que responde. Opiniones de los escritores.—III. Legislación argentina. Congreso Sud-Americano y doctrina que acepta respecto á los contratos accesorios.

La fianza es un contrato que se manifiesta con sus caracteres propios " cuando una de las partes se hubiere obligado accesoriamente por un tercero y el acreedor de ese tercero aceptara su obligación accesoria"; pero para que se considere comercial debe tener "por objeto asegurar el cumplimiento de un acto ó contrato de comercio, aunque el fiador no sea comerciante".

El carácter accesorio del contrato determina su extensión y sus limitaciones. Ligado á otro contrato, ó más bien, teniendo por objeto asegurar el cumplimiento de otro contrato que tiene sus formas especiales y sus requisitos, sigue sus alternativas, pero conserva todo lo que es propio y que sirve para determinar ciertas relaciones que nacen en virtud de sus estipulaciones.

De aquí que sea indispensable considerar la fianza como contrato especial y en sus relaciones con el contrato de que es accesorio, y los conflictos que pueda producir no se resuelvan por una simple aplicación de los principios generales ya conocidos.

La fianza puede formar parte integrante del contrato principal cuyo cumplimiento asegura, siendo dada en el mismo acto, y puede ser el resultado de un acto posterior que produciendo sus efectos propios, haya venido á celebrarse sin consideración alguna al acto principal en el momento de su realización.

De estas dos situaciones resultará claramente que en una habrá un sólo acto aunque con obligaciones diversas entre los que intervenían en él: el contrato principal y el accesorio se realizarán en un solo lugar y con una sola ley, si es que una extipulación expresa no est ᵢ-bleciera lo contrario. En la otra, realizado el contrato principal, el accesorio se producirá, pudiendo efectuarse no sólo en diferentes lugares sino también bajo la dirección de diversas leyes en razón de los lugares mismos ó de la voluntad de los contratantes.

¿Serían idénticos los resultados en ambos casos? ¿Se aplicarían las mismas leyes para solucionar las mismas dificultades en cuanto á su naturaleza y á su extensión? En caso afirmativo ¿cuál sería la ley común? En caso negativo ¿cuál sería la ley del contrato principal y cuál la del accesorio, cuál la que regiría las relaciones entre fiador y acreedor, fiador y deudor, y deudores entre sí si fuesen varios?

En la doctrina las soluciones no están claramente establecidas una vez que no se estudian las dificultades en las diferentes situaciones que presentan los contratos. Los escritores, con excepción de Brocher, que se ocupa con alguna extensión del contrato, aunque principalmente desde el punto de vista de la legislación francesa, se limitan á una que otra generalidad que no tiene quizá ni la bastante claridad para una fácil comprensión.

Así: para Bouhier, Burge, Story, Warthon, Bar, Fiore, Laurent, Savigny, Phillimore, Despagnet, Ramírez, el contrato de fianza se rige por la ley del contrato para cuya seguridad se ha celebrado, porque, como dice el primero, "siendo la fianza un accesorio de la obligación principal, debe seguir las mismas condiciones ". Para Burgundo, Fèlix, Vincent y Pinaud, Brocher, el contrato se rige por la ley que como tal contrato le corresponde, de acuerdo con los principios generales para todos los contratos, porque si bien es accesorio y no existe sino por la existencia del principal, teniendo existencia tiene su ley propia en el ejercicio de los derechos y obligaciones que de él nacen. Para Boullenois y para Massé, el contrato sigue la misma ley ó es gobernado por principios análogos á aquellos por los que se rige la solidaridad de las obligaciones en general; y según el primero, la solidaridad de los codeudores se rige por la ley del contrato ó por la del domicilio, cuando la una ó la otra es más favorable al deudor ; y según el segundo, si la solidaridad existe por la ley, se rige por la ley de la ejecución, que será el domicilio ó el lugar del pago, y si nace de la convención, por la ley del lugar del contrato en cuanto á sus efectos y á su extensión, y por la de la ejecución en cuanto á su ejercicio.

Sin rechazar en absoluto ninguna de estas soluciones, creemos que es necesario ante todo tener en cuenta las diferentes situaciones que se presentan, según el momento en que se opera el contrato de fianza.

Si el contrato se celebra conjuntamente con el contrato principal, la fianza como accesoria sigue la ley de este último, que viene á ser su propia ley, estudiada su naturaleza jurídica independientemente. Si se celebra como acto separado y con posterioridad al contrato principal, su ley será la ley que le corresponde como tal contrato, según los principios adoptados á su respecto.

De esta manera sus requisitos esenciales, sus efectos y su extensión en las relaciones respectivas entre contratantes y fiadores, la existencia ó no de los beneficios de excusión ó de división, seguirían la ley del contrato principal sin limitación, ó esta ley para las relaciones entre los contratantes del principal y la ley de la fianza para las relaciones entre contratantes y fiadores ó fiadores entre si.

II

Las cartas de crédito son los instrumentos que han venido á facilitar los movimientos de dineros, limitados á las sumas necesarias en el momento en que la exigencia se presenta, y esto ha hecho que su uso sea frecuente en el comercio, y fuera de él, para los viajeros, sobre todo, que evitan de esta manera las dificultades que para sus movimientos presentan las mismas letras, así como tener que conservar disponibles cantidades que sólo se emplearán en parte ó sucesivamente.

Las diferencias que estos instrumentos tienen con los demás que se usan por comerciantes ó no para los movimientos de dinero, las condiciones ó requisitos que caracterizan su naturaleza propia, su **comercialidad** según las personas y las operaciones á que responden alternativa ó conjuntamente tomadas, su carácter general ó especial por las sumas, las personas ó los lugares que comprenderán, están perfectamente deslindadas en la doctrina y en la legislación positiva, y excusado fuera recordarlas.

Pero de todo ello se desprende claramente que las cartas de crédito comprenden diferentes contratos, aunque no una fianza, según la posición respectiva de los que intervienen. El que da la carta de crédito encarga á otra persona, su corresponsal ó no, de entregar á un tercero una cantidad de dinero parcial ó totalmente, suma que habrá sido prestada por el mismo dador ó que se habrá entregado por el tomador, lo que en nada afecta al que debe hacer la entrega que sólo reconoce al dador para sus responsabilidades, careciendo de toda acción contra aquél. ¿Cuál es la vinculación jurídica del dador y pagador, del dador y el tomador y del tomador y el pagador?

En el primer caso hay un contrato de mandato, el pagador entrega la suma por cuenta y orden del dador; en el segundo hay un contrato de préstamo, ó un contrato de cambio, porque ó bien el tomador no ha entregado suma alguna y entonces el dador se obliga á facilitársela en el punto que la necesita, ó, bien ha entregado y entonces se opera la verdadera traslación de un punto á otro que se efectúa por el cambio.

De todo esto y buscando una solución para la concurrencia de las diferentes leyes, dada la naturaleza de los actos que se operan en lugares diversos y entre personas con domicilio distinto, diríamos: si entre dador y pagador hay un mandato, la ley aplicable á sus relaciones será la que corresponde á este contrato; si entre dador y tomador hay un préstamo, cambio ó fianza, como lo pretenden algunos escritores, será la ley del préstamo, del cambio ó de la fianza la que regirá sus relaciones.

Los escritores no se ocupan, especialmente en el derecho internacional privado, de estos instrumentos que las facilidades de comunicación han vulgarizado, sin duda porque no todas las legislaciones han reglamentado su empleo. Sólo podríamos recordar á Story y á Wharton, que se limitan á exponer un caso de jurisprudencia que puede ser de aplicación analógica solamente.

III

La legislación argentina si bien se ocupa, tanto en la materia civil como en la comercial, de las fianzas como de las cartas de crédito, no se encuentra en ella disposición alguna especial á su respecto en el derecho internacional privado.

Resueltas las dificultades que puedan presentarse en el sentido en que lo dejamos hecho, se aplicarán en materia comercial las reglas que corresponden especialmente á la materia civil, en cuanto á los contratos en general.

El Congreso Sud-Americano en el artículo 76 del proyecto de tratados sobre conflictos en materia civil, acepta el sistema ú opinión que sigue para el contrato de fianza, la ley del contrato principal. "Los contratos accesorios, prescribe, se rigen por la ley de la obligación principal de su referencia". No tiene disposición alguna referente á las cartas de crédito.

SECCIÓN V

DE LOS SEGUROS, DEL PRÉSTAMO, DEL DEPÓSITO Y DE LA PRENDA

SUMARIO : I. Los seguros en general y especialmente los terrestres. Ley que rige el contrato. Opiniones diversas. Solución en la doctrina. — II. Préstamo. Dificultades que presenta respecto á los intereses. Diferentes clases de intereses y ley aplicable según su clase. Influencia de los principios del órden social sobre la tasa del interés. Doctrinas diversas y soluciones aceptables. — III. Depósito voluntario ó necesario. Reglas á su respecto en cuanto á la ley que los rija. Opiniones diversas. Secuestro convencional ó judicial de la cosa litigiosa, y solución según su clase. — IV. Prenda. Principio aplicable como un derecho real. Constitución y efectos de la prenda entre acreedor y deudor y respecto á terceros. Naturaleza de la relación y solución según la manera de apreciarla. — V. Legislación Argentina. Congreso Sud-americano.

El seguro es un contrato de garantía contra los perjuicios que pueden causar ciertos acontecimientos de fuerza mayor ó de casos fortuitos y su objeto varía en razón de los riesgos que se comprenden como necesarios para que exista el contrato con todos sus efectos. La doctrina así como la legislación han cuidado ya de establecer muchas reglas que son de aceptación común, según la especialidad del objeto que las motiva, y será fácil llegar á la unificación de las leyes positivas á su respecto.

Pero en el derecho internacional privado las dificultades son frecuentes, tanto por la naturaleza del contrato, como por las personas que intervienen, la materia que comprenden y los lugares en que se realizan los hechos que producen las obligaciones previstas. ¿Cuál será la ley que regirá todas estas relaciones?

Según Brocher, á quien sigue Ramírez el contrato de seguro se rige por la ley del lugar donde se encuentra la cosa objeto del seguro, porque en ese lugar se produce el hecho jurídico de cuya realización se trata, y Fuzier-Herman acepta esta solución en cuanto al seguro sobre incendio como una presunción de que las partes se han querido someter á ese lugar, puesto que establece que por lo general son las leyes que rigen los contratos las que deben aplicarse en cuanto á la capacidad, á la forma y á las condiciones de fondo, interpretación y efectos.

Según Emerigon, Story, Wächter, Savigny, Massé, Phillimore, Fiore, Bar, Voight, Couteau, Droz, Picard, Rivière, Vincent y Penaud, Guthrie, Wharton, Field,

Asser y Rivier, Typaldo-Bossio, el contrato de seguro, se rige, cualquiera que sea su clase, por la ley que regula los contratos en general, debiendo aplicarse á las sociedades que se ocupan de las operaciones de seguro, la ley de las sociedades que establece su personería para ejecutarlas: lo primero porque tratándose de un contrato que presenta los caractéres de tal, no habría razón suficiente para hacer una excepción á su respecto, y lo segundo porque las sociedades, por el hecho de ser tales y manifestarse como entidades jurídicas, requieren las mismas condiciones para su manifestación.

Por nuestra parte, creemos que esta última solución es la que debe seguirse, teniendo á su favor no sólo la opinión de notables escritores, sino también la jurisprudencia de los tribunales. Los contratos, en razón de la especialidad de las vinculaciones jurídicas que producen, tienen su ley especial en la autonomía de la voluntad expresa ó tácitamente manifestada: el contrato de seguros no tiene por qué separarse de ella, en todo lo que puede ser objeto de esa voluntad, aunque se considere con arreglo á la opinión común, como acto comercial por su naturaleza.

La capacidad de los contratantes se regirá por su ley personal, que será la que corresponda á la persona física ó á la entidad jurídica que intervenga; la forma del contrato seguirá la regla *locus regit actum;* la naturaleza del contrato y sus efectos se regirán por la ley de los contratos en general con las excepciones que ellos comportan, según la doctrina que se acepte. La regla será uniforme sea que se trate del seguro en general ó de los seguros especiales como los que se refieran á los incendios, á los productos de la agricultura, á la vida, á los transportes por rios ó aguas interiores. Determinar en un caso la ley del lugar de la cosa objeto del seguro y en otro la del país del asegurador, siendo éste una sociedad, es establecer una limitación ó regla general de los contratos sin razón bastante. Ante todo, los contratantes determinan la regla á que deben someterse y no estando determinada expresamente, la presunción estará por el lugar de la cosa objeto del contrato, por el domicilio, etc., etc., de acuerdo con los principios aceptados por la doctrina.

II

Difícilmente se presenta una cuestión que haya dado lugar á mayores controversias que la referente al contrato de préstamo en cuanto á los intereses que deben cobrarse por el prestamista, ya consista el préstamo en mercaderías, ya simplemente en una suma de dinero, no obstante que las legislaciones positivas han allanado muchas dificultades.

Tomando parte en la controversia no sólo intereses meramente jurídicos sino también religiosos, la pasión dominó todos los espíritus, siendo su consecuencia las limitaciones á la libre contratación y todas las sutilezas con que el interés privado trató de eludir las prohibiciones con la complicidad misma de los que con fervor las habían sostenido.

Los escritores exponiendo la doctrina, los tribunales resolviendo los casos controvertidos, han producido tal confusión, que difícilmente puede desaparecer sin un estudio detenido: los primeros, á propósito de la suma, discuten nuevamente las reglas especiales que han debido quedar resueltas tratándose de los contratos en general, y las dificultades que éstos presentan se manifiestan como singularidades de una vinculación jurídica que debía estar comprendida en la regla ; y los segundos en la misma situación de los primeros, como que sus manifestaciones se producen en cada caso, agregan algo más, la confusión de los detalles, de los que depende regularmente la solución.

El interés puede ser legal, convencional ó el resultado de la mora en el cumplimiento de la obligación. ¿ Se les aplicará á todos una misma ley, ó tendrá cada uno su ley especial ? Para no recurrir especialmente á los escritores estatutuarios desde Bartolo hasta Boullenois, bastaría referirlo á escritores como Story, Wharton, Laurent, que se han engolfado en la discusión teniendo presente no sólo la doctrina, sino también la legislación y las jurisprudencias antigua y moderna.

Si se trata de interés convencional se discute si de-

pende de la autonomía de la voluntad ó no, y en caso
de no manifestarse ésta, si es la ley del lugar del contrato ó el de la ejecución, como consecuencia de una regla
absoluta en todos los contratos ó de los sistemas mixtos
que diferencian el vínculo de la ejecución. ¿Para qué
todo esto? Si se trata de un contrato y el interés forma
parte de él, bastaría establecer que tal punto, como el
referente al peso, á la medida, á la moneda, se rige por
la ley del contrato que será la que corresponda según la
opinión que se haya aceptado á su respecto.

Si se trata del interés legal, es decir, que nace de la
ley, que corre por su exclusiva disposición, no sólo se
discute cuál ha de ser la ley tratándose de un contrato,
sino de todos los otros actos que tienen una naturaleza
diversa y que no siendo propiamente contratos responden á vinculaciones jurídicas especialísimas, como lo
referente al ejercicio de la tutela, del usufructo, del
régimen de la comunidad entre los esposos. ¿Para
qué todo esto? Si se discute un contrato, la ley de ese
contrato prevalecerá, y si se discuten los demás actos especiales, á la ley de esos actos corresponderá resolver.

Pero no se cuestiona ninguno de esos intereses, sino
el interés que es la consecuencia de la falta de cumplimiento de la obligación, sea que el contrato tenga un interés general estipulado, sea que no lo tenga, y entonces
se discute si el hecho pertenece á los efectos inmediatos

ó á los accidentales del contrato, si es el deudor ó es el acreedor el que ha dado lugar á que se produzcan, si la falta de cumplimiento era ó no un hecho previsto desde la celebración del contrato. ¿Para qué todo esto? El cumplimiento ó no del contrato es el contrato mismo y los que han creado las vinculaciones no han podido dejar de ponerse en tal caso. Si es un hecho nuevo no es un hecho que no ha estado previsto. ¿Por qué no establecer que tal hecho se rige por la ley del contrato?

Nos parece que considerada la cuestión de esta manera, la dificultad sino desaparece se confunde con la principal, desde que en todo caso es la ley del contrato la que resuelve. Pero todo contrato tiene una excepción á la ley general que lo regula : el orden público ó el orden social. ¿Se encontrará comprendida en esa excepción la ley que limita la tasa del interés?

Dos casos pueden presentarse : un contrato cuya ley limita la tasa del interés y que debe hacerse efectivo en un lugar en que la ley no tiene tal limitación, y un contrato cuya ley consagra la libertad completa de estipulación y se hace efectivo donde tal limitación existe. Si la ley limitativa es de orden social ó público, en el primer caso siendo esa ley local ó meramente territorial no tendrá aplicación fuera, y en el segundo se aplicará con prescindencia de la ley general del contrato.

Creemos que en teoría esas leyes limitativas de la tasa del interés no deben existir, como violatorias de la libre contratación y contrarias al desenvolvimiento de los intereses económicos; pero como cuando ellas existen su mantenimiento responde, según la opinión de sus autores, á un principio de orden social, siempre que se trate de su aplicación en el territorio para que han sido dictadas, deberán primar sobre cualquier otra ley, aunque se trate de la ley del contrato.

El caso de fraude que discuten los escritores cuando los contratantes buscan eludir la ley limitativa celebrando el contrato en el lugar donde la limitación no existe, se resuelve por los principios anteriores, una vez que se deba hacer efectivo el contrato en el lugar de la ley ó en otro lugar.

III

El depósito, que tiene en el derecho comercial caracteres especiales, ya sea porque debe efectuarse entre comerciantes ó tener por objeto ó nacer de un acto de comercio, ó por la reunión de todos estos requisitos, sigue como contrato la regla de todos los contratos, y le serán aplicables las leyes que son peculiares á éstos, de acuerdo con los principios establecidos.

Puede discutirse lo mismo respecto del depósito voluntario que del necesario, como lo hacen, entre otros escritores, Brocher, Vincent y Penaud, si las reglas de una legislación determinada, según el carácter local que

tengan, deben aplicarse á todos los contratos celebrados en el territorio, sean nacionales ó extranjeros las
personas que los celebren; pero esto no es posible ante
la doctrina que sólo tiene en cuenta la naturaleza de la
relación y que parte necesariamente de la igualdad de
derechos entre todos los habitantes.

La regla dominante es la autonomía de la voluntad,
cualquiera que sea la clase del depósito, ya se trate de
la extensión de la responsabilidad del depositario en
el depósito voluntario ó en el necesario. En esa voluntad puede influir ó influye, sin duda, la naturaleza del
contrato, pero una vez manifestada expresa ó tácitamente no existe variación á su respecto.

Brocher, que se indica por Vincent y Penaud como
partidario del imperio de la ley local en los casos de
responsabilidad del depositario, cuida siempre de manifestar que sólo admite tal solución en el caso de que
haya ausencia completa de una manifestación contraria.

Cuando el depósito tenga por objeto valores litigio-
sos, ese depósito podrá ser el resultado de una convención ó de una resolución judicial: en ambos casos suele
llamársele secuestro. ¿Cuál será la ley aplicable, dada
su especialidad?

La solución no nos parece que ofrezca dificultades. Si
se trata de un secuestro convencional, seguirá la regla
de todo contrato de depósito, pues que el valor obje-

to del contrato sea litigioso no le quita su carácter como tal contrato. Si por el contrario el secuestro es el
resultado de un mandato judicial, entonces no nace de
un contrato, sino de una resolución judicial como
medida conservatoria y en garantía de los derechos que
se ventilan en el juicio. Como acto de procedimiento
seguirá la ley que á los actos de igual naturaleza les corresponde. En un caso se trata de un depósito que las
partes han convenido en efectuar, mientras se resuelve
por los tribunales cuál de ellos tiene derecho preferente
á su respecto; y en el otro la voluntad de los jueces
se impone para que se ejecute el acto, con ó sin consentimiento de los litigantes.

IV

Siendo la prenda un derecho real constituído sobre
una cosa mueble .en seguridad y garantia de una operación cualquiera, debe seguir lógicamente la ley general que regula todos los derechos reales en cuanto á
su constitución y á sus efectos. La naturaleza de la operación no tiene por qué alterar la solución, desde que
tanto en materia civil como en materia comercial se
constituye el derecho real con idéntico propósito y tiene
iguales requisitos.

El derecho real no se constituye sino por la entrega
de la cosa, pues antes que este hecho se opere puede

existir la obligación de constituir la prenda pero de ninguna manera la prenda misma. Si se trata de la obligación la ley aplicable será la que corresponde al acto, y si del derecho ya constituído, será la ley de la situación de la cosa. ¿Cuál será la ley de la cosa? Será la ley personal ó la ley donde se encuentre ó ambas según la solución que en general se acepte á su respecto.

Las legislaciones pueden variar y varían ciertamente, ya en la manera de constituir la prenda, ya en cuanto á los efectos que produce en relación á los contratantes ó á los terceros. En cuanto á los primeros la solución no puede ofrecer mayores dificultades, puesto que ó existe un derecho constituido ó una promesa de constituirlo; pero no sucede lo mismo respecto á los segundos, que siempre podrán hacer valer los derechos que la ley de la situación de la cosa consagra en su defensa.

Así, puede suceder que la ley del lugar donde se ha constituído la prenda no exija la entrega de la cosa y que ésta se encuentre en ese lugar ó en otro diferente donde la ley exija esa entrega, como también que en un caso pueda constituirse sobre un bien mueble ó inmueble. Si se trata en estos casos de las relaciones entre acreedor y deudor en cuanto á la constitución de la prenda y á su validez, podrá referirse indistintamente á la ley del acto ó á ley del lugar donde se encuentra la cosa, porque no existiendo comprometido ningún otro derecho, ó se admitirá el acto como formado con arreglo á la ley del acto mismo ó existirá una promesa que debe cumplirse legítimamente en el lugar donde se encuentra la cosa que exije formalidades que no se cumplieron en el lugar del acto. Si se trata de la relación con los terceros ó de los derechos que estos pretendan ejercitar preferentemente, entonces se encuentra comprometido en ellos un principio de orden social que se traduce en una garantía formulada por la publicidad de los hechos producidos entre acreedor y deudor, y en tal caso la ley que prima naturalmente en razón de la cosa ó del privilegio que se pretende hacer valer, es la ley territorial, que ampara al tercero y que le dá la seguridad de que no es posible burlar la garantía de sus obligaciones por una ley extraña.

Pero es posible que se produzca un hecho posterior al acto de la constitución de la prenda y que tal hecho modifique la situación respectiva de los contratantes en sus relaciones con los terceros. El derecho de prenda se constituye en el lugar en que está situada la cosa, no exigiendo la ley de ese lugar la entrega de ésta al acreedor ó su individualización, y después de constituída se transporta la cosa à otro lugar donde predomina en la ley la regla inversa. Se quiere hacer efectivo el derecho prendario ¿cuál será la ley aplicable?

Parecería lógico resolver la dificultad por el mantenimiento de los derechos definitivamente adquiridos con arreglo á la ley de constitución de la prenda, sin dejar á la voluntad del deudor burlar esos derechos por un

cambio de situación en la cosa, tanto más fácil de llevarse
á cabo cuanto que en virtud de ser mueble la cosa puede
transportarse con la persona. Sin embargo no es así en
la opinión común, desde que se trate de terceros que hayan contratado con el deudor ó cuyo derecho haya nacido fuera del lugar donde se constituyó la prenda, por
que "los derechos reales, según Van Berchen, constituí-
dos sobre los muebles deben participar de la naturaleza
de los mismos muebles" y desde que estos están "destinados ó expuestos á cambiar de lugar, los derechos
que los afectan deben estar destinados ó expuestos á
modificarse, á alterarse ó á perderse, si cambia la situación"; porque, como dicen Surville y Arthuys, los acreedores han debido desconfiar de la existencia de un
derecho de prenda en que la cosa no había pasado
á poder del acreedor; porque, según Fiore, considerando que toda acción real afecta directamente el régimen de la propiedad, se debe concluir que el acreedor no puede ejercer su derecho, invocando una
institución inconciliable con el derecho y con la ley que
rige la posesión y la propiedad; porque como dice Savigny y lo repite Fernández Falçao, aunque Bar no
acepta el razonamiento, " siendo el derecho de prenda constituido por simple contrato, una institución
enteramente diversa del mismo derecho constituído por
tradición, el acreedor que quisiera ejercer aquél derecho en este lugar invocaría en su favor una institución

que este derecho no reconoce y que es inadmisible".

Por nuestra parte seguimos esta opinion consecuentes con lo que hemos establecido antes respecto á los derechos de los terceros, en cuya consagración y defensa hay siempre un interés social comprometido. Si la cosa está situada en el territorio en que el tercero ha contratado ó adquirido el derecho y esa cosa ha estado en poder del deudor, él ha debido descansar en la prescripción de sus leyes que le hacían comprender que no era posible en tales condiciones la existencia de un derecho preferente. Es claro que el nacimiento del derecho del tercero, en el caso de cambio de situación de la cosa á que nos referimos, debe ser posterior al cambio de esa situación, porque siendo anterior no ha podido tener en vista su propia ley respecto á los derechos consagrados sobre una cosa que estaba sujeta á una ley diferente.

La legislación argentina, en el Código de Comercio, se ocupa de los seguros en general y especialmente de los terrestres, que comprenden los contra incendios, los seguros contra los riesgos á que están sujetos los productos de la agricultura y los seguros contra la vida; se ocupa también del préstamo y de los réditos é intereses, del depósito y de la prenda, estableciendo sobre estos últimos lo que hace á la materia comercial y dejando lo demás para ser regido por las disposiciones del Código Civil.

Sin embargo y á pesar de esta abundante legislación, no existen disposiciones que determinen soluciones especiales á los conflictos que pueden suscitarse. Tratándose del préstamo, del depósito y de la prenda se aplicarán los principios de la ley común ó las doctrinas que de ellos nacen lógicamente.

En cuanto á los seguros, que es un contrato considerado por el Código como exclusivamente comercial, seguirá la regla de los anteriores, desde que disposición alguna lo separa. Sin embargo debe observarse que tratándose de una sociedad aseguradora, su capacidad depende de otras reglas que las que rigen la de las sociedades en general (artículos 285 á 287), como lo hicimos notar al ocuparnos de éstas: requiere la autorización del Poder Ejecutivo para establecer agentes en la República. "Las compañías extranjeras de seguros no pueden establecer agentes en la República, dice el artículo 528, sin autorización del Poder Ejecutivo. Si lo hicieran serán personalmente responsables los agentes, así como en el caso de infracción de los estatutos de su compañia."

El Congreso Sud-Americano en su tratado sobre materias correspondientes al derecho comercial ha consagrado tres artículos á los seguros, aplicándose especialmente á los efectos del contrato de prenda en relación con los terceros los artículos del tratado sobre materias del derecho civil que se ocupan del régimen de los bienes (artículos 26 á 71), y al de préstamos los que se ocupan de los actos jurídicos (artículo 34, inciso 3º). Así, según el artículo 8 del primero "los contratos de seguros terrestres y de transporte por vias ó aguas interiores, se rigen por ley del país en que está situado el bien objeto del seguro, en la época de su celebración"; y esta solución se funda respecto á los primeros "para impedir que cambiando de situación la cosa, cambie la ley que debe regirlos" y respecto á los segundos, "porque los buques y cargamentos sobre que recaen están bajo la jurisdicción especial y privativa de la Nación en cuyo territorio circulan". Según el artículo 9, "los seguros marítimos y sobre la vida se rigen por las leyes del país en que está domiciliada la sociedad aseguradora ó sus sucursales y agencias en el caso previsto en el artículo 6º"; y según el artículo 10 "son competentes para conocer de las reclamaciones que se deduzcan contra las sociedades de seguros, los tribunales del país en que dichas sociedades tienen su domicilio legal"; y "si esas sociedades tienen constituídas sucursales en otros Estados regirá lo dispuesto en el artículo 6º". Las disposiciones de los artículos 9 y 10 se fundan en que "las operaciones sobre seguros, de cualquier naturaleza que sean, se llevan á efecto, en la universalidad de los casos, por intermedio de sociedades que asumen el carácter de personas jurídicas". Por el artículo 30 del segundo "el cambio de situación de los bienes muebles no afecta los derechos adquiridos con arreglo á la ley del lugar donde existían al tiempo de su adquisición, pero para conservar esos derechos los interesados deben llenar los requisitos de forma y de fondo de la ley de la nueva situación; y por el artículo 31 "los derechos adquiridos por terceros sobre los mismos bienes, de conformidad á la ley del lugar de su nueva situación, después del cambio operado y antes de llenarse los requisitos referidos, priman sobre los del primer adquirente".

SECCIÓN VI

DE LAS LETRAS DE CAMBIO

SUMARIO: I. La letra de cambio y las doctrinas en que se funda. Importancia de estas doctrinas.— II. Capacidad de los que intervienen en la negociación de la letra: ley que la gobierna según las diferentes opiniones formuladas. Fundamento, escritores y leyes que las siguen, crítica, solución. — III. Forma de los actos que se producen en la negociación sucesiva de la letra: ley á que debe sujetarse. Opiniones diversas, su fundamento, crítica, solución. Dificultades suscitadas respecto al papel sellado en que deben estenderse las letras, así como en cuanto al día en que puede efectuarse: soluciones diversas que se proponen, fundamento, crítica, solución. — IV. Actos que se producen en las diferentes operaciones á que da lugar la letra. Ley que debe aplicarse á sus efectos jurídicos: sistemas diferentes, fundamento, crítica. Solución que corresponde con arreglo á las doctrinas que prevalecen en la letra y su demostración. — V. Legislación y jurisprudencia argentinas y Congreso Sud-Americano.

La letra de cambio, cualquiera que sea su origen, se ha manifestado claramente cuando las necesidades del comercio han requerido su intervención, como medio de facilitar las operaciones, pudiendo afirmarse que, á medida que su empleo ha sido más frecuente, se han ido estudiando sus caracteres y modificando las doctrinas que le sirvieron de fundamento y pasaron como regla en las legislaciones positivas.

No se puede estudiar todo lo que hace referencia á esta materia, sin tropezar con las diferencias fundamentales que caracterizan los principios de dos escuelas diversas: una que tiene sus fundamentos en las ideas que dieron nacimiento á la letra de cambio y que han seguido influyendo decisivamente hasta nuestros días; y la otra que observando sus aplicaciones y los servicios llamada á prestar en las operaciones comerciales por las vinculaciones del tráfico interno ó internacional, surje en la época moderna y gana terreno en la doctrina y en la legislación por su concordancia con las prácticas comerciales, sobre todo. Estas escuelas se conocen con los nombres de francesa la una y alemana la otra.

La escuela francesa, que se impuso en la codificación comercial, ha dominado exclusivamente hasta mediados de este siglo en la legislación y domina hasta ahora en gran parte : tomando por punto de partida el cambio trayecticio, confunde el cambio con la letra y le impone las condiciones que son la consecuencia en el giro de plaza á plaza, en la especificación en el documento de ser tal letra, en la provisión, en el rechazo del endoso en blanco, etc., etc. La escuela alemana que, indicada en las doctrinas de Asuni, de Begouen, de Schmaler, de Wagner y de Fremery, se manifiesta decisivamente en la doctrina de Einert, tomando una forma legislativa en la ley de 1848, en lo que la legislación inglesa y americana se habían ya presentado, aunque no con lógica completa, desliga el contrato de la letra, hace de ésta una especie de moneda que constituye en sí misma la obligación y la forma de manifestarse.

Esta última escuela es la que tiende á dominar, ya sea con los fundamentos que le dieron Einert y Mittermaier, con los de Thöl, seguidos por Renaud, Goldschmidt, Gerber, Bluntschli, que prevalecen sobre aquéllos, con los de Vidari ó con los de Ruggeri : los nuevos códigos la incorporan á sus prescripciones aplicando sus principios generales y todas las reformas que se proponen para llegar á la unidad en estas materias no tienen otra solución.

No nos corresponde discutir especialmente estas escuelas, una vez que cualquiera que sea la solución no influiría en la materia especial que nos ocupa. Haya un contrato de cambio ó no, haya cualquiera otro contrato, sea la letra de cambio el resultado de uno ú otro, ó constituya en sí misma la causa y la manifestación de su existencia, sea ella la moneda de los comerciantes, como la llamó Einert, ó no sea tal, como lo sostienen Vidari, Marghieri y Ruggeri, la verdad es que el instrumento existe en el tráfico tanto interno como internacional y que sus requisitos varían según la escuela que sigue, lo que da lugar naturalmente á dificultades contínuas.

Debiendo la letra por lo general circular entre diferentes personas que concurren á los actos diversos que se manifiestan en ella, y debiendo tener su circulación la rapidez de las transacciones á que por lo regular responde para que sea eficaz y no tenga inconvenientes que la estorben, se comprende fácilmente la importancia que presenta en los conflictos. La letra comprueba generalmente la intervención de diferentes personas con diferentes obligaciones y también en diferentes lugares, y las personas y las obligaciones y los lugares, concurren con otras tantas leyes que pugnan por imponerse y á las que es indispensable reconocer su influencia respectiva.

Tomaremos, pues, la letra en sí misma y estudiaremos sus diferentes faces á medida que se vayan presentando desde su iniciación hasta su desaparición, en cumplimiento de los objetos para que fué creada, y dejaremos de lado todo lo que hace al contrato de cambio que se

manifestará ó no en la letra misma, según el fundamento
que la presida.

II

Las personas que intervienen en una letra de cambio
ejecutando los diversos actos que comprende su negociación, necesitan tener la capacidad suficiente para ello,
y este requisito es tanto más de tenerse en cuenta cuanto que las diferentes legislaciones varian á su respecto,
limitando generalmente los casos de la capacidad común.

La naturaleza del acto por un lado, y por otro la necesidad de imprimir cierta rapidez á la letra á fin de que
produzca los resultados para que ha sido creada, han
hecho pensar á muchos escritores que debían introdu-
cirse modificaciones más ó menos fundamentales respecto á la ley aplicable. De aquí que cuando se trata de
prever la solución de los conflictos estudiando el acto
para encontrar la ley que le da nacimiento como tal acto,
se recurra á diferentes sistemas.

En primer lugar se presenta el sistema que aplica la
regla general estableciendo que, la capacidad de los que
intervienen en la letra de cambio se rige por la ley que
se aplica en todos los casos en que la capacidad debe
juzgarse, es decir, por la ley personal, domicilio ó nacionalidad, con la excepción que la acompaña respecto á
las leyes de orden social ó público.

La solución se funda en la necesidad de mantener una regla uniforme, como garantía de todas las transacciones y de facilidad para su realización, y en la concordancia de la ley personal con la naturaleza de la relación de que se trata. Lo primero se consigue desde que no se impone á cada uno de los que tienen que entrar en la negociación el conocimiento de reglas especiales que pueden variar á lo infinito, bastándoles saber que desde que se trata de la capacidad para celebrar el acto es la ley general la que debe buscarse; y lo segundo porque desde que en este caso como en los otros comunes se trata de las personas, la ley que les es concordante es la ley personal y no la territorial que sólo por excepción puede aceptarse como preponderante.

Siguen este sistema: Pardessus, Massé, Félix, Savigny, Demangeat, Phillimore, Nouguier, Guthrie, Munzinger, Fiore, Vidari, Chretien, Norsa, Piñero (N.), Brocher, Couder, Asser y Rivier, Weiss, Despagnet, Lyon-Caen y Renault, Laurent, Beauchet, Olivart, Wharton, Marino, Daguin, Fuzier-Herman, Surville y Arthuys, Bianchi, Vincent y Penaud, Martens (F.), Arenas, Gary, estableciendo algunos de ellos expresamente la excepción del orden público ó social comprobado por algunos hechos que justifican la jurisprudencia.

En segundo lugar se manifiesta, aunque no con la uniformidad del anterior, el sistema que aplica como regla general la ley del lugar donde se forma la obligación que caracteriza la letra y que no hace excepción alguna respecto á la capacidad.

Con esta solución se busca ya la concordancia con la ley que se acepta respecto á los contratos en general, ya la facilidad de la negociación de las letras que debe quedar librada en gran parte á la buena fe de los contratantes y á los medios de comprobarla en cualquier momento. En el primer caso, para los que aceptan como ley de todo contrato la ley del domicilio del deudor y como ley de la capacidad la de ese mismo domicilio, es claro que afirmando lo uno concuerdan con lo otro, pudiendo decir de la misma manera, ley personal. En el segundo se evitan los engaños frecuentes por falta de conocimiento de la ley extranjera y de las dificultades para adquirirlo, lo que ó haría imposible la negociación ó la trabaría demasiado.

Siguen esta opinión: Schæffner, Alauzet, Sanojo, Mancini, Bar, Oppenheim, Liebe, Supino, y está especialmente consagrada por el artículo 58 del Código Italiano, de lo que nos ocupamos al estudiar las obligaciones comerciales en general.

En tercer lugar se establece que la capacidad se rige por la ley personal, pero tratándose de extranjeros que contratan en el país se aplicará la ley de éste, si concede una capacidad que aquella le niega.

Esta solución es el resultado de la unión de los dos sistemas anteriores. Sin desconocer el predominio que le corresponde á la ley personal, se ha querido protejer al nacional que puede tener dificultades para conocer la condición del extranjero, contra los engaños ó los errores de que puede ser víctima en la rapidez que reclama la negociación de las letras. No se puede obligar á los nacionales á entrar en una investigación especial para conocer la ley del extranjero, sobre todo donde hay gran número de estos, sin producir por lo menos una pérdida de tiempo incompatible con la naturaleza de los actos comerciales y sin perturbar sensiblemente sus desenvolmientos ; el extranjero que contrata, se somete como *subditus temporarius* á la ley del lugar en que contrata, y en todo caso, si incapaz de obligarse por letra de cambio, se manifiesta capaz, no puede quejarse si por tal es tenido y tratado.

El origen de este sistema se encuentra en el artículo 84 de la ley alemana de cambio de 1848, que ha sido seguida por el artículo 95 de la ley húngara de 1876, el artículo 84 de la ley escandinava de 1880, el artículo 822 del Código suizo de las Obligaciones, el Código de Austria en su artículo 168, el proyecto de ley ruso en su artículo 160, el artículo 2° del proyecto del Instituto de derecho internacional, el artículo 2° del proyecto del Congreso de Amberes ; y por escritores como Thöl, Renaud, Laurin, Jitta, Brauer, Wächter, Borchardt, y todos los escritores franceses que á fin de protejer al francés que contrata con el extranjero han formulado diferentes sistemas é inclinado la jurisprudencia en muchos casos.

Cualquiera que sea la importancia que se atribuya á estas opiniones en tanto la doctrina y más que esta la legislación positiva en el último caso se ha inclinado á aceptarlo, creemos que el primer sistema es el más sencillo y el que ofrece mayores garantías de acierto. La ley personal es la que presenta más facilidades para su investigación y es la que responde á la naturaleza de las relaciones : la ley no puede convertirse en tutora de intereses que dependen exclusivamente de la voluntad de los individuos que, si no saben defenderse contra las asechanzas extrañas en actos que no están obligados á ejecutar, deben sufrir sus consecuencias, y que viniendo á hacerse general en todos los estados acabaria por perder su eficacia.

Por otra parte, la excepción no tendría aplicación en la generalidad de los casos, si es que la ley personal ha de ser la ley del domicilio, pues es casi siempre en el domicilio de los contratantes donde se realizan la mayor parte de los actos y entonces la ley del acto sería la ley personal, ó vice-versa. Es una de las tantas ventajas que nacen de la aceptación de la ley del domicilio, solución verdaderamente liberal que responde á la igualdad de los derechos civiles entre nacionales y extranjeros y cuya aplicación uniforme despeja todas las obscuridades y no obstaculiza operación alguna comercial.

III

La letra de cambio requiere una forma especialísima y los requisitos que la constituyen son otros tantos elementos que le dan su carácter propio, correspondiendo á las teorías dominantes á su respecto. Cada acto que deja su constancia en ella puede ser ejecutado en diferentes lugares que tienen una legislalación también diferente en cuanto á los requisitos de forma y de fondo : al girarse la letra puede exigirse que tenga la constancia de ser tal letra y de la provisión de fondos ; al aceptarse que se ponga la aceptación en la misma letra ó en documento por separado; al endosarse que pueda ser el endoso en blanco ; el aval que se extienda en la letra ó no; el protesto que se haga de palabra ó por escrito. ¿ Las formas diferentes que todos estos actos revistan se adaptarán á una sola ley desde que importan el desenvolvimiento de un acto que se inició en un lugar entre librador y tomador, ó seguirá cada uno su ley propia ?

No todos los escritores están conformes en la solución que debe darse á las dificultades que se encuentran envueltas en la pregunta que acabamos de formular, aunque puede afirmarse que la tendencia de la doctrina se inclina á la aplicación de la regla general según el caso que se produce. Así podemos establecer que dos opiniones diversas se manifiestan á este respecto.

Según una opinión la regla general *locus regit actum*, se aplica uniformemente, de modo que cada uno de los actos sucesivos de que la letra da cuenta se debe ajustar á ella para todas sus consecuencias, siendo de notar como una especialidad de este documento que las nulidades en que se pueda haber incurrido en uno de los actos, no vician los actos con posterioridad ajustados á la ley que los dirige, como una exigencia de la naturaleza del documento y de las operaciones á que responde.

Esta solución está fundada en que tratándose de las formas exteriores es de tenerse en cuenta la regla que se ha creado para responder precisamente á sus exigencias y en que si hay algún caso en que la aplicación se impone es en las letras de cambio, desde que los que intervienen en ella no pueden darse cuenta acabada de las negociaciones que deben operarse antes de llegar á su desaparición por el cumplimiento de las obligaciones que vienen aparejadas en su circulación. "De este modo, dice Vidari, se rinde homenage al principio por el que toda obligación de cambio se considera en sí misma y por lo que ella vale y se respetan las leyes de los Estados por los que una letra pueda pasar en el breve pero afortunado giro de su existencia, siendo este el modo más seguro y eficaz para hacer respetar por los otros las leyes propias".

Siguen la conclusión en su parte principal la generalidad de los escritores y entre ellos: Story, Warton,

Daniel, Benjamin, Rorer, Savigny, Thöl, Renaud, Bar,
Borchardt, Martens (F. de), Asser y Rivier, Burge, West-
lake, Phillimore, Chitty, Guthrie, Byler, Foote, Bar-
clay, Merlin, Pardessus, Massé, Nouguier, Orillard,
Alauzet, Bravard-Veyrières, Demangeat, Félix, Chrétien, Beauchet, Boistel, Couder, Vincent y Penaud,
Weiss, Despagnet, Lyon-Caen y Renault, Surville y
Arthuys, Fuzier-Herman, Esperson, Norsa, Fiore, Supino, Vidari, Marino, Munzinger, Rios Biosca, Sanojo,
Tejedor, Piñero (N.), Castellanos, Orlando de Araujo
Costa, Freitas, Merril, Schœffner, Arenas y Gary. En
el derecho positivo está aceptada por el artículo 85 de
la ley general de cambio de Alemania ; la ley inglesa de
1882, artículo 72 ; la ley húngara, artículo 96; ley escadi-
nava, artículo 85 ; ley suiza, artículo 822 ; código de Italia,
artículo 58 ; código de Sérvia, artículo 169 ; código de
Méjico, artículo 759; proyecto ruso, artículo 165 ; proyecto del Instituto (1885, 1) ; código del Brasil, artículo
424 ; código de Portugal, artículo 4, inciso 3°.

Según otra opinión la forma de la letra en sus diversas manifestaciones debe regirse por la ley del lugar del
pago, ó tomando una fórmula general, por la ley del
lugar donde se realizan los actos ó reciben su ejecución.

La regla es la consecuencia del principio general que
la forma de los actos jurídicos se rige por la ley del acto
mismo ó sea por la ley del lugar de su cumplimiento, ó de
una confusión de las leyes que deben regir la substancia

de los actos que se manifiestan en la letra de cambio y
de las que se refieren á la forma ó requisitos externos
que la acompañan. Los fundamentos que sirven para
apoyar dicha regla lo demuestran claramente.

Lo primero ha sido determinado por Ramírez, afirmando á su vez que en las negociaciones de la letra el
lugar de la celebración viene á confundirse con el lugar
de la ejecución por la manera cómo se llegan á hacer
valer los derechos respectivos, desde que "conteniendo
la letra obligaciones distintas y separadas, respecto á
cada categoría de firmantes, hay que localizarlas en el
lugar en que se contraen, porque es allí donde indefec-
tiblemente deben cumplirse y la prueba de ello es, que
si el girado no las paga, ni el librador, ni el endosante
pueden ser demandados en el lugar del domicilio del
girado, y sí en aquel en que respectivamente se ha hecho el giro y el endoso ".

Lo segundo se encuentra plenamente confirmado,
como lo demuestran Massé, Demangeat, Dalloz, Chrétien, Vincent y Penaud, recordando el primero las opiniones de Voet, Dupuis de la Serra y Pothier, y todos
con referencia á las soluciones de los tribunales franceses de principio del siglo que han sido contradichas
después por una jurisprudencia uniforme, y como lo
hacen también Gabba y Dubois analizando una sentencia de la Corte de casación de Palermo, que se decide
por la ley del lugar del pago.

Entre estas dos opiniones nos decidimos por la primera por las razones generales en que se funda la regla *locus regit actun* y de la que más de una vez nos hemos ocupado; porque no hemos aceptado como solución para todos los actos la ley del lugar del cumplimiento que no siempre se confunde con el de la celebración; y porque admitir lo contrario sería conspirar contra la existencia misma de la letra de cambio, desde que haría difícil sino imposible que las personas que intervienen en ella pudieran tener el conocimiento indispensable de la ley respectiva, cuando ignoran generalmente la suerte que ella debe seguir en las negociaciones sucesivas. No se comprendería, como lo dice perfectamente Massé y lo repiten otros escritores, cómo por una derogación de todas las reglas, aquél que suscribe una letra de cambio ó un endoso en un lugar, debiera estar instruído de las formas prescriptas en el lugar en que la letra debe pagarse, formas que no tendría los medios de conocer de una manera cierta y en el empleo de las que podría cometer errores con tanta más facilidad cuanto que conociendo el texto de la ley extranjera, podría muy bien ignorar el sentido y el espíritu.

Como una consecuencia del principio general, pensamos con Story, Esperson, Bar, Wharton, que si la forma de la letra está de acuerdo con la ley del lugar donde se hace efectiva, aunque no lo esté con arreglo á la del lugar de su emisión, su validez no puede ser cuestionada. ¿Sucederá lo mismo cuando se trate de una forma válida en un acto posterior al que ha tenido lugar en una forma en que no se han observado las reglas de su ley respectiva? ¿La nulidad de la primera forma producirá la nulidad de la segunda?

Tanto Esperson, Bar, Chrétien, Piñero, Daniel, Thöll Renaud, Boschardt, Olivart, Despagnet, Beauchet, Asser y Rivier y Vidari, como la ley alemana en su artículo 85, la de Suiza en su artículo 823, la de Hungría en su artículo 96, la de Inglaterra en su artículo 72 y el Código de Portugal en su artículo 336, sostienen que la forma anterior nula no invalida la forma posterior válida y que por lo tanto la letra puede producir todos sus efectos, porque esta solución, según Piñero, "no puede engendrar ninguna consecuencia peligrosa y tiende à facilitar la circulación de la letra y á favorecer los intereses del comercio".

La solución es exacta, desde el punto de vista de la legislación que los escritores mencionados estudian, así como de la doctrina de que parten las leyes positivas concordantes; pero tomando un punto de partida más general, dada la diversidad de doctrinas fundamentales sobre la naturaleza de la letra, nos parece con Asser y Rivier que la cuestión debe ser resuelta de diferente manera según la ley del país en que se adopte la forma que siga el sistema francés ó el sistema alemán, porque para el primero el endoso es considerado como prueba de la cesión del crédito que tiene su fundamento en el contrato de cambio, mientras que para el segundo no hay tal cesión, siendo el acto del endoso, como cualquiera de los otros que se manifiestan en la letra, actos aislados que tienen su carácter propio y esencial. En el primer caso la solución debe ser negativa y en el segundo afirmativa; seguiremos esta última de acuerdo con nuestras ideas en la parte fundamental.

Se discute también con aplicación á la forma de la letra de cambio lo referente al sello ó timbre á que las legislaciones fiscales sujetan su expedición en tanto su falta entraña una nulidad ó no, así como también respecto á la fecha que lleva el documento siendo ella de un día domingo.

Con relación al primer punto se manifiestan tres opiniones diversas:

1ª La que aplica la ley de la forma, *locus regit actum*, no permitiendo que se hagan efectivos los derechos que consagra la letra porque no se ha observado esa ley y por consiguiente no se hayan extendido en el papel sellado ó con el timbre correspondiente. La siguen: Story, Burge, Westlake, Addison, Bar, Gallespie, Daniel, Beauchet, Foote, Guthrie, Laurent, Schäffner, porque el requisito, por su naturaleza, se refiere á la forma y porque los estados no deben facilitar la violación de sus leyes respectivas, lo que sucedería aceptando la regla contraria, desde que no extendiendo la letra en el papel sellado ó con el timbre exigido se habría tenido ese objeto.

2ª La que aplica la ley en que se hacen efectivos los derechos que consagra, y que si bien reconoce que el sello ó timbre es un requisito de forma, su falta no altera su naturaleza propia y como exigencia de una ley de renta sólo interesa al país que la impone y con un carácter puramente territorial entra en las excepciones expresamente reconocidas. La sigue Phillimore, Brocher, Olivart, Byles y Laurin, y está consagrada en el artículo 72 de la ley inglesa de 1882.

3ª La que aplica la regla *locus regit actum,* cuando la ley del lugar donde se ha formado el acto de que se trata ha exigido el sello ó el timbre bajo pena de nulidad, y desestima ese requisito como requisito de forma cuando esa ley determina una sanción diferente, como una multa, etc., etc., para el caso de su inobservancia. Se funda en la diferencia de los dos casos en cuanto á la subsistencia de la letra y la siguen la generalidad de los escritores : Félix, Demangeat, Bravard, Chrétien, Wharton, Lyon-Caen y Renault, Vincent y Penaud, Weiss, Barclay, Despagnet, Surville y Arthuys.

Nos adherimos á la segunda opinión. La imposición del sello ó del timbre obedece á un impuesto que interesa exclusivamente al estado que lo efectúa y no corresponde á los demás estados el hacerse ejecutores de esa clase de leyes que son •meramente territoriales por su carácter. La nulidad que se establece no cambia su carácter y es la sanción penal de la falta de obediencia á las leyes fiscales.

El acto no ha tenido por objeto violar una ley que no tiene tal exigencia y no puede entrar en este sentido en la excepción general aceptada por muchos escritores, aunque combatida por otros. Si bien se reconoce que hay interés recíproco entre los Estados en la exacta observancia de las leyes fiscales, ese interés no podría llevarse nunca hasta convertirse en instrumentos respectivos, lo que no sucede en los casos á que nos hemos referido. El caso del contrabando que por algunos se invoca como análogo al de que tratamos, no puede servir de comparación, primero porque en él se trata de violar las leyes del país en que el acto va á recibir la ejecución y segundo porque importa un acto tenido generalmente como inmoral, mientras que el no uso del sello puede ser un acto de buena fé y de difícil comprobación para los terceros, dadas las negociaciones á que se presta la letra.

La nulidad de la letra que no se ha extendido en el sello ó con el timbre requerido no altera, como lo hemos dicho, su naturaleza, y hacerla extensiva fuera del territorio, es agregar una inseguridad evidente que la mala fé explotaría, que sufriría el inocente, y que concluiria por hacer difícil sino imposible que se llenaran cumplidamente los objetos que han motivado la creación de la letra.

Se ha suscitado la dificultad de si la emisión de la letra ó cualquiera de los demás actos sucesivos llevados á cabo en un dia domingo ú en cualquiera otro dia de fiesta religiosa, deben seguir la ley general de las formas ó no, en tanto la legislación positiva de algunos estados, particularmente de los que forman la Unión Americana, se ocupa con especialidad de ellos y establece como sanción la nulidad del acto producido.

Los escritores que se ocupan especialmente de analizar los efectos de los dias festivos sobre los actos realizados, como Story, Benjamin, Daniel, Byles, no determinan de una manera precisa esos efectos sobre la forma, pero tanto de las consideraciones que aducen, como de las conclusiones más terminantes de la jurisprudencia americana, puede afirmarse que las leyes prohibitivas ó que tienen la nulidad como sanción para tales casos, sólo tienen un efecto territorial y que por lo tanto aplicando la regla *locus regit actum,* el dia de la fecha queda exceptuado para su validez, sea que en el lugar en que se deba hacer efectiva lo obligación respectiva importe ó no una exigencia de la ley.

Sin duda alguna no es posible aceptar la eficacia extraterritorial de una ley prohibitiva de esa clase, como no sería posible aceptar tampoco su aplicación considerando esa ley como una ley de orden social ó público, una vez que la observancia de los dias festivos religiosos se consagra tan de diferente manera en los pueblos cristianos ya buscando el descanso en la diversión y el paseo, como los de la europa continental, ya en el retiro silencioso y en la oración como la Inglaterra y los Estados Unidos.

La supresión del trabajo un dia de la semana es una exigencia que el Estado establece con un carácter puramente civil que puede variar en los diferentes países; y lo mismo sería desde el punto de vista religioso una vez que las prácticas se alteran, así como se altera la manera de consagrarlo. Sería una verdadera hipocresía, como ha dicho el juez Caldwell, el manifestar que se tiene la creencia de que el sentido moral de la comunidad, que soporta todas esas maneras de disponer del dia festivo, se sentiría herido, si se obligase á una persona á pagar una letra que responda á una deuda honrada porque se ha suscrito ó endosado cualquier de los dias consagrados al descanso ó á las fiestas religiosas.

IV

La letra de cambio, mientras dura la negociación que la motiva, sufre una serie de transformaciones que responden á otros tantos actos sucesivos: desde su emisión hasta que desaparece de la circulación, recorre lugares y personas diferentes ó por lo menos estas últimas solamente. ¿Todas ellas quedan sometidas á una sola ley ó á tantas cuantos sean los actos sucesivos?

De la diversa manera de considerar la letra nace, sin duda, la dificultad. Si en la letra no se considera sino el acto exclusivo de su creación, que le imprime el carácter y con él la pone en la circulación, habrá un solo acto que dará lugar á consecuencias diversas mientras la letra permanece viva, y la ley del acto y la ley de sus consecuencias mediatas é inmediatas, serán las leyes de la letra. Si la letra es un documento especialísimo que constituye un acto *sui generis* y que en su negociación va desenvolviendo sucesivamente una serie de actos, habría tantas leyes cuantos actos se produzcan, según la forma y el momento en que se produzcan.

La doctrina ha buscado las efectos jurídicos de la negociación de la letra sin perder de vista el momento de su emisión, y de ahí que estableciendo una ley para ésta, discuta los actos sucesivamente como una consecuencia de esa emisión y desde el punto de vista de esa ley.

En este sentido puede decirse que se presenta la variedad de opiniones que solucionan las dificultades, tomando la letra como la manifestación de un contrato que puede sufrir la ley única como todos los contratos. No de otro modo podría considerarse el examen de los efectos jurídicos, abarcando en él todos los que si bien son tales efectos no lo son del acto primitivo, sino de los que se han producido posteriormente y como manifestación de otras voluntades que han concurrido tomando una participación directa.

Esas opiniones pueden formularse de la siguiente manera:

1ª Los efectos jurídicos de la letra de cambio en todas sus manifestaciones y hasta que desaparece de la circulación, se rigen por la ley del acto primitivo, ó sea la ley del lugar de la emisión.

Miloni ha formulado esta solución completamente radical en tanto busca la ley única en la voluntad de los que dieron nacimiento al primer acto cambiario, sin preocuparse de la que corresponde á los que tomaran una participación posterior. Según este escritor, la letra nace con la emisión y toma de ella su nacionalidad, sin que los actos subsiguientes modifiquen su carácter. El girado no es indispensable como tercera persona, puesto que el girante puede hacer sus veces y en todo caso como aceptante extraño no hace con su aceptación, sino acceder á un contrato ya celebrado entre otros dándole efecto por su parte. De esta manera se adquiere la ventaja de evitar la contradicción que puede producirse admitiendo diversas leyes para regular las partes de un mismo título, y sobre todo se favorece la equidad y la buena fé que deben dominar en las relaciones comerciales.

2ª Los efectos jurídicos de la letra de cambio en todas sus manifestaciones y hasta que desaparece de la circulación, se rigen por la ley del lugar de la ejecución ó la del pago, la del domicilio del deudor ó la *lex fori*.

La solución que establece por regla general, la ley del lugar de la ejecución, ha sido sostenida por Wächter, Renaud, Brocher, siguiendo el principio que rige para todos los contratos y por las razones en que este se funda como expresamente lo manifiesta el último escritor. Sin embargo se establece por Wächter que ese lugar no puede ser confundido con el del pago de la letra que, si puede ser para el aceptante de una letra no domiciliada, no lo es para los garantes, siéndolo el de su estableci-cimiento de comercio ó en su defecto el de su domicilio, cuando se ha determinado otro lugar.

La ley del lugar del pago ha tenido sus defensores en Casaregis, Scacia, Voet, Pothier, Merlin, Gunther, Ramirez, fundándose los unos en las disposiciones de las leyes romanas que se aplican como solución á todos los contratos y de las que deducen la ley del lugar de la ejecución que en este caso es la del pago, y los otros en la doctrina que hace nacer la letra de un contrato de cambio trayecticio que requiere para su perfección el consentimiento del girado, consentimiento que se forma en el lugar del pago, como si las partes se hubieran transportado expresamente á ese lugar.

La ley del domicilio del deudor, y en caso de cambio de domicilio, la del domicilio en el momento en que se contrató la obligación de cambio, es preferida por Salpins, según Beauchet, y por todos los que aplican esa ley á las obligaciones que nacen de los contratos. Para sus defensores, el domicilio del deudor, si bien no está siempre indicado en la letra, es conocido generalmente de los interesados, y como rara vez se contraerá la obligación fuera de él, la ley que en definitiva vendrá á aplicarse será ley del lugar donde se contrajo, que será al mismo tiempo la del cumplimiento.

La *lex fori* responde, como las anteriores, á la ley que se aplica por algunos escritores á las obligaciones que nacen de los contratos y con sus mismos fundamentos : puede importar el predominio de la ley territorial ó la confusión de esa ley con la de la ejecución ó con la del domicilio del deudor. Según Beauchet no tiene gran aceptación y es seguida entre pocos escritores por Liebe.

3ª Los efectos jurídicos de la letra de cambio, desde su nacimiento hasta que desaparece de la circulación, se rigen por la ley que corresponde á cada uno de los actos que los producen.

Esta solución puede responder á dos fundamentos diferentes, dada la manera cómo sus sostenedores la desenvuelven en sus aplicaciones. Los escritores que admiten como regla en las obligaciones que nacen de los contratos la ley del lugar de la celebración, aplican esa regla con todas sus distinciones respecto al vínculo, á la ejecución y á todos los actos incidentales, admitiendo como exacta, respecto á la letra, la teoría del cambio trayecticio. No sucede lo mismo con los que siguen las teorías modernas : para ellos la letra no corresponde á un acto único en toda su circulación, cada operación que se realiza es un anillo más en la cadena que forma nuevas vinculaciones, y buscan para cada acto su ley que por regla general es la de la celebración, aún para aquellos mismos que se manifestarían por la de la ejecución en otra clase de actos.

Siguen esta opinión: Kent, Story, Warton, Daniel, Rorer, Benjamin, Merril, Edwards, Burge, Phillimore, Weshtlake, Foote, Guthrie, Dicey, Barclay, Henry, Byles, Gallespie, Savigny, Schäffner, Bar, Thöl, Pardessus, Massé, Félix, Demangeat, Lyon-Caén y Rénault, Beauchet, Brocher, Couder, Asser y Rivier, Fiore, Supino, Munzinger, Fuzier-Herman, Barbosa, Olivart, Olivares Biec, Ros-Biosca, Torres-Campos, Martens, Marino, Falçao, Piñero, Arenas, Calavresi, ley inglesa de 1882 (art. 72), ley alemana de 1848 (art. 85), ley suiza (art. 823), Código del Brasil (art. 424), Proyecto del Instituto, II (Annuaire, 1886, pag. 121), Proyecto formulado en el Congreso de Lima (arts. 2 á 12).

La preferencia entre estas diferentes opiniones no nos ofrece dificultad: aceptamos la última creyendo, sin embargo, que la regla debe redactarse en una forma más general, de modo que responda á la idea que le sirve de fundamento, y sin que sigamos las soluciones especiales en que sus sostenedores se desvian del principio por la apreciación diversa del acto mismo que someten á esa apreciación.

Nosotros diríamos que la letra de cambio en cada uno de los actos que la constituyen, se rige por la ley que corresponde á esos actos, tomando como tal ley la de la celebración, siempre que no se hubiera expresamente manifestado una voluntad determinada.

Esta solución concuerda con la doctrina dominante en cuanto á la naturaleza propia de la letra que, especialísima en su esencia y en sus manifestaciones, presenta una serie de actos con su autonomía propia en las relaciones que crea, desde que los considera en sí mismos y les busca la ley según la relación de derecho que el acto importa : las obligaciones que contrae el girante, el aceptante, el endosante, el firmante del aval, son obligaciones de cambio aisladas é independientes, produciéndose en momentos diversos y quizá en lugares diferentes.

Sigue también la solución que hace predominar la voluntad de los contratantes, ya sea que se haya manifestado expresa ó tácitamente, pero con esta sola diferencia de que la presunción de la voluntad sólo puede referirse á la ley del lugar de la celebración del acto. Se separa en esto de la teoría general sostenida en las obligaciones que nacen de los contratos : ó se ha manifestado expresamente la ley que rige la obligación y entonces ella impera, ó nada se ha dicho y entonces la ley del lugar de la celebración es la única aplicable. Se separa también de la opinión de escritores como Norsa, Chrétien, Weiss, Despagnet, Surville y Arthuy, que siguen en un todo la ley de los contratos y se colocan en el caso de que los contratantes pertenezcan á una misma nacionalidad, dando preferencia á esta ley sobre la de la celebración, por las exigencias naturales á la negociación de la letra que reclama mayor fijeza, para la comprobación en el momento en que el acto se opera, tanto más cuanto que la negociación puede seguirse por actos sucesivos en el mismo lugar.

Recorriendo los diferentes actos que constituyen la negociación de la letra, no será difícil efectuar la comprobación del principio adoptado y al que se deberán ajustar todas las soluciones, dejando de lado lo referente á la forma y á la capacidad de las personas que intervienen.

El primer acto que se manifiesta por la letra es el que produce su emisión y para las relaciones que se establecen por ella entre librador y tomador, ya sea en cuanto á los actos que ellos mismos deben practicar entre sí ó respecto á los terceros que deben tomar participación más tarde, la ley del lugar de esa emisión es la que se debe tener presente: con arreglo á ella se resolverá la cuestión sobre entrega de los fondos y la clase de moneda, la necesidad ó no de la provisión, la necesidad de la presentación de la letra para la aceptación, los plazos en que debe efectuarse, así como la manera de hacer efectivas las responsabilidades del librador por la no aceptación ó por la falta de pago.

Entregada la letra, el tenedor necesita obtener la aceptación, y efectuada ésta, se produce un nuevo acto que crea nuevas relaciones con el girante y con el portador del documento, no sólo en cuanto á la aceptación misma sino en cuanto á su pago; y la necesidad de la aceptación, el plazo para efectuarla y los requisitos que pueden acompañarla, así como la intervención de terceros en ella, se regirán por la ley del lugar de la aceptación.

Si se endosara la letra, el nuevo acto producido entre endosante y endosado, las obligaciones respectivas y sus consecuencias directas é indirectas, obedecerían á la ley de ese acto, que viene á ser la de su celebración, tomado en sí mismo, como puede serlo, cualesquiera que sean los actos anteriores, á los que no afecta. Así, por esa ley se resolverá si el endoso importa una cesión ó no, si transfiere ó no la propiedad, si está obligado y de qué manera el cedente para con el cesionario, los efectos de los derechos que consagra, y la solidaridad de todos los que intervienen en la negociación.

El aval provoca la intervención de personas ajenas á la negociación misma de la letra, como garantía del cumplimiento, y con arreglo á su naturaleza propia tiene su ley especial, no necesitando tampoco otra para su subsistencia y su eficacia. Si el acto es concurrente para la eficacia de otro, tiene sus reglas propias que varían en las diferentes legislaciones: no habiendo na-

cido con el acto garantido, no puede suponerse que está
sometido á su ley, tanto más cuanto que, separado del
documento principal, responde por ese acto con la extensión de su propia ley, y la presunción debe ser limitada á la ley del lugar que es la conocida. La solución no
puede tampoco ofrecer dificultad, salvo que el aval
naciera con la letra, en cuyo caso su ley sería también
la misma del acto principal, como ley propia del aval,
y no por seguirla como acto accesorio.

El pago de la letra como cumplimiento de la obligación, sigue la regla general establecida para todos los
actos en las demás obligaciones. En las diferentes negociaciones los obligados se han ido cambiando, de modo
que respectivamente el pago se hace efectivo obedeciendo á actos y lugares diferentes, según el momento
en que se produce. Podría decirse que el pago directo,
como el pago por intervención siguen la ley del acto que
los motiva.

Pero la falta de aceptación ó de pago de la letra reclama
la constancia del hecho, y su comprobación hace nacer
derechos que deben ejercitarse sucesivamente: se presenta el protesto, se recurre contra los responsables con
nuevas letras acumulando los recambios y en los plazos
respectivos. Es la ley del acto la que domina: se pro-
testa ó no según la ley del lugar del protesto, se acumu-
lan los recambios si la ley del acto que los hace nacer lo
autoriza y se observa para todo ello el plazo que uno ú

otra establece. La prescripción seguirá la ley general para las obligaciones que nacen de los actos; y, según lo tenemos establecido contra la opinión de distinguidos escritores, seguirá la *lex fori,* que equivale á decir, la ley del lugar en que se opera y se va á hacer efectiva.

V

La legislación argentina siguió desde 1857 y sigue actualmente, no obstante las reformas operadas en 1889, las doctrinas alemanas respecto á la letra de cambio, doctrinas que hoy dominan puede decirse en la ciencia y en la legislación. Los redactores del Código de Comercio formularon las reglas con pleno conocimiento de las reformas introducidas por las doctrinas de Einer, que las prácticas inglesas y americanas habían ya realizado en parte y que la ley alemana de 1848 incorporó á la legislación positiva.

Consecuente con el fundamento de la legislación respectiva, el Código resuelve lo referente al derecho internacional privado, y tomando la redacción del artículo 440 del Código de Portugal de 1833, del artículo 434 del Código del Brasil y de la ley alemana de 1848, adopta para ello una sola ley, la del lugar donde los actos se practican. "Las contestaciones judiciales que se refieren á los requisitos esenciales de las letras de cambio, su presentación, aceptación, pago, protesto y notificación, serán decididas según las leyes y usos comerciales de los lugares donde esos actos fuesen practicados. Sin embargo, si las enunciaciones hechas en la letra de cambio extranjera son suficientes, según las leyes de la República, la circunstancia de que sean defectuosas según las leyes extranjeras, no puede dar lugar á excepciones contra los endosos agregados ulteriormente en la República " (art. 738).

Refiriéndose al endoso hecho en forma irregular, el artículo 628 le hace producir diferentes efectos según que ese endoso se haya formulado en la República ó en el extranjero: en el primer caso sólo vale " como simple mandato al efecto de autorizar al tenedor á exigir el pago ó hacer protestar la letra "; y en el segundo " puede el portador, además de lo expuesto, exigir judicialmente el pago de la letra ".

Esta disposición está tomada del artículo 357 del Código de Portugal de 1833, que según Sampaio Pimentel y Piñero, tuvo por objeto evitar la demora que sufrían los procedimientos judiciales si fuera necesario esperar el poder de país extranjero con el fin de cobrar el importe de la letra. Nos parece que esta disposición está en contradicción con el principio general establecido en el artículo 738, desde que, si bien en este no se menciona el endoso, se aceptan como regla las leyes y usos de los lugares donde los actos se practiquen y por aquella se aplica al endoso imperfecto la ley del lugar de la ejecución, según se desprende de sus términos y de las explicaciones que les dedican tanto Sampaio Pimentel como Castellanos, y el mismo Piñero en su notable estudio. La jurisprudencia de nuestros tribunales sólo registra un caso de discusión del endoso irregular : pertenece á la Suprema Corte de la Nación. Sin embargo de la relación de la causa así como de la sentencia misma del Juzgado de Sección de la Provincia de San Juan en que fué dictada, no se desprende claramente el fundamento de la aplicación del artículo 805 entonces, hoy 628.

El Congreso Sud-Americano, separándose de los principios establecidos respecto á la ley que rige los actos jurídicos en el proyecto de tratado sobre materia civil, sigue en cuanto á letra en su forma y en sus efectos jurídicos la ley del lugar de la celebración, tomando las disposiciones del proyecto formulado para el Congreso de Lima.

Así: "la forma del giro, del endoso, de la aceptación y del protesto de una letra de cambio se sujetará á la ley del lugar en que respectivamente se realicen dichos actos" (art. 26). "Las relaciones jurídicas que resultan del giro de una letra entre el girador y el beneficiario, se regirán por la ley del lugar en que la letra ha sido girada : las que resultan entre el girador y aquél á cuyo cargo se ha hecho el giro, lo serán por la ley del domicilio de este último" (art. 27). "Las obligaciones del aceptante con respecto al portador y las excepciones que puedan favorecerlo se regularán por la ley del lugar en que se ha efectuado la aceptación " (art. 28). "Los efectos jurídicos que el endoso produce entre el endosante y el cesionario, dependerán de la ley del lugar en que la letra ha sido negociada ó endosada" (art. 29). "La mayor ó menor extensión de las obligaciones de los respectivos endosantes, no altera los derechos que primitivamente han adquirido el girador y el aceptante" (art. 30). "El aval se rige por la ley aplicable á la obligación garantida" (art. 31). "Las cuestiones que surjan entre las personas que han intervenido en la negociación de una letra de cambio, se ventilarán ante los jueces del domicilio de los demandados en la fecha en que se obligaron, ó del que tengan en el momento de la demanda"(art. 34).

SECCIÓN VII

DE LOS VALES BILLETES Ó PAGARÉS Y EN GENERAL DE TODOS LOS PAPELES AL PORTADOR ; DE LOS CHEQUES Y DE LA CUENTA CORRIENTE

Sumario : I. Los vales, billetes ó pagarés. Su asimilación á las letras de cambio. Ley aplicable. — II. Los papeles al portador. Su naturaleza jurí-dica. Opiniones diversas respecto á la ley aplicable: fundamento, crítica, solución. — III. Los cheques. Ley aplicable : opiniones diferentes, fundamento, crítica, solución.—IV. Cuenta corriente. Su naturaleza jurídica. Ley aplicable: solución.—V. Legislación argentina. Congreso sud-americano.

La doctrina, como la legislación y la jurisprudencia, han establecido diferencias entre la letra de cambio y los vales, billetes ó pagarés á la orden, que en esta forma son verdaderos papeles de comercio; pero cualesquiera que sean esas diferencias, los principios de las letras de cambio les son aplicables y con arreglo á ellos se resuelve toda dificultad.

El billete á la orden presenta en su negociación los diferentes actos de una letra, y la emisión, el endoso, el aval, el pago y el protesto son otras tantas vinculaciones que toman caracteres propios. No siempre estos papeles tienen circulación fuera del país en que la emisión se produce, puesto que por lo común la forma del billete la limita al territorio ó á la plaza comercial en que se ha creado; sin embargo el hecho puede presentarse y entrar á actuar en diferentes legislaciones. ¿Cuál será la ley aplicable? ¿Será la ley de la letra de cambio ó una ley diferente?

La solución no nos parece difícil desde que sea conocido el punto de partida. El billete á la orden está equiparado á la letra de cambio en sus efectos generales, sobre todo en las legislaciones en que se admite que pueda girarse la letra sobre el mismo librador, una vez que en este caso sólo vienen á intervenir dos personas y no tres como sucede en los casos comunes. ¿Por qué se buscará una solución especial?

La capacidad, las formas, los efectos jurídicos del billete se regirían por las mismas leyes que la letra en las negociaciones á que se prestan por su naturaleza propia, como lógica consecuencia de la asimilación. No podría aplicarse otra ley sin alterar la naturaleza del documento y sin cambiar la base que sirve para todas las soluciones : el estudio de las relaciones de derecho que produce el acto.

Así lo han entendido los escritores que se han ocupado especialmente de esta clase de documentos. Story, en la obra que destina al billete en sus diferentes caracteres, después de examinarlo en la doctrina, en la legislación y en la jurisprudencia de la materia comercial, dedica muchas páginas á los conflictos que puede suscitar su creación y su negociación, aplicándole las soluciones que en estudios diversos ha dado á la letra de cambio ; y Brocher piensa que los "principios que rigen la letra de cambio deben recibir una aplicación más ó menos completa. restringida ó modificada, según los grados de identidad, de analogía ó de divergencia que los documentos presenten con aquel que imitan parcialmente".

II

Los títulos al portador deben su existencia á las necesidades de una rápida circulación, á fin de atender las nuevas exigencias de las diversas vinculaciones jurídicas que produce la actividad de los negocios, y evitar las responsabilidades de larga duración.

En ellos aparecen el que los emite y el portador que varía sucesivamente según las negociaciones á que sirve el título, y esta especialidad de su nacimiento y de su empleo posterior, ha hecho que la naturaleza del acto jurídico que interviene sea buscada en teorías diversas como la de la personificación, la de la vinculación unilateral por la creación del título ó por su redacción y la del contrato.

Sea cual fuere lo que tenga que resolverse en cuanto á esas diferentes teorías, las dificultades que produce la rápida circulación de los títulos y los derechos que su simple tenencia consagra, reclaman una solución que garanta las negociaciones, partiendo, como es consiguiente, de la base que aquellas teorías dan con el reconocimiento de su existencia y de su carácter.

Así, podríamos preguntarnos con relación á las diferentes dudas que se suscitan : ¿cuál será la ley aplicable en cuanto á la emisión del título y á los requisitos que deben acompañarle? ¿Cuál será la ley aplicable al título en sí mismo y á las negociaciones sucesivas que con su motivo se producen ? ¿Cómo se harán efectivos los derechos que consagra su especialidad en cuanto á los tenedores y en cuanto á los autores de la emisión?

Según Miloni la ley que debe aplicarse es la ley del lugar de la emisión, como ley única, siendo así lógico con la solución propuesta para la negociación de la letra de cambio. La solución se funda en que es la única ley que puede encontrarse indicada, desde que el título al portador se trasmite por la entrega y en esa forma puede sufrir cambios rápidos en su tenencia que no dejan rastros conocidos, haciéndose imposible tomar en cuenta la nacionalidad y menos desconocer que tales títulos se deben generalmente á sociedades ó á personas de carácter público que imponen la ley de su establecimiento, que corresponde justamente á la emisión.

Según Bar, á quien sigue Olivart, los títulos al portador deben estar sometidos á dos leyes diversas: en cuanto al título en sí mismo, á la ley que regula la adquisición y pérdida de los derechos reales sobre los bienes inmuebles; y en cuanto á la obligación á la ley que rige los contratos. Para lo primero la *lex rei sitæ* y para lo segundo la *lex domicilii*. El fundamento en que se apoya la solución fácilmente se comprende: considerado el papel como cosa que se transfiere por la entrega, sigue la ley que el autor acepta para todos los muebles en cuanto á los efectos que se producen en el lugar en que se encuentra, y como comprobante de una obligación que se va á hacer efectiva contra el emisor, sigue la ley que á ella corresponde como tal.

A nuestro juicio no es posible establecer una ley única en tanto el título y la negociación dan lugar á vinculaciones jurídicas que deben estudiarse en sí mismas, á fin de ser consecuentes con el principio que sirve de norma en todas las soluciones y que es el medio más seguro de evitar muchos errores.

Si se trata de la emisión del título y de todo lo que á ella se refiere, se aplicará la ley del lugar de la emisión, porque esa ley es la que se presume aceptada, cuando no se ha hecho una manifestación expresa. Si se trata de la negociación, de la posesión del título y de los derechos que consagra respectivamente la pérdida ó el robo en cuanto al tenedor y al que se dice propietario, se aplicará la ley de la cosa en su carácter de mueble, porque para esos actos es necesario tomar el título en su parte material en tanto la tenencia fija el lugar de la negociación ó el de la pérdida ó robo. Si se trata de actos de garantía ó de nueva entrega del título, se aplicará la ley del lugar de la emisión del título ó donde se encuentra su autor, porque es allí donde en definitiva debe chancelarse la deuda que representa en capital ó en interés.

El cheque es el resultado de la actividad de los negocios. Es necesario economizar tiempo en operaciones
que constituyen un ramo especial en el movimiento de
los valores, y por su empleo se evita el transporte de
las monedas y se ponen las instituciones bancarias á su
servicio.

Se comprende su empleo donde las relaciones entre los
que intervienen en su negociación son estrechas y contínuas, de modo que una vigilancia completa se efectúa
sin inconveniente, y éste es el papel que ha desempeñado
en su origen; pero habiéndose estrechado los vínculos
entre plazas comerciales diferentes cuya comunicación
se hace en horas, se ha creido que lo que era una opera-
ración puramente interna, podía extenderse á las plazas
extranjeras, haciendo así servicios parecidos á los que
hacen las letras de cambio.

Esto último no es uniformemente aceptado, pero las
legislaciones de ciertos paises, como las de Inglaterra y
Francia, lo admiten, y la doctrina cree que su adopción
no desnaturaliza el documento, confundiéndolo con la
letra. En este caso, pues, es indispensable conocer el
papel que desempeña el cheque en el derecho internacional privado, para que se juzgue con arrreglo á su ley:
si el cheque existe y puede pasar las fronteras para ope-

rar sus efectos, debemos tomarlo en cuenta. Si los términos siempre restringidos en que la operación debe quedar concluida no dan mayor amplitud para que puedan
enviarse de cualquiera plaza, por lo menos puede efectuarse en la plaza más próxima y con comunicaciones rá-
pidas.

En el caso en que los cheques puedan negociarse en
plazas diferentes ¿cuál será la ley aplicable? ¿Será la ley
de la emisión ó la ley del pago? Tanto la doctrina como
la legislación proponen dos soluciones diferentes.

Según Callavreri y Supino la ley aplicable es la del lugar donde se efectúa la emisión del cheque, por los mismos fundamentos que sirven para adoptar tal solución
en cuanto á las letras de cambio. Las diferentes obligaciones que nacen de los actos sucesivos que pueden ser
la consecuencia de su negociación, siguen la misma regla, y en la legislación italiana se aplica para ello la disposición del artículo 58 del Código de Comercio.

Según Despagnet, Surville y Arthuys, Mercier, Nouguier, Alauzet, Bedarride, Chastenet, debe aplicarse la
ley del lugar del pago, porque siendo el cheque un mandato de pago, es de orden público en cuanto presenta un
interés fiscal, como consecuencia de las leyes de 1865 y
de 1874.

Por nuestra parte aceptamos la primera solución.
Desde que el cheque es un documento que puede producir sus efectos fuera del lugar donde es emitido, su ana-

logía es completa con las letras de cambio, aun para
aquella doctrina que sólo admite la negociación de estas
de plaza á plaza. El interés fiscal está limitado al cobro
del impuesto con que se grava la negociación y la percepción de éste puede efectuarse sin desnaturalizar el
documento en sí mismo.

IV

En el estudio de la naturaleza jurídica de la cuenta
corriente, la doctrina se encontró dividida, pretendién-
dose que era una cuestión de contabilidad, un contrato
de préstamo recíproco exclusivamente, de préstamo recíproco y de mandato, un compuesto de préstamo, de
mandato, de cesión, de transporte y de depósito, un ente
de razón formado por las partes sin notificación al público, un contrato *sui generis;* pero actualmente las opiniones parecen uniformarse en la última solución que se
ha incorporado á algunas legislaciones.

En este estado no puede haber dificultad para establecer la ley aplicable, cualquiera que sea la doctrina que
se acepte, porque será la que corresponda al acto mismo: si es el resultado de un adelanto de dinero, porque es
la del lugar en que se efectúa ese adelanto, como lo indican Story, Phillimore, Bar, Wharton; y si lo es de los
contratos comunes ó de un contrato *sui generis,* porque
es la ley del contrato respectivo, de acuerdo con los principios establecidos.

V

El Código de Comercio de la República determina en el artículo 741 que todo lo establecido "respecto de las letras de cambio, servirá igualmente de regla para los vales, billetes ó pagarés y demás papeles de comercio en cuanto pueda ser aplicable".

De aquí se desprende que los vales, billetes ó pagarés á la orden ó al portador así como los demás papeles al portador, se regirán por la disposición del artículo 738, que acepta la ley del lugar donde el acto respectivo se celebra, y en este sentido lo resolvió también el Congreso Sud-americano en el artículo 37, siguiendo lo que fué proyectado en el artículo 13 del tratado formulado por el Congreso de Jurisconsultos de Lima: "las disposiciones de este título (de las letras de cambio) rigen para los vales, billetes ó pagarés de comercio, en cuanto les sean aplicables".

En cuanto á los cheques, el artículo 799 les da un carácter puramente territorial, en tanto limita su circulación al territorio de la República, desconociendo que puedan girarse desde el extranjero ó para el extranjero. "Los cheques, dice ese artículo, pueden ser girados en un mismo punto ó en diferentes puntos de la República. No pueden girarse sobre el extranjero ni de éste sobre bancos establecidos en aquella". No obstante, pues, que los cheques son papeles de comercio, con arreglo á lo dispuesto en el inciso 4 del artículo 8, dada la prescripción del artículo 799, no les son aplicables las disposiciones sobre letras de cambio, á que podría referirse el artículo 738 y sobre todo el artículo 836 que determina que "son aplicables á los cheques las disposiciones relativas á las letras de cambio en cuanto expresamente no hayan sido modificadas por este título" (el de los cheques).

En cuanto á la cuenta corriente, el Código al ocuparse de ella, en los artículos 771 y siguientes, la considera como un contrato *sui generis,* aceptando en un todo la doctrina de Delamarre y Le Poitvin, y en este sentido le será aplicable la ley de los contratos en general, una vez que no ha establecido nada en contrario.

CAPÍTULO III

DE LOS DERECHOS Y DEBERES QUE RESULTAN DE LA
NAVEGACIÓN.

Sumario: I. Los buques, su carácter jurídico y soluciones á su respecto.—
II. Soluciones generales: sistemas diversos, origen, fundamento y crítica. — III. Enajenación de los buques: venta voluntaria y venta judicial;
ley aplicable y opiniones diversas formuladas. Soluciones de la legislación argentina y de la jurisprudencia. — IV. Los dueños de los buques,
los partícipes y los armadores. Sus relaciones y ley que determina su
carácter. Responsabilidad por los hechos del capitán ó de la tripulación:
ley que debe establecerla, sistemas diversos á su respecto y su origen;
fundamento y crítica. Legislación argentina. —V. Los capitanes, sus derechos y obligaciones. Ley que los rige: sistemas principales, origen,
fundamento, crítica. Aplicaciones diversas y casos de excepción por el
orden social. Legislación argentina.—VI. Los Oficiales y la gente de mar.
Ley que rige sus derechos y obligaciones: solución preferible, su fundamento. Legislación argentina. Soluciones del Congreso Sud-americano.
— VII. El fletamento. Ley aplicable: sistemas diversos, origen, fundamento, crítica, solución. Legislación argentina, y su jurisprudencia.
Congreso Sud-americano. — VIII. Contrato á la gruesa ó préstamo á riesgo marítimo. Ley que lo rige: sistemas diferentes, origen, fundamento,
crítica, solución. Legislación argentina. Congreso Sud-americano. —
IX. Seguros marítimos. Ley aplicable: doctrinas diversas, origen, fundamento, crítica, solución. Legislación argentina. Congreso Sud-americano. — X. Choques y abordajes. En las aguas territoriales: sistemas diversos respecto á la ley aplicable, origen, fundamento, crítica, solución.
En pleno mar con una misma nacionalidad ó con diferentes: sistemas
en cada caso, su origen, fundamento, crítica, solución. Legislación argentina y la jurisprudencia. Congreso Sud-americano. — XI. Naufragio y

El comercio no se efectúa exclusivamente por la comunicación terrestre sino también por la marítima y fluvial, que tiene sus instrumentos especialísimos para ello. Los buques son los medios de transporte, cualquiera que sea la denominación de las zonas de aguas que cruzan y que no tiene por qué dar lugar á dificultades desde que las diferencias no afectan el instrumento mismo, sino los requisitos con que se llevan á cabo las operaciones. Si la navegación de largo curso ó que atraviesa los mares sin dueño, no es lo mismo que la que comunica las costas marítimas ó fluviales de un mismo estado, los instrumentos empleados para ello tienen los mismos caracteres y las discusiones á este respecto sólo pueden tener importancia en las legislaciones positivas.

Generalmente se consideran los buques bajo dos aspectos diferentes, como cosas y como personas, estableciéndose esta división en razón de las especialidades que los caracterizan. Como cosas, se clasifican en la categoría de muebles, aunque participan en sus efectos de los inmuebles en cuanto á su trasmisión y á los gravámenes que sufren. Como personas tienen sus nombres, un domicilio, una nacionalidad que les da una individualidad jurídica perfectamente determinada.

En la doctrina, y puede decirse también en la legislación, las divergencias no son ya fundamentales en cuanto á la doble manifestación de los buques. Son cosas muebles en cuanto son susceptibles de ser transportadas, como todas las que se caracterizan así, pero como tienen un destino especialísimo y de su existencia dependen derechos diversos, las operaciones que á ellos se refieren participan de las garantías establecidas para los bienes inmuebles: se hace la enajenación por escrito, la posesión no vale título para su trasmisión, se gravan con hipoteca y se afectan á privilegios especiales.

Tienen un nombre que puede ó no ser cambiado, y se busca con esta designación un medio de distinguirlos entre los diversos que surcan los mares y que se confundirían fácilmente en el momento en que fuera necesario hacer efectivas las responsabilidades en que hubieren incurrido. Tienen una capacidad que se determina por el arqueo que establece el tonelaje que le corresponde para el transporte y para los derechos fiscales. Tienen un domicilio que se establece por el puerto de la matrícula y que determina la competencia en los tribunales y la relación con los establecimientos fiscales.

Tienen una nacionalidad que se adquiere, se mantiene y se pierde de idéntica manera que las personas, sin que pueda tenerla también doble, todo esto á fin de que sea posible la seguridad que reclama el tráfico por medio de la protección de los estados, consultando así las conveniencias generales y particulares: se adquiere con arreglo á la ley interior de cada estado por construcción, por la nacionalidad del propietario, por la del capitán y de los oficiales y por la composición de la tripulación, comprobándose por el pabellón ó bandera y por los documentos de matrícula y registro; se pierde en los casos establecidos por el derecho internacional, como el de apresamiento; ó cuando una ley positiva lo determina, por haber desaparecido algunas de las causas que lo hacen adquirir ó haber autorizado el cambio; no puede hacerse doble, porque sería conspirar contra el fundamento que motiva su designación, dando ocasión á burlar las responsabilidades que por ellas se contraen.

De esta situación especialísima de los buques, puede decirse que se desprenden las doctrinas que sirven para resolver la ley aplicable á las diferentes relaciones.

II

¿Cuáles son esas doctrinas? Son tres cuyas conclusiones se refieren á todas las vinculaciones que nacen del comercio marítimo en sí mismo y de los medios que se emplean para ello:

1ª La ley de la nacionalidad á que pertenece el buque ó sea la ley del pabellón.

Se funda esta solución: en la necesidad y conveniencia de buscar una ley única que evite las variaciones que se producirían necesariamente siguiendo la situación de los buques, con perjuicio de la rapidez de las operaciones comerciales y de las garantías que deben ofrecer; en que teniendo el buque, como medio de transporte, fuera de su carácter de cosa, un carácter personal en el nombre, en la nacionalidad, en el domicilio, debe predominar este carácter y reconocérsele un estatuto personal como á las personas en general; en que facilita el desarrollo del crédito marítimo, porque los acreedores conservan sus derechos desde el momento en que son reconocidos, cualquiera que sea el país en que el buque se venda ó embargue posteriormente, lo que no sucedería en otra solución que podría dar lugar á la limitación ó desaparición de esos derechos; en que considerándose los buques como partes flotantes del territorio nacional cuya bandera llevan, se les debe aplicar las mismas leyes que imperan sobre el territorio de que forman parte.

Siguen esta opinión, entre otros escritores: Lyon-Caén, Asser y Rivier, Olivart, Renault, Fiore, Bar, Despagnet, Surville y Arthuys, Daguin, Pradier-Fodéré,

Milhaud, Jacobs, Constant, Canale, Grasso, Clunet.

2ª La *lex rei sitœ,* ó sea la ley que corresponde al buque considerado como un bien mueble.

Como fundamento de esta solución se manifiesta: que siendo los buques una cosa de las que se encuentran en el comercio, como tal deben seguir la regla que le corresponde por su naturaleza que es la de todos los muebles, pues las especialidades que los individualiza solo responden á las garantías y á las responsabilidades que se imponen por los objetos á que son destinados; que los buques destinados á las operaciones comerciales no forman parte del territorio cuya bandera enarbolan como signo de su nacionalidad, sino excepcionalmente, es decir, cuando se encuentran en el mar como territorio que no es susceptible de apropiación; que facilita las operaciones ó servicios á que están destinados los buques y respeta los intereses territoriales que están afectados inmediatamente, facilitando el conocimiento de la ley aplicable y reconociendo la eficacia de los mandatos del legislador que está encargado de velar por sus propios intereses dentro de los límites de su soberanía; que para los estados que carecen de una marina mercante y cuyo comercio se efectúa por medio de buques de nacionalidad extranjera hasta en el comercio de cabotaje, impide la aplicación exclusiva de la ley extranjera que vendría á suplantar necesariamente á las leyes nacionales en todo lo referente al comercio marítimo, creando así una situación vejatoria para la soberanía propia.

Se consideran como sostenedores de esta doctrina á Dufour, Laurent, Desjardins, en tanto interpretan la legislación y la jurisprudencia francesa, aunque pudieran no aceptarla considerándola en abstracto, y á Ramirez que funda y defiende las soluciones del Congreso Sudamericano.

3ª Cuando hubiere conflicto entre las leyes marítimas no se debe aplicar una regla general, sino distinguir según los casos, debiendo aplicarse la ley del pabellón con preferencia á la ley del país en que el buque se encuentra y á la del pais del tribunal que deba conocer del asunto.

Esta solución se funda en la imposibilidad de determinar un ley única que pueda aplicarse á todas las relaciones que nacen del derecho marítimo que no presentan una misma naturaleza jurídica, no obstante que es uno mismo el medio que sirve para producirla; en que sin desconocer la imposibilidad antes referida, no puede menos que reconocerse que la ley del pabellón puede servir para resolver muchas de las dificultades sin inconveniente alguno, de modo que puede decirse que su aplicación es la regla general, mientras que la ley de la situación ó la *lex fori* serán la excepción ; en que de esta manera, sin exclusión alguna, se combinan los principios en pugna, buscando para cada uno la aplicación apropiada, es decir, aquella que responde á la relación de derecho, no tomando de antemano un punto de partida

que no responda á una situación determinada ; en que
en el derecho marítimo, más que en ninguna otra rama
del derecho es indispensable examinar con cuidado cada relación en tanto las vinculaciones son numerosas y
diversas, ya por la especialidad de los medios de transporte y los accidentes á que se prestan, ya por las personas que intervienen y que se encuentran generalmente
á largas distancias.

La primera parte de la regla fué propuesta como conclusión y adoptada como tal por el Congreso de Amberes en 1885 y la segunda manifestada por Lyon-Caen,
como la tendencia á que habían obedecido los miembros de la comisión encargada de su estudio en dicho
Congreso. El Congreso de derecho comercial reunido
en Bruselas en 1888, vino á confirmar la tendencia del
de Amberes, reuniendo los casos de aplicación de la ley
del pabellón y estableciendo por separado las soluciones
que podían decirse excepciones á esa ley.

Creemos, como el Congreso de Amberes, que no se
puede establecer *a priori* una regla uniforme para todo
lo que se refiere al comercio marítimo : las reglas uniformes son difíciles si no imposibles, porque suponen
identidad de causas y efectos que no se presentan sino
en un número limitado de casos. Pero si esto es exacto
no puede anticiparse como regla general la ley del pabellón, partiendo de intereses que no son comunes á
todos los estados.

Cada relación de derecho debe ser estudiada separadamente y la aplicación de la regla tiene que ser la consecuencia de ese estudio prévio. Con este criterio hemos procedido en todos los casos siguiendo el método aconsejado por Savigny y no encontramos razón bastante para separarnos de él tratando del derecho marítimo, porque en sus operaciones se manifiesten especialidades en cuanto á los medios.

La aplicación de la ley personal, como una de las tantas doctrinas, no puede hacer olvidar que los buques no son personas, aunque los servicios á que están destinados les impongan distintivos que carecen de la eficacia que tienen tratándose de las personas, y conceder á una verdadera ficción los mismos efectos que se conceden á la realidad de que se imitan cuando no responden á las mismas necesidades, fuera llegar á consecuencias ridículas sin necesidad alguna. Los buques, como tales, son cosas, que se designan de una manera especial, sin que esa designación altere su naturaleza : el nombre, la nacionalidad no los convierten en personas por más que las personas tengan un nombre y una nacionalidad ; y aunque no fuera así, la semejanza nunca podría llegar hasta alterar los principios fundamentales que sirven de regla en las vinculaciones á que da lugar el tráfico internacional.

Sin embargo, no podría asegurarse que la ley del pabellón, que según sus partidarios equivale al estatuto personal, no sea de aplicación en ciertos casos, como medio de salvar una dificultad; pero entonces en lugar de ser la regla general vendría á convertirse en la excepción, lo que pugnaría con el principio que sirve de punto de partida á sus sostenedores.

Ni los buques como tales, ni los actos jurídicos que se realizan con su motivo ó sin relación con ellos como meras consecuencias del comercio, tienen una vinculación tan estrecha que los coloque bajo una ley común, y por simplificar demasiado puede llegarse fácilmente á confusiones insalvables. Cada uno debe ser considerado en sí mismo y en su naturaleza propia y esencial y estudiados así se les aplicará la ley que les corresponda.

Sin aceptar en absoluto ni la ley del pabellón, ni la *lex rei sitæ*, ni la *lex fori*, pueden tener todas ellas su aplicación; y se hace necesario un estudio separado de las diferentes relaciones para determinarlo.

III

Los buques son cosas muebles, pero sometidos á ciertas condiciones aplicables exclusivamente á los inmuebles en cuanto á su trasmisión y á las seguridades á que pueden estar destinados por las exigencias mismas de la navegación. Esta es la doctrina y la legislación y lo hemos indicado someramente.

La enajenación puede hacerse en venta voluntaria ó forzosa y los requisitos y garantías variar en ambas respondiendo al acto mismo. ¿ Cuál será la ley aplicable en estos casos ?

Tratándose de la venta voluntaria hay que tener presente : la capacidad de los contratantes, la forma y los efectos del acto. En cuanto á la capacidad no hay divergencias : la ley que le corresponde es la ley personal, sea cual fuere la que se entienda por tal.

En cuanto á la forma, según Desjardins, Lyon-Caen y Renault, Pradier-Fodéré, Vincent y Penaud, debe seguirse la ley del lugar del acto, siguiendo la regla general *locus regit actum*, no encontrando fundamento alguno para separarse de ella en este caso ; y según Valroger, el Código de Italia, artículo 483, y el de Portugal, artículo 490, debe aplicarse la ley del pabellón ó sea la ley de la nacionalidad del buque, porque es á esa ley á la que interesa directamente el conocer la transmisión, por las garantías á que está obligada y por las consecuencias que puedan imponerle. Aceptamos la primera opinión, porque ella facilita la operación, sin afectar en nada las garantías á los terceros que deben buscarse en otros requisitos que no hacen á la forma misma sino á la existencia del acto en relación á los que tienen constituidos á su favor ciertos derechos.

En cuanto á los efectos : según Lyon-Caen, Olivart, Caumont, Fiore, Jacobs, Valroger, Surville y Arthuys,

Dicey, Despagnet, Foote, Asser y Rivier, Congreso de Bruselas, artículo 1, inciso 2°, artículo 488 Código de Portugal, corresponde aplicarles la ley del pabellón por los fundamentos generales que antes hemos aducido, refiriéndonos á estos mismos escritores ; según Ramirez y el Congreso sud-americano, debe aplicarse la *lex rei sitæ*, desde que se trata de cosas muebles y estas están sometidas á esa ley y el cambio de situación no altera los derechos adquiridos, á no ser en lo que respecta á los terceros, que sólo tienen en cuenta su propia ley ; según Sampaio-Pimentel, Borges, Pereira da Silva y los códigos de Holanda, artículo 310, Portugal de 1833, artículo 1291, Chile, artículo 830, Colombia, artículo 15, Uruguay, artículo 1044, el predominio corresponde á la ley del lugar de la celebración del contrato, desde que se trata de un contrato que debe obedecer á la regla de la autonomía de la voluntad con las limitaciones que ella reconoce.

Preferimos esta última solución : el buque aunque cosa mueble está destinado á ser transportado de un lugar á otro y no teniendo una situación permanente, buscándose la aplicación de la ley que corresponde á las cosas de su misma naturaleza, sería imposible conseguirlo, porque la ley personal del propietario puede no conocerse ó tener relación alguna con la cosa, una vez que puede ser él ajeno á las operaciones á que ésta se presta. La ley del pabellón puede ser en algún caso aplicable, pero no como una solución especial, sino como aplicación de la ley del contrato, cuando sea ella la ley nacional de los contratantes en que se acepta esa ley como una presunción de la voluntad de estos. La enajenación en alta mar no cambiaría la aplicación de la ley del contrato, porque cuando el buque se encuentra en esas aguas se le considera como parte del territorio cuya bandera tiene, y el caso se presenta como cualquier otro para la solución.

Tratándose de la venta forzosa ó como consecuencia de una ejecución ó acto judicial, hay que considerar el acto del embargo del buque y la venta misma. En cuanto al embargo, como el acto produce la detención del buque y por consiguiente la perturbación de las negociaciones que su viaje efectúa ó facilita, casi todas las legislaciones han tratado de rodearlo de las mayores garantías, sobre todo en cuanto á las causas que pueden dar lugar á que se produzca; pero como se considera un acto puramente conservatorio tiene que depender necesariamente de la ley del país en que se lleva á cabo, porque es esa ley la que tiene á su cargo el amparo del derecho.

En cuanto á la venta en sí misma que se produce por un mandato de la justicia y á consecuencia de un litigio, no puede presentarse otra regla que la aplicación de la ley territorial, que es la ley del procedimiento. El derecho que motiva la enajenación lo resuelven los tribuna-

les aplicando la ley que corresponda según su naturaleza, pero determinado esto, la ley territorial, con prescindencia de toda otra, domina en absoluto. ¿Quién
vende? El juez ó tribunal. ¿Quién compra? El que tenga
la capacidad para ello. ¿Y los terceros? Harán efectivos
sus derechos sobre el precio, separando al mismo ejecu-
tante ó concurriendo con él en igualdad de derechos, lo
que se establecerá, siguiendo la regla de los privilegios,
que obedece á otros principios sobre los que hay divergencia de opiniones. La venta judicial es cuestión de procedimientos en tanto es la operación ordenada por la
autoridad á que se ha librado la resolución del asunto,
y como tal cuestión la ley le está marcada sin dificultad
en tanto el interés social es el fundamento de su existencia.

La legislación argentina no ha dejado sin respuesta
las cuestiones que acabamos de estudiar en la doctrina,
tomando las soluciones de antecedentes conocidos.

El Código de Comercio, después de haber explicado lo
que la palabra buque comprende (artículo 856) y de haber
determinado que los buques se reputan muebles para
todos los efectos jurídicos (artículo 857); que concluída
la construcción ó reconstrucción del buque no podrá el
propietario hacerlo navegar mientras no sea visitado,
reconocido y declarado en buen estado para la navegación por peritos que nombrará la autoridad competente
(artículo 858); y que los buques se adquieren por los mis-

mos modos establecidos para la adquisición de las cosas que están en el comercio, salvo que tuvieran más de seis toneladas, en cuyo caso sólo pueden transmitirse en todo ó en parte, por documento escrito que se transcribirá en un registro especialmente destinado á este efecto (artículo 859); después de esto, decimos, prescribe en el artículo 860 que : "la propiedad de las embarcaciones se trasmite según las leyes y los usos del lugar del contrato; pero si un buque perteneciente á la matrícula nacional fuese enajenado' en el extranjero, la enajenación no valdrá ni surtirá efecto respecto á terceros, si no mediase escritura otorgada ante el cónsul argentino respectivo, y estuviese ella transcripta en el registro del consulado: el consul debe remitir en estos casos, testimonio autorizado del acto de enajenación á la oficina marítima en que se hallare inscripto el buque". El artículo 864 establece que "las ventas judiciales se hacen con las mismas formalidades que las de los bienes inmuebles"; y el artículo 871 que "los buques extranjeros surtos en los puertos de la República no pueden ser detenidos ni embargados, aunque se hallen sin carga, por deudas que no hayan sido contraidas en territorio de la República y en utilidad de las mismos buques, ó de su carga, ó á pagar en la República".

Tratándose de la venta voluntaria, el articulo 860 acepta para regir sus efectos, la ley del lugar del contrato, y para la forma la ley de la nacionalidad del buque, refiriéndose á los buques argentinos vendidos en el extranjero, que deben escriturarse ante el Consul argentino y hacerse su inscripción en el registro de la República. Su primer inciso es la ampliación del artículo 1016 del Código reformado, que se refería exclusivamente á embarcaciones de ciudadanos del Estado vendidas en país extranjero á extranjeros y que tenía por fuente el artículo 1291 del Código de Portugal; y el segundo está tomado del artículo 483 del Código de Italia.

En cuanto á las ventas judiciales, el artículo 864 que ha reformado el artículo 1025 suprimiendo los requisitos ó formalidades que en él se establecían como especiales al caso, y que tiene su fuente en el Código de Holanda, artículo 367, Código de España de 1829, artículos 600 y 608, y Código del Brasil, artículo 478, aplica la regla de los inmuebles y por lo tanto la ley territorial. Esta misma ley consagra el artículo 871, que tiene su fuente en el artículo 605 del Código Español de 1829, en tanto sólo se refiere á los actos que se han practicado bajo la autoridad de las leyes argentinas y cuyos efectos trata de amparar especialmente.

La jurisprudencia de los tribunales argentinos es escasa y casi sin importancia por los puntos resueltos por ella. Así, en la causa "Martinez *versus* el vapor Zenobia" se declara que "los buques extranjeros de comercio navegan sujetos á las leyes de la nación que los ha enrolado en su marina, tanto respecto de su régimen interno, como de las condiciones de que depende el carácter que les imprime su matrícula"; y como se tratara de un buque con bandera de los Estados Unidos Norte-Americanos, cuya legislación exige la ciudadanía en el capitán y tripulantes "el propietario no puede nombrar como capitán á un ciudadano de otra nación" y el capitán reclamar privilegio alguno por sus sueldos sobre el precio del buque.

En la causa "Saguier v. Cortina" se determina que "los buques, aunque sean nacionales, y se hallen afectos al cumplimiento de obligaciones contraídas en el país, dejan de estar bajo la jurisdicción de nuestros jueces desde que no se encuentran en los puertos de la República ; que pueden ser ejecutados en el pais donde se hallan, con arreglo á sus leyes, por deudas que provengan de contratos ó hechos que se verifiquen en aquel lugar"; y "que si tienen más acreedores que pretendan privilegios para ser pagados con el valor del buque, deben, por consiguiente concurrir al lugar de la venta á deducir sus acciones para que sean juzgadas como corresponda".

Los capitanes de puerto, se dice en la causa "Muñoz y Cª v. Guido", no pueden autorizar escrituras de enajenación de buques que midan más de seis toneladas, y en caso de hacerlo las escrituras deben considerare como documentos simples ; un documento de venta de un buque que no se haya autenticado ni transcripto en el registro establecido al efecto, no hace prueba contra terceros; la posesión no basta para justificar la propiedad, sin estar acompañada de título de adquisición, lo que era exacto con arreglo al articulo 1019 del antiguo Código, que ha sido reformado en sentido contrario en el artículo 867.

Pueden recordarse algunas resoluciones referentes á las ventas judiciales, y á las voluntarias, y aún á los embargos, y á las que de acuerdo con las disposiciones del Código de Comercio, se ponen simplemente en el caso de su aplicación, cualquiera que sea la bandera á que pertenece el buque.

IV

La propiedad de los buques mercantes puede recaer indistintamente en toda persona que por las leyes generales tenga capacidad para adquirir, aunque la expedición deba efectuarse por quien tenga las calidades requeridas para ejercer el comercio. La naturaleza de los actos exige esta separación, que por otra parte responde en sus dos términos á las doctrinas más liberales, no haciendo distinción alguna entre extranjeros y nacionales y dejando de esta manera á las leyes respectivas la determinación de la nacionalidad y en su consecuencia el uso de la bandera que le sirve de comprobación.

Si la propiedad ha sido adquirida por personas indi-

vidualmente determinadas, no puede ofrecerse dificultad
en la aplicación de las leyes generales sobre su capacidad,
como ya lo hemos establecido ; pero no sucede lo mismo cuando siendo varios se hace uso común del buque y
se constituye una especie de representación única que
le imprime su carácter, porque discutiéndose entonces
en la doctrina ese carácter en tanto se deba tomar como
el de una sociedad ó de una simple comunidad, es indispensable empezar por resolverlo, no sólo para determinar sus relaciones recíprocas, sino para establecer la
extensión de las responsabilidades por los actos de sus
delegados en el empleo del buque para la navegación.

¿Por qué ley se resolverá el carácter de sociedad ó de
simple comunidad, así como todas las diferencias que
puedan suscitarse entre los copropietarios? Tanto el
Congreso de Amberes como el de Bruselas, establecie-
ron que todas esas cuestiones debían resolverse por la
ley de la nacionalidad del buque, sin duda porque los
autores de esa solución partían de la base de que la nacionalidad del buque depende de la nacionalidad de sus
propietarios y que por lo tanto, al aceptarla, seguían la
presunción que en todos los contratos se admite cuando
la voluntad de los contratantes no se ha manifestado
expresamente ; pero más correcto nos parece dejar la
solución á la ley del contrato en general para cuya determinación se aplicarán los principios consagrados, con
tanta más razón cuanto que de esa manera se puede

resolver teniendo en cuenta todas las doctrinas respecto á la propiedad de los buques.

Sin embargo, en el caso anterior no se trata sino de las relaciones de los copartícipes entre sí. ¿Sucederá lo mismo en cuanto á las responsabilidades que el dueño ó los partícipes del buque contraen por los hechos del capitán ó de la tripulación en todo lo relativo al buque ó su expedición? Siendo tan diversa la manera cómo las legislaciones encaran y determinan las responsabilidades, ha sido necesario estudiar el punto separadamente y dedicarle una atención especial.

Según Lyon-Caén, Renault, Valroger, Asser y Rivier, Fiore, Pradier Foderé, Jacobs, Daguin, Despagnet, Surville y Arthuys, Martens, Olivart, los Congresos de Amberes y Bruselas y la jurisprudencia francesa é inglesa, la ley que debe seguirse para determinar las responsabilidades y sus consecuencias por los hechos del capitán ó de la tripulación, es la ley del pabellón ó de la nacionalidad del buque, porque es bajo esa ley que ha nacido la obligación que las impone.

Según Wagner las responsabilidades se determinan por las *lex fori,* porque debiendo hacerse efectivas por los terceros es el interés de éstos que debe tenerse en cuenta y no el de los responsables, tanto más cuanto que una solución contraria dificultaría las operaciones indispensables en la navegación, una vez que no siempre se puede conocer la ley extranjera; según Hindenburg debe primar la ley del destino del buque; según Guthrie la ley del domicilio del propietario y según Ramírez la ley del país dentro cuyo territorio marítimo se radica el acto que da lugar á la responsabilidad.

Según Story, Phillimore, Westlake, Desjardins, Wharton, Bar y la jurisprudencia alemana, la ley que determina las responsabilidades y su extensión debe ser la del acto que obliga á soportarlas, es decir, la del acto que ha formado, creado ó establecido las relaciones jurídicas entre los dueños ó partícipes y el capitán ó tripulación, porque es con arreglo á ella que han querido obligarse y es con arreglo á ella que se han podido preveer las consecuencias que podrian nacer directa ó indirectamente.

Participamos de esta última opinión que en ciertos casos puede producir la misma solución que la primera, pero que tiene á su favor la generalidad de la aplicación. El capitán es un mandatario de los dueños ó partícipes del buque y como tal contrae relaciones con estos y con los terceros, no pudiendo aplicarse á todas ellas otras reglas que las que se aplican al mandato en general. Los actos que ejercita el capitán en cumplimiento de sus deberes de tal, se reglan por la ley que la voluntad expresa ó presumida les señala; sin relación como tal acto con el que el capitan y los dueños han llevado á cabo para sus vinculaciones recíprocas; pero para aceptar las responsabilidades que esos actos imponen á los dueños, no puede aplicarse aquella ley, porque no es á ella que han querido referirse, sino á la que presidía el acto en el momento en que se realizaba.

De otra manera se habría hecho imposible la determinación de las responsabilidades que se quieren contraer, sembrándose una incertidumbre perjudicial para la realización de los actos que interesa prohijar. La incertidumbre en las responsabilidades ha sido, es y será siempre el peor enemigo de todas las vinculaciones, y con mayor razón de las comerciales que reclaman la mayor exactitud y conocimiento completo de sus consecuencias, en cuanto es posible humanamente preveerlo.

Como los actos que puede producir el capitán en la navegación son tan diversos como diversos los lugares que recorre y en los que es posible su realización, no sólo las responsabilidades quedarían imprevistas, sino que variarían en extensión y en sus consecuencias y la defensa se haría difícil sino imposible por los medios que la legislación propia reconoció para los actos practicados á su amparo.

La legislación argentina no establece conclusión alguna especial respecto á las cuestiones de que nos hemos ocupado, determinando solamente en el artículo 875 que para obtener la propiedad de un buque basta la capacidad para adquirir consagrada por las leyes generales, aunque la persona á cuyo nombre ha de girar la expedición debe tener las calidades requeridas para ejerce el comercio; en los artículos 876 y 877, que el uso común del buque por los copartícipes implica una sociedad sujeta á las reglas establecidas para las sociedades, así como algunas reglas de procedimiento; en los artículos 878 y siguientes, todo lo que hace á las responsabilidades de los dueños ó partícipes y de los armadores por sus hechos y los del capitán, así como á las relaciones entre sí y sus derechos respectivos.

En la ausencia de toda regla, sería necesario aplicar los principios generales y con ellos la ley de los contratos, respetando así lo dispuesto en el Código mismo en cuanto se refiere á la ley civil en todo aquello que especialmente no se ha legislado en él.

V

La dirección del buque está confiada al capitán, que tiene todos los deberes correlativos con las obligaciones que le imponen y las que pueden manifestarse antes, durante y después del viaje. Todos los que tienen interés en el buque, por el buque mismo ó por el cargamento que conduce, necesitan velar por el cumplimiento de esas obligaciones, cumplimiento que tiene que ser tanto más estricto cuanto que de su inobservancia sólo pueden resultar funestos resultados. ¿A qué ley deberá sujetarse el capitán?

La mayoría de los escritores y entre ellos Lyon-Caén, Despagnet, Valroger, Pradier-Fodéré, Vincent y Penaud, Foote, Jacobs, Guthrie, Macklelan, Massé y el Congreso de Amberes, artículo 3°, y el de Bruselas, artículo 1° inciso 7, sostienen que la ley aplicable á las obligaciones del capitán es la del pabellón ó la de la nacionalidad del buque, salvo los casos en que se encuentre comprometido el orden público ó social. Esta solución concuerda, según Lyon-Caén, con la idea que "en general la ley del país del buque puede solamente imponer obligaciones al capitán, porque bajo su imperio ha recibido la dirección" y porque "si los buques son como las personas, seguidas, en cierto modo, por sus leyes nacionales en los países extranjeros, no se puede invocar en favor de los buques la ley del pabellón en los casos en que las leyes personales extranjeras no serían aplicadas".

Según Ramírez, y el Congreso sud-americano con él, no debe aceptarse en absoluto la ley del pabellón, porque los actos que deben sufrir su aplicación son de diferente naturaleza y reclaman soluciones diversas : el contrato celebrado por el capitán con los propietarios del buque debe regirse por la ley del lugar en que su celebración ha tenido lugar, y todo lo concerniente al orden interno del buque y á las obligaciones respectivas, por la ley del pais de la matrícula ó sea la ley del pabellón.

Según Vincent y Penaud, no hay en este caso por qué

hacer una excepción á los principios generales que sirven para todas las obligaciones que nacen de los contratos, y al que celebra el capitán al hacerse cargo de la
dirección debe aplicarse la misma ley que á aquellos,
según la opinión que se tenga á su respecto. Sin embargo establecen expresamente una excepción en que
se debe buscar la solución en la *lex fori*, que es cuando
el contrato es contrario al orden público ó al derecho
de gentes, lo que también acepta Perels, citando un caso
resuelto por los tribunales de Kanagawa en el Japón en
1872 con motivo del transporte de esclavos en el buque
peruano *Maria Luz*.

La solución, á nuestro juicio, se encuentra en la aplicación de los principios generales que preveen todos los
casos. Entre el capitán y los armadores ó propietarios
se celebra un contrato *sui generis* que puede clasificarse como de mandato y los derechos y obligaciones dependen de él, no obstante que Jacobs cree que son la
consecuencia legal de sus funciones, tales como las determina la ley, no pudiendo hablarse de mandato sino de
capacidad legal, lo que parece simplemente un juego de
palabras más que un razonamiento. Ese contrato, como
tal, seguirá las reglas que su naturaleza propia y esencial lo determina, teniendo incorporadas las prescripciones legales de su referencia, cuando los contratantes
no han establecido otras en los casos de libre contratación á este respecto.

Claro está que establecida la regla que ya nos es conocida y que por lo tanto no necesitamos repetirla, ella determina su imperio con las excepciones que el orden público ó social impone, y que por consiguiente el punto capital á fijar claramente, se encuentra en esas excepciones que pueden ser especialísimas al derecho marítimo.

El capitán, desempeñando sus funciones de tal, tiene obligaciones que cumplir antes de iniciar el viaje, durante el viaje y después de concluido. ¿Cuáles de estas obligaciones entran en los términos generales del contrato y cuáles en las excepciones? Sin examinar todas las obligaciones consiguientes á las funciones del capitán, podemos recordar aquellas que son objeto especial de estudio en la doctrina.

El capitán debe comprobar el estado del buque, sobre todo cuando transporta pasageros, para establecer su navegabilidad. La visita que debe hacerse al efecto ¿será obligatoria para toda clase de buques y en todos los puntos? Contestan afirmativamente, tomando la medida como de orden público en tanto tiene por objeto conjurar todos los peligros consiguientes en los casos de siniestros marítimos que pueden causar la pérdida de los buques, de su cargamento y de la vida misma de los pasageros y de la tripulación: Bedarride, Bravard y Demangeat, Cresp y Laurin, Ruben de Couder, Vidari, Pardessus, Dalloz, Devilleneuve y Massé,

Picard, Rossi. Contestan negativamente fundándose en
que los buques deben considerarse, según la doctrina
común, como una parte del territorio á que pertenecen
por su nacionalidad y en que la aplicación de la ley territorial haría imposible la observancia de todas las prescripciones que deben regirse por otra ley y que tienen
atingencias con la visita, como sería el rol de la tripulación : Lyon-Caén, Valroger, Desjardins, Renault, Surville y Arthuys, Despagnet, Vincent y Penaud, Alauzet,
Hœchter y Sacré.

Participamos de la primera opinión, porque nos parece que cualesquiera que sean los inconvenientes que
la aplicación de la ley del contrato ó la del pabellón,
puedan presentar en ciertos detalles, no puede negarse
que en la visita hay un interés más elevado, de aquellos en que todos los estados civilizados tienen un interés efectivo, como medio de velar ó garantir los derechos que se confieren á las autoridades y de lo que
depende el desarrollo de la navegación y del comercio,
que ve una seguridad efectiva en esas medidas.

¿Sucederá lo mismo con la observancia de las medidas de policía sanitaria, con el pilotaje, con la obligación de dar cuenta en los puntos del destino y en los de
arribada? Respecto á las medidas de policía sanitaria
así como al pilotaje en los puertos, hay conformidad en
la doctrina para considerarlas de observancia estricta
por todos los buques, cualesquiera que sea su naciona-

lidad; pero no es considerado de la misma manera lo referente á las declaraciones respecto al viaje y sus accidentes durante la navegación.

Según **Valin, Cresp y Laurin, Valroger, Ruben de Couder, Surville y Arthuys,** el cumplimiento de la ley territorial es rigoroso, una vez que tiene por objeto hacer conocer los accidentes del viaje, lo que interesa vivamente al país de la llegada del buque, y deslinda las responsabilidades respecto á los cargadores; pero según **Lyon-Caen, Despagnet, Desjardins, Renault, Vincent y Penaud,** es la ley del pabellón la que debe aplicarse para determinar la obligación y sus consecuencias, porque es con arreglo á ella que se han previsto y que el capitán ha aceptado la dirección del buque.

En esta divergencia no creemos que pueda afirmarse que el orden social se encuentre sériamente comprometido como para que pueda sostenerse en absoluto que deba primar la ley territorial. Si la ley del contrato obliga al capitán á producir la relación de su viaje y la ley territorial no establece tal obligación, deberá efectuarse dicha relación de acuerdo con aquella ley; si al contrario es la ley territorial la que la impone se cumplirá ésta en la forma que ella lo determina; si las dos la imponen, aunque en diferente forma y ante **autoridades** diferentes, deberán observarse ambas en cuanto á los efectos que los accidentes del viaje puedan producir.

Por lo que respecta á las reglas de disciplina en el buque y á las obligaciones que de ellas nacen para los que se encuentran en él, no puede ponerse en duda la aplicación de la ley del buque, puesto que ellas sólo interesan á éste y en cualquier parte en que se llevan á cabo no perturban ni afectan intereses extraños, como está generalmente reconocido.

El Código de Comercio de la República legisla extensamente sobre todo lo referente al capitán, pero siempre desde el punto de vista de los buques argentinos. Sus derechos, sus obligaciones y sus responsabilidades se prescriben en el territorio argentino ó fuera de él, ya antes de partir, en el momento de partir, durante el viaje, á su llegada al puerto del destino ó á su vuelta al puerto de salida; y determina igualmente las autoridades que deben tener intervención en diferentes actos, sean ellas argentinas ó extranjeras.

El capitán está obligado á hacer reconocer el buque por peritos antes de tomar carga, si así lo exigiere parte interesada (art. 923); tomar los prácticos ó pilotos necesarios en todos los lugares en que los reglamentos ó el uso lo exigieren (art. 928), y hacer ratificar las protestas por echazón, averías ú otras pérdidas ante la autoridad competente del primer puerto donde llegan, ante quien hará también visar su diario de navegación (arts. 939 y 940), y en todo caso presentar éste en el extranjero ante el cónsul ó la autoridad del país en su defecto (arts. 941 y 942); dar intervención al cónsul ó á la autoridad local si faltare aquél para justificar los requisitos exigidos, en caso de tener que contraer deudas por falta de fondos para las necesidades del viaje (art. 948); observar las leyes y reglamentos de aduana y de policía de los puertos, siendo responsable de las multas que se impusieran por su violación (art. 957); rendir cuenta de su gestión al dueño ó armador del buque al finalizar el viage (arts. 965 y 966); y en fin, cumplir todos los deberes que le están impuestos por los reglamentos de marina y de aduana (art. 969).

Sin embargo, no se encuentra prescripción álguna especial al derecho internacional privado y habrá que buscarse la solución en la doctrina, tanto más cuanto que la jurisprudencia nada ha consagrado tampoco á su respecto.

VI

Los oficiales y gente de mar prestan sus servicios en el buque en virtud del contrato que celebran con el capitán. De ese contrato nacen los derechos y deberes respectivos y á sus cláusulas se someten para su cumplimiento, sirviendo de comprobación los documentos redactados al efecto, ó la matrícula ó rol de la tripulación en caso de que aquéllos no se hubieran estendido.

Tratándose del capitán, el contrato que interviene en

sus vinculaciones juridicas participa de la locación de servicios y del mandato : pero, en cuanto á los oficiales y gente de mar, puede decirse que no es, por regla general, sino una locación de servicios con las especialidades que impone la naturaleza de los servicios en la navegación. Las obligaciones de la gente de mar se cumplen en el buque y no pueden tener por hecho propio relación con personas extrañas á él, mientras que el capitán, que dirige la expedición y bajo cuya responsabilidad se producen todos los accidentes de la navegación, ejercita facultades y mantiene relaciones que pueden encontrarse afectadas por leyes diversas.

De aquí principalmente, que las reglas que se aplican al capitán no puedan ser las mismas respecto á la gente de mar, que sólo conserva vinculaciones de dependencia con el capitán que atañen más propiamente á la disciplina y buena administración en el buque. ¿Cuáles serán, entonces, esas reglas?

La respuesta no es por cierto difícil, á nuestro juicio : serán las reglas que expresamente se hayan establecido en los ajustes ó, en su defecto, las que nazcan del contrato. Lo primero no hay por qué discutirlo, puesto que es fuera de cuestión que en éste como en todos los casos análogos impera la autonomía de la voluntad ; pero no sucede lo propio en lo segundo, que deberán considerarse como tales las de la ley de la nacionalidad del buque, como presunción de la autonomía.

Un razonamiento bien sencillo justifica la solución del segundo caso. Si los contratos tienen por ley la del lugar del cumplimiento, no hay duda alguna que desde que los servicios que deben prestarse de acuerdo con el ajuste aceptado tienen que cumplirse en el buque, es la ley de ese lugar, que no es otra que la del territorio á que pertenece por su bandera, la que domina. Si por el contrario la ley aplicable es la del lugar de la celebración, debe suponerse que ese lugar no es otro que el buque al que se consideran transportados los contratantes para llevar á cabo el convenio, desde que es allí donde se van á cumplir las obligaciones respectivas y á donde van á transportar su residencia por todo el término de su contrato, que puede variar de duración, según los casos.

Esta solución sería, sin duda alguna, la que se conformaría con los principios generales que son de aplicación en la República, dada la ausencia de prescripción especial en la legislación mercantil. El Código de Comercio, si bien se ocupa extensamente (arts. 917 y 1017) de la contrata y de los sueldos de la gente de mar y de sus derechos y obligaciones, no ha cuidado de preveer las dificultades que suscita á este respecto la aplicación de la ley que debe regirlos.

No ha sucedido lo mismo con el Congreso sud-americano que en los artículos 19 y 20 ha determinado con claridad la solución que debe adoptarse. Según el primero: " los contratos de ajuste de los oficiales y de la gente de mar se rigen por la ley del país en que el contrato se celebra"; y según el segundo : "todo lo concerniente al órden interno del buque y á las obligaciones de los oficiales y gente de mar se rige por las leyes del país de su matricula".

En la solución del artículo 19 se separa de la adoptada en el artículo 31, refiriéndose á la materia civil, en tanto en aquél se acepta como ley del contrato la ley de la celebración, mientras que en éste es la ley de la ejecución la preferida. Excusamos toda crítica á este respecto. El fundamento de la regla, si bien no se dió en el informe presentado al Congreso, se ha dado más tarde por el Dr. Ramírez que lo omitió entonces : "el contrato en tal caso no tiene un lugar único de ejecución. Es mudable ésta como lo es la ubicación del buque en que deben prestarse los servicios ajustados, y por tal razón se ha creido deber solucionar el conflicto, sujetando el contrato á la ley del país en que se celebra, el que por lo general coincide con el lugar en que empieza á tener ejecución ó da principio la prestación de los servicios estipulados".

La solución del artículo 20 se funda, según el mismo Dr. Ramírez, en que "tanto el orden interno como las obligaciones correlativas tienen que estar sujetas á una sola ley, porque afectan á la disciplina del buque, cuya buena conservación mal se aviene con el cambio de deberes y responsabilidades de quienes dirigen y gobiernan la nave, según sean las leyes del territorio marítimo en que se encuentran ".

VII

El fletamento es un contrato de locación que tiene por objeto el buque mismo y el transporte de mercaderías ó pasageros, y como tal contrato, dada su especialidad, debe tener reglas que se desprendan de su naturaleza jurídica y que sirvan para determinar la ley con arreglo á la que se resuelvan las dificultades que suscite. ¿ Cuál será esa ley ?

Entre las diferentes opiniones que se han formado á este respecto pueden señalarse dos :

1ª La que sostiene que la ley aplicable es la ley del pabellón ó de la nacionalidad del buque, como ley única que facilita las soluciones, desde que no atiende á las diversas circunstancias que median en los actos sucesivos que son la consecuencia del contrato. Siguen esta opinión: Westlake, Foote, Wharton y la jurisprudencia inglesa.

2ª La que sostiene que, tratándose de un contrato, debe aplicarse la ley general de todos los contratos :

a) Como ley de la ejecución : según Asser y Rivier, Molengraaff y la jurisprudencia de Luisiania, la ley del lugar del destino de la mercadería ; según el Congreso sud-americano, la ley del país en que está domiciliada la agencia marítima con la cual ha contratado el fletador ; según Ramírez, la ley del lugar en que se encuentra el buque en la época en que recibe las cosas ó mercaderías que son objeto del contrato, ó en la que se encontraban los pasageros en el acto del embarque.

b) Como ley del lugar de la celebración del contrato, en cualquiera de las formas en que se dividen las opiniones á este respecto : Desjardinis, Valroger, Ruben de Couder, Jacobs, Despagnet, Weiss, Caumont, Picard, Vincent, y Penaud, Hæchster y Sacré, Pradier-Fodéré, Rivière, Surville y Arthuys, Marino, Olivart, Kirlin.

Por nuestra parte aceptamos la segunda solución : cualquiera que sea el carácter especial que tome el contrato de fletamento, siempre será un contrato al que podrán aplicársele los principios establecidos á su respecto. No necesitamos repetir lo que hemos establecido en otra parte : el fletamento se regirá por la ley expresamente aceptada ó que se desprende de la manifestación jurídica, por la del domicilio común ó por la de la celebración. Es escusado dar sus fundamentos : se encuentran en los que sirven para determinar el sistema general y para combatir las soluciones adversas que contrarían la autonomía de la voluntad en su manifestación expresa ó presumida, que es el punto de partida en el contrato de fletamento como en todos los contratos, según especialmente lo indican, tratando del caso, Desjardins, Despagnet, Rivière, Vincent y Penaud.

El Código de Comercio en su artículo 1091 ha adoptado la ley del contrato, tomando como tal la ley del lugar de la ejecución, concordando de esta manera con el Código Civil respecto á los contratos en general. El contrato de fletamento de un buque extranjero, dice dicho artículo, que haya de tener ejecución en la República, debe ser juzgado por las reglas establecidas en este Código, ya haya sido estipulado dentro ó fuera de la República.

Escusamos establecer el fundamento; está en los razonamientos que sirven para sostener como ley de los contratos la ley de la ejecución, y de los que nos hemos ocupado al estudiar la materia civil. Su fuente inmediata está en el artículo 628 del Código de Comercio del Brasil, pero su fuente remota se encuentra en el artículo 498 del Código de Holanda, y en el 1543 del de Portugal.

El Congreso Sud-americano ha seguido otras reglas, como lo hicimos notar anteriormente, ocupándose tanto del contrato en sí mismo, como de la competencia del tribunal que debe conocer en la acción.

Según el artículo 14 " el contrato de fletamento se rige y juzga por las leyes y tribunales del pais en que está domiciliada la agencia maritima con la cual ha contratado el fletador"; y " si el contrato tiene por objeto la conducción de mercaderías ó pasageros entre puertos de un mismo Estado, será regido por las leyes de éste ".

La solución en la primera parte se funda en que "los contratos de esa naturaleza no tienen un lugar preciso de ejecución. Principia ésta desde el momento en que se entregan las mercaderias, se continúa en el curso del viaje y termina en el dia en que se reciben aquellas en el puerto de descarga. Si se hubiese establecido que el contrato de fletamento se rige por la ley del lugar en que se ejecuta ó produce sus efectos, de acuerdo con los principios que rigen en materia civil respecto á los actos jurídicos, habría en realidad declarado aplicables leyes diversas á un mismo contrato, desde que pueden ser múltiples los territorios marítimos en que navegue el buque fletado, y estar sometido en el curso del viaje á distintas soberanías".

Según el artículo 15 "si la agencia marítima no existiere en la época en que se inicie el litigio, el fletador podrá deducir sus acciones ante los tribunales del domicilio de cualquiera de los interesados ó representantes de aquella" y "si el actor fuere el fletante, podrá entablar su demanda ante los tribunales del Estado en que se encuentra domicilado el fletador".

La jurisprudencia de los tribunales ferederales presentan algunos casos que pueden recordarse. En la causa de "El capitán de la barca italiana *La Veloce v.* Sicardi y C*", se declara que "el contrato de fletamento es la ley entre el cargador y el capitan", y en la causa "Rivolta Carboni y C* *v.* Santiago Finigan, capitán del buque

Winona", que " en el caso de fletamento ó sub-fletamento de un buque, los derechos y obligaciones del cargador se rigen por el contrato de sub-fletamento". En la causa "José Olivari *v*. J. N. Paul Pott y Cᵃ" y la de "Cárlos Romano *v*. Soulas Lartigue y Cᵃ" sobre interpretación del contrato de fletamento, se establece: en la primera, que "el flete estipulado en chelines y pagadero en Buenos Aires, debe pagarse en la misma moneda de chelines ó su equivalente con arreglo á la ley sobre correspondencia de valores en las monedas de curso legal sin descuento alguno", que " la paga para ser legítima debe hacerse entregándose el objeto expresado en la obligación" y que " la práctica de pagarse los fletes con arreglo al cambio de la plaza de Buenos Aires sobre Inglaterra es absurdo y abusivo cuando no se trata de un contrato de cambio y se cobra en Buenos Aires lo que debe pagarse allá"; y en la segunda, que " en la locución *domingos exceptuados* empleada en el contrato de fletamento en la cláusula relativa á los dias señalados para la carga y descarga, se comprenden en los puertos de la República, los dias declarados oficialmente de fiesta y los inhábiles por razón del tiempo". En la causa "Luis Figari *v*. Palma y Montaña", refiriéndose á la jurisdicción, se resuelve que "los Tribunales de Provincia son competentes para conocer en demandas sobre fletes de lanchas empleadas en la descarga de buques anclados dentro de puertos" y que " la jurisdicción de almirantazgo que los tribunales federales ejercen privativamente, sólo se extiende á los hechos ó contratos concernientes á la navegación y comercio marítimo que se hace entre un puerto de la República y otro extranjero ó entre diferentes puertos por los rios interiores".

VIII

El préstamo á la gruesa ó á riesgo marítimo si bien es un contrato que tiene mucha semejanza con otros, y sobre todo con el préstamo y el seguro, no puede comprenderse en ninguno de ellos y debe considerarse como un contrato *sui generis*, como ya lo indicaban Emerigón y Pothier y lo han aceptado escritores como Bedarride, Vidari, Desjardins, Lyon-Caen y Renault. En este caso y partiendo de tal solución, es necesario saber si seguirá la regla general para todos los contratos ó si su especialidad exigirá otra regla.

Casi todos los escritores se ocupan del contrato con motivo de las facultades que se le reconocen al capitán para celebrarlo y responsabilizar por su celebración á los propietarios del buque y de la carga; pero no hay uniformidad en las conclusiones á que llegan.

Según Lyon-Caen, Courcy, Maclahlan, Wharton, Foote, Jacobs, Pradier-Foderé, Alexander y los Congresos de Amberes y de Bruselas, debe aplicarse la ley del pa-

bellón del buque para cuyo servicio se realiza el contrato
á la gruesa, ya en cuanto á las facultades del capitán
para celebrarlo, ya en cuanto al contrato mismo, salvo
para algunos de ellos en este último lo referente á las
formas en que autoriza expresamente para seguir la
misma ley ó la del lugar del contrato. Para los que sostienen esta solución, la ley de la nacionalidad del buque
es la única que facilita por su uniformidad la celebración
de los actos: en cuanto al capitán, porque no se trata de
poderes sino de capacidad, y la regla para esta es la de
la nacionalidad que se supone la misma del buque; en
cuanto al contrato, porque es la ley que se conoce, la ley
del destino del buque, del lugar en que concluyéndose el
viaje va á hacerse efectivo; y en cuanto á la forma, siempre
que no ofrezcan dificultades insalvables, en cuyo caso se
deja la libertad de elegir las del lugar del acto, respondiendo así al carácter facultativo que se reconoce generalmente á la regla *locus regit actum*.

Pero esta solución no es aceptada por otros escritores
que sostienen que debe ser la ley del contrato mismo la
que debe regir todo lo que á él se refiere, de acuerdo
con los principios generales que se acepten respecto á los
contratos. Se fundan en que no hay razón alguna especial que obligue en este caso á variar la regla, pues si bien
se trata de un contrato *sui generis*, es siempre la voluntad
de los contratantes que debe buscarse, y el criterio para
esto no puede variar: el caso mismo de la forma tiene

su solución en el carácter facultativo de la regla que no exige, por cierto, una manifestación expresa. En este sentido y consecuentes con sus ideas generales, salvando los casos en que el orden social se encuentre comprometido, se manifiestan : Massé, Bedarride, Alauzet, Phillimore, Desjardins, Valroger, Olivart, Desty, Vidari, Merville, Ramírez, Vincent y Penaud, y el Congreso Sudamericano.

A nuestro juicio es la ley de los contratos en general la que debe aplicarse al contrato á la gruesa : si se trata de la forma por la regla *locus regit actum* con sus interpretaciones especiales ; si de los poderes ó de la capacidad del capitán por la regla de su contrato especial ; si de los efectos, por la ley expresamente aceptada ó por la ley que se presume aceptada á falta de esa manifestación en lo que domina la ley del lugar de la celebración que será siempre la del puerto en que se encuentra el buque. Variar la solución sería aumentar las dificultades sin fundamento bastante, para los que seguimos la ley de la celebración. Los que acepten la ley de la ejecución, tendrian siempre que resolver si por tal debe aceptarse la del puerto donde se encuentra el buque ó la del destino del mismo, cualquiera que sea la inconsecuencia que ello importe ó la dificultad, cuando los destinos son diversos.

El Código de Comercio de la República ha guardado silencio respecto al contrato en si mismo, que quedará por lo tanto sometido á la regla general; pero no sucede lo propio en cuanto á las formas, sobre todo, para que el contrato surta sus efectos de un modo completo en relación con los terceros.

El artículo 1121 que tiene su fuente inmediata en el artículo 633 del Código del Brasil, y su fuente lejana en el artículo 312 del Código de Francia, en los 570, 571 y 572 del de Holanda, 812, 813 y 814 del de España, y en el 1622 del de Portugal, establece que : " el contrato á la gruesa sólo puede probarse por escrito. Si ha sido convenido en la República, será registrado en el registro público de marina, dentro de ocho días contados desde la fecha de la escritura pública ó privada. Si ha sido convenido en país extranjero, por ciudadanos de la República, el instrumento deberá ser legalizado por el cónsul argentino si lo hubiere; y así en uno como en otro caso, se anotará en la matrícula del buque siempre que el préstamo recayere sobre el buque ó fletes. Si faltare en el instrumento del contrato alguna de las referidas formalidades, tendrá valor entre las partes que lo hayan otorgado, pero no establecerá derechos contra terceros ".

El Congreso Sud-americano ha establecido en el artículo 16 que " el contrato de préstamo á la gruesa se rige por la ley del país en que se hace el préstamo ", fundándose para ello en que "no es posible preveer de antemano el territorio jurisdiccional donde deben ocurrir los daños de mar, para subordinar á las leyes del soberano de ese territorio la solución de las cuestiones que surjan

entre el dador y los interesados en la carga y el buque ";
en que no se trata de las obligaciones que se producen
sin convención, único caso en que el lugar en que ocu-
rren les impone su ley ; y en que " el préstamo á la
gruesa se relaciona directamente con el derecho de las
obligaciones de carácter convencional y por esta razón
hay que subordinar las responsabilidades contraídas á
la voluntad expresa ó presunta de los contrayentes ".

En el artículo 17 se prescriben reglas para " las preferencias ó privilegios que pueden favorecer á los diferentes préstamos que gravan el buque ó la carga, ó uno y
otra á la vez ", reproduciendo las reglas que casi todas
las legislaciones aceptan á este respecto, pero que en
realidad no resuelven ningún conflicto eventual. " Las
sumas tomadas á la gruesa, dice el artículo, para las necesidades del último viaje, tienen preferencia en el pago á
las deudas contraídas para la construcción ó compra del
buque, y al dinero tomado á la gruesa en un viaje anterior. Los préstamos hechos durante el viaje, serán preferidos á los que se hicieren antes de la salida del buque
y si fueren muchos los préstamos tomados en el curso
del mismo, se graduará entre ellos la preferencia por el
orden contrario de sus fechas, prefiriéndose el que sigue
al que precede. Los préstamos contraídos en el mismo
puerto de arribada forzosa y durante la misma instancia
entrarán en concurso y serán pagados á prorata ".

Para fundar la solución se dijo que : " como esos

préstamos pueden haberse realizado en distintos territorios jurisdiccionales, no podría librarse la sanción del
conflicto á la ley del país en que se hace el préstamo sin
que el caso *sub-judice* quedase sujeto á diversas leyes, en
tanto que es evidente que toda cuestión de prioridad de
privilegios reclama la más completa unidad en la ley
destinada á establecerla ".

En el artículo 18 se ocupa de las cuestiones de jurisdicción, resolviendo que : ''las cuestienes que se susciten
entre el dador y el tomador, serán sometidas á la jurisdicción de los tribunales donde se encuentren los bienes
sobre los cuales se ha realizado el préstamo. En el caso
en que el prestamista no pudiese hacer efectivo el cobro
de las cantidades prestadas en los bienes afectos al pago,
podrá ejercitar su acción ante los tribunales del lugar
del contrato ó del domicilio del demandado ".

IX

Las especialidades que caracterizan el contrato de se-,
guro marítimo, no han tenido influencia alguna para los
sostenedores de la ley del pabellón en todo lo que se
refiere á los contratos marítimos, en tanto no han buscado la aplicación en el caso.

El contrato de seguro marítimo sigue para la generalidad de los escritores la ley reconocida para los contratos con todas sus reglas y excepciones que dependen del

estudio especial que se haga á su respecto : los elementos del contrato no desnaturalizan el carácter de la vinculación y las dificultades que puedan presentarse por
su movilidad y las diferentes situaciones en que se encuentran, no reclaman una excepción á la regla de la
autonomía de la voluntad que se manifiesta expresa ó
tácitamente y que tiene limitaciones perfectamente conocidas. Así piensan Emerigón, Merlin, Massé, Bedarride, Alauzet, Westlake, Phillimore, Foote, Caumont,
Dalloz, Cavet, Droz, Olivart, Hœchster y Sacré, Rubens
de Couder, Story, Varloger, Vincent y Penaud, Picard,
Lyon-Caén y Renault, Desjardins, Goiraud, Rover,
Daguin, Bar, Constant, Fuzier-Herman, Merrill, Asser y
Rivier, Pradier-Fodéré, Weil, Silva Costa, Despagnet.
Tal fué también la opinión aceptada por el Congreso de
Amberes al establecer que salvo los reglamentos de las
averías comunes, las contestaciones relativas al contrato
de seguros marítimos deben, en lo casos no previstos
por la póliza, ser resueltos según la ley, las condiciones
y los usos del país cuya póliza se ha aceptado por los
contratantes.

Sin embargo Wharton, Westlake, Guthrie, Ramírez
y el Congreso Sud-americano se han separado de aquella solución, estableciendo que la ley que debe aplicarse
es la del país en que está domiciliada la sociedad aseguradora ó sus sucursales ó agencias, en los casos en
que existan como tales. Se fundan en que las operacio-

nes de seguros se llevan á cabo por medio de sociedades y que no pudiendo asimilarse los seguros marítimos á los terrestres, por ser imposible dar ubicación determinada á los bienes asegurados ni localizar los riesgos, era indispensable seguir la ley del asegurador, tanto más cuanto que de esta manera se respetaba el principio general de la autonomía, supliéndola cuando los contrayentes nada han consignado expresamente.

Nos adherimos á la primera solución por considerarla más correcta y concluyente. Si bien es cierto que los seguros se llevan á cabo por medio de sociedades anónimas, ésto no quiere decir que el seguro no pueda hacerse por individuos aisladamente considerados. No se trata de juzgar las personas que celebran el contrato, sino el contrato mismo, y éste no sigue la ley de la persona, sino la que corresponde á su naturaleza propia y esencial. Si se quiere determinar la ley de la sociedad como ley de la ejecución, no estando aceptada una ley expresa, la solución siempre estaría comprendida en la regla general: ley de los contratos. En tal caso ha debido decirse claramente y aunque no sería lógica la solución con los principios generales, se evitaría por lo menos la confusión que se produce estableciendo reglas diferentes. Tratándose de la ley de la celebración, no habría por qué determinarla, desde que el contrato de seguro no ofrece peculiaridad alguna que haga imposible la determinación de esa ley.

El Código de Comercio de la República se ocupa de ·los seguros marítimos y de los seguros contra los riesgos del transporte por tierra ó por los ríos ó aguas interiores, en los artículos 1155 á 1260, sin establecer solución alguna de derecho internacional privado. Las dificultades que se presenten se resolverán de acuerdo con los principios generales respecto á·los contratos.

No sucede lo mismo con el Congreso Sud-americano que, como ya tuvimos oportunidad de recordarlo, se ha ocupado especialmente de ello. Así en el artículo 8º se establece que "los contratos de seguros... de transporte por ríos ó aguas interiores, se rigen por la ley del pais en que está situado el bien objeto del seguro, en la época de su celebración", teniendo en consideración que "los buques y cargamentos sobre que recaen están bajo la jurisdicción especial y privativa de la nación en cuyo territorio circulan"; en el artículo 9º que "los seguros marítimos... se rigen por las leyes del país en que está domiciliada la sociedad aseguradora y sus sucursales y agencias", porque "las operaciones sobre seguros, de cualquier naturaleza que sean, se llevan á efecto, en la universalidad de los casos por intermedio de sociedades que asumen el carácter de personas jurídica"; y en el artículo 10 determina la jurisdicción por el domicilio legal de las sociedades͜aseguradoras ó sus sucursales.

X

La legislación de los diferentes estados que mantie-
nen relaciones comerciales, contienen soluciones diversas en lo referente á los choques y abordajes, y de aqui
los conflictos continuos que deben tenerse en cuenta
para evitarlos ó resolverlos. El medio mismo en que los
hechos se producen es otro elemento, sino el principal,
que concurre á levantar dificultades ; y la nave por un
lado con sus caracteres especiales, y el territorio en
que se encuentra ó navega por otro, presentan exigencias que es necesario conciliar.

El choque ó abordaje puede producirse en dos situaciones diversas: en las aguas territoriales, comprendiendo en estas el mar territorial, ó en alta mar. ¿Cuál
será la ley con arreglo á la que se establecerán las responsabilidades respectivas? Las opiniones varían tanto
á este respecto que se hace necesario estudiar las soluciones separadamente.

En las aguas territoriales. — 1° La ley aplicable es la
del lugar donde se ha verificado el hecho, sea que los
buques pertenezcan ó no á una misma nacionalidad.

Se funda esta solución en que las obligaciones que
nacen del abordaje deben considerarse como nacidas de

un acto ilícito, puesto que el abordaje se tiene como tal; y desde que esas obligaciones se regulan en general por la ley del lugar donde el hecho se ha producido, no hay por qué buscar la solución en una ley diferente. El buque se encuentra en un territorio que está gobernado por leyes positivas y esas leyes que tienen un carácter territorial en cuanto se refieren á los actos ilícitos, tienen que ser excluyentes de todas las demás en su aplicación.

Sostienen la solución la generalidad de los escritores y entre ellos: Sibille, Asser y Rivier, Laurent, Olivart, Lyon-Caén y Renault, Labbé, Surville y Arthuys, Fuzier-Herman, Desjardins, Despagnet, Pradier-Fodéré, Weiss, Ramírez, Canale, Martens, Renaud. Fué aceptada por el Congreso de Amberes solamente en cuanto á los abordajes en los puntos y aguas interiores, no en cuanto á los que se producen en el mar territorial, que lo equipara al pleno mar; por el de Bruselas, aunque no lo incorporó á sus conclusiones por no existir completa uniformidad á su respecto, según lo hacen notar Jacobs y Renault; por el Instituto de Derecho Internacional en su sesión de Lausania; por el Congreso Sud-americano ; y por el Código de Comercio de Portugal, artículo 708.

2° Si los buques tienen una misma nacionalidad, se aplicará la ley del pabellón, pero si la tienen diferente se aplicará la del lugar en que se han producido los hechos.

Siguen esta solución : Emerigón, Phillimore, Valro-

ger, Picard, Grosso, Cianzana, Boselli, Buzzati, y se
fundan para aplicar la ley del lugar ya en el interés del
nacional, ya en la naturaleza del hecho como ilícito, y
para la ley del pabellón en que no habiendo una razón
especial, las reglas de los contratos ó cuasi-contratos deben aplicarse á las obligaciones que nacen del delito ó
del cuasi-delito, presumiéndose la voluntad, ya que no
se encuentra expresa.

3° La ley aplicable es la *lex fori* ó sea la del tribunal
llamado á conocer del hecho.

Estableciendo esta regla se cree responder, siguiendo
la jurisprudencia inglesa, á estos dos razonamientos:
primero, que es la ley que se conoce mejor y cuya aplicación se hace con ventaja para los interesados en el
juicio, y segundo, que es la *lex fori* á la que se ha querido someter el causante del abordaje, ó aquél contra
quien se quieran hacer efectivas las responsabilidades
del hecho, una vez que se ha expuesto á ser demandado
y detenido en ese país. La solución fué indicada en el
Congreso de Amberes por Wendt, seguido por Peaboy,
Levy y Gorst, y combatida por Lyon-Caén, sin obtener
aceptación. Boucart, analizando una decisión de los
tribunales alemanes, acepta la *lex fori*, por ser la que
corresponde también á las obligaciones que nacen de
los hechos ilícitos, según escritores como Savigny,
Windscheid, Keller, Wächter, etc.

4° La ley aplicable dependerá de la nacionalidad de

los buques comprometidos en el abordaje. Si pertenecen á una misma nacionalidad se aplicará la que corresponde á ésta; si á diferentes nacionalidades, no siendo
ninguna del territorio en que se ha producido el hecho,
se aplicará la ley que corresponde al mismo caso en el
abordaje en plena mar; si á diferentes nacionalidades,
siendo una la del territorio, se aplicará la ley de éste.

Esta solución ha sido propuesta por Benfante, fundando el primer caso en que " el abordaje, hecho *externo*
por su naturaleza, debe ser considerado como hecho
interno, desde que no ataca el orden público del lugar y
es un hecho que habiendo pasado entre conacionales,
queda limitado á los dos buques"; el segundo en que
no se puede decir que con él se perturbe el orden público, ni se hiera el interés privado; y el tercero en que
" no se trata ya de un hecho *interno* sino de uno *externo*,
por el que el interés privado de la nación en que se ha
realizado el abordaje ha sido atacado y necesita ser
reparado por las leyes locales como reguladoras de las
obligaciones contraídas por una persona cualquiera en
país extranjero y de todo cuasi-delito que nace de un
hecho cometido en el país".

Excusando recordar la solución propuesta en el
Congreso de Bruselas y por la que se debia aplicar,
según los casos, la ley local ó la del pabellón, creemos
que la que debe aceptarse como única ley aplicable,
es la del lugar donde el choque ó abordaje se produjo.

Se trata indudablemente de un hecho en cuya manifestación la voluntad de las partes no ha intervenido en
manera alguna. Cualquiera que sea la nacionalidad de
los buques, su abordaje ha perturbado la tranquilidad
del territorio en que se ha producido y esa perturbación
es de responsabilidad de la ley dictada precisamente
para impedir que se realice. En el hecho no hay otro interés comprometido que el del territorio y es á ese interés que debe prestársele preferencia.

El abordaje, considerado como un hecho ilícito ó
cuasi-delito, es consiguiente que tenga la ley de todos los
hechos de la misma naturaleza jurídica y esta ley es la
del lugar donde el cuasi-delito se ha efectuado. ¿Cambiaría la solución el hecho de presentarse en otro lugar
para ser establecida la responsabilidad? Producida la
colisión, uno de los buques ó los dos desaparecen del
territorio y llegan al puerto de su destino ó á diferentes
puertos, y si bien esto podría servir para establecer la
competencia, no lo sería para la apreciación del hecho
en sí mismo que viene producido ya, que ha interesado
otra ley y que no debe ser alterado por otro hecho accidental y posterior.

La *lex fori* haría incierta la solución, desde que los buques podrían arribar á diferentes puertos y cualquiera
de ellos podria servir para el juicio, una vez que la elección quedaría á voluntad de la parte que ha sufrido el
perjuicio, y ésta buscaría sin duda aquél cuyas leyes le

fueran más favorables. ¿Y por qué habría de ser preferible la *lex fori* á la *lex sitæ*? En la primera no hay interés público comprometido, puesto que el hecho no se ha producido en su territorio y no se trata de las formas tutelares del juicio, mientras que la segunda ha sido, si podemos decir así, la violada, desde que el hecho ilícito ha nacido en sus dominios y ella ha previsto todas sus consecuencias. Su competencia es independiente de la ley que corresponde al hecho [mismo y en el caso no se trata de cuestiones de esa naturaleza que pueden responder á otros principios y ser objeto de soluciones especiales.

En plena mar. — No incluyendo en éste el mar territorial, como se dejó establecido en el Congreso de Amberes por indicación de Twiss, y ha sido aceptado por algunos escritores y entre ellos por Lyon-Caén, equivocadamente á nuestro juicio; — pueden presentarse dos situaciones diversas: los buques pueden tener una misma bandera ó tenerla diferente.

En el primer caso se propone tres soluciones:

1ª Se aplica la ley del pabellón común, por ser la que impera en los buques que producen el hecho y en el lugar que ocupan respectivamente en ese momento.

Los buques en plena mar se consideran sometidos á la ley de su nacionalidad, una vez que navegan en territorio libre y en sus hechos no puede haber intervención de ley extraña, y desde que los dos factores del conflicto tienen esa ley, sometiéndose á ella no harían sino aceptar lo que de antemano tenían ya aceptado. No puede negarse tampoco que, detenido el buque en el mar, el lugar que ocupa está bajo la protección de su bandera y que es un poseedor que mientras tal hecho se esté produciendo no puede ser desalojado : la ley que impera entonces en el lugar del abordaje es la ley común, porque ese lugar es de la bandera que enarbolan los buques que han producido el hecho.

Siguen esta solución: Desjardins, Varloger, Olivert, Jacobs, Weiss, Despagnet, Grasso, Benfante, Burcati, Lebano, Pradier-Fodéré, Fuzier-Hermann, Surville y Arthuys, Ramírez, Alauzet, Renaud, el Congreso de Amberes, el Instituto de derecho internacional y el Congreso sud-americano.

2ª Se aplica la *lex fori* ó sea la ley del tribunal que conoce del abordaje.

Asser y Rivier proponen esta solución que importa, según sus opositores, dejar en manos del demandante determinar la ley que debe juzgar el caso, favoreciéndose cálculos interesados y librando muchas veces la solución al azar. Se funda en que " no pudiendo ser cuestión de una *lex loci*, parece equitativo y natural que, á falta de una ley general internacional, se aplique la ley del tribunal llamado á conocer el hecho, puesto que no siendo aplicable ninguna ley extranjera, el juez debe juzgar según su propia ley".

3ª Se aplica el derecho común de las naciones.

La solución corresponde á Lyon-Caén, quien manifiesta que "por lo mismo que se encuentran fuera de las aguas de un país cualquiera, parece racional separar la disposición arbitraria sobre el abordaje dudoso para referirse al derecho común de las naciones, que no reconoce sinó los abordajes fortuitos ó provenientes de una falta del hombre, solución que debería ser mantenida para el caso en que los buques que se hubieran abordado en plena mar fueran franceses ". Teniendo en el caso la ley común del pabellón, la crítica ha hecho notar los inconvenientes de la solución, empezando por la incertidumbre para determinar el derecho común, si bien pudiera ser un medio de quitar lo arbitrario de la ley francesa á su respecto, siendo reformada en ese sentido; y así lo hacen Desjardins, Grasso, Buzzati, Benfante, Pradier-Fodéré, Valroger.

En el segundo caso las dificultades son mayores, y las opiniones son por consiguiente más divergentes :

1ª Se aplica la *lex fori* tomando como fundamento para ello e! mismo razonamiento que se hace para regular por esa ley el abordaje entre buques de igual nacionalidad y haciéndose en contra las observaciones á que ésta solución se presta.

Siguen esta opinión : Asser y Rivier, Valroger, Wharton y la jurisprudencia francesa, inglesa y americana; dero Mártens (F. de) cree que debe haber un acuerdo

previo sobre la elección del tribunal á que debe ser sometido el negocio.

2ª Se aplica la ley del pabellón determinándose ésta de
diferente manera, según la preferencia que se dé respectivamente :

a) La del buque abordado, porque entre el autor y la
víctima del delito no puede haber hesitación: el abordante puede ir más allá de sus previsiones, pero más
vale burlar sus cálculos que los del abordado, que si ha
previsto el siniestro ha debido contar con una reparación conforme á su propio estatuto y regular su conducta
en consecuencia. Lyon-Caén propone esta solución, la
sostiene Desjardins, y la siguen Benfante, Buzzati y
Renault, pero difieren entre sí cuando en la causa del
abordaje no puede señalarse propiamente ni abordante,
ni abordado. En este caso, Desjardins propone que se
aplique aquella de las leyes que se separe lo menos de
los principios generales y del derecho común marítimo,
como único medio de salvar la dificultad, no osbtante,
reconocer sus inconvenientes; Benfante, la aplicación
de la ley nacional que conduzca á la más equitativa distribución del monto de los daños por ellas sufrido; y
Buzzati que ‘‘los dos buques soportarán una mitad de
la suma total del daño repartida según la ley de uno
de los buques, y la otra mitad repartida según la ley
del otro buque''.

b) La ley del buque abordante, porque de esta manera

se respeta el principio de derecho que declara que, cuando se persigue á alguno acusándole de haber cometido un acto culpable ó en perjuicio de otro, se sigue la ley del deudor que se persigue. Esta solución, aceptada por Renaud, fué presentada tanto en el Congreso de Amberes como en el de Bruselas y discutida conjuntamente con las demás que se propusieron.

c) La ley de su pabellón respectivo no pudiendo recibir más de lo que esta ley le atribuye. Esta solución fué la propuesta y aceptada en el Congreso de Amberes, repetida en otros términos en el Congreso de Bruselas y por el Instituto y seguida por Danguin, Lebano, Grosso. Según Spée, Jacobs y Clunet, que sostuvieron la solución en el Congreso de Amberes, ésta forma parte del principio fundamental en la materia que aquél que ha cometido una falta en plena mar, ó que se encuentra en un caso que se asimila por ciertas leyes al de la falta, es decir el abordaje dudoso, debe reparar las consecuencias de la falta con arreglo á su ley nacional, desde que está sometido á su propia ley y no á una ley extranjera. Para él la falta no existe sino en las condiciones y con las consecuencias previstas por su ley nacional, que es la única que debe conocer en plena mar ".

3ª Se aplican los principios incorporados al derecho común de las naciones. Esta solución indicada por Labbé, seguida por Despagnet, como solución general, no ha tenido sino una aceptación parcial, como antes lo hemos visto. "El hecho, dice Labbé, escapa á toda ley positiva por la diversa nacionalidad de las partes y por el lugar de su cumplimiento, quedando sometido á la ley que rige la humanidad entera, el derecho de gentes, que llamándolo así los romanos, concluyeron por confundirlo con el derecho natural... Proponemos, pues, al juez que resuelva según su razón, sin la ayuda de una ley positiva, esperando una ley internacional aplicable á semejantes litigios, lo que no tiene nada de extraordinario, desde que nuestro legislador mismo ordenando al juez que resuelva en el silencio de la ley positiva, lo invita á suplir por su razón y por el derecho natural la falta de textos escritos y promulgados."

Tratándose de los abordajes en plena mar, todas las soluciones que dejamos indicadas sumariamente han sido criticadas con más ó menos fundamento, y es difícil, sin duda, salvar las dificultades, teniendo presente el medio en que se producen los hechos que son la causa de la responsabilidad.

Sin embargo, creemos que la fórmula aceptada por el Congreso de Amberes, redactada más esplícitamente por el Instituto de derecho internacional en su sesión de Lausania, es la mejor, sin afirmar que no se preste á objeciones. Si los dos buques tienen una misma nacionalidad, nada más lógico que aplicar al caso la ley común que determina su imperio en el lugar en que se produce el hecho. Si los buques tienen nacionalidades diversas, cada buque sufrirá las consecuencias del abordaje con arreglo á su ley, pero ellas nunca serán más extensas que lo que en ese sentido haya establecido esa ley, á fin de evitar que se pueda reclamar una indemnización á la que la ley nacional no da derecho.

Las cuestiones de competencia y las referentes á los plazos y formalidades prévias se resuelven de la misma manera, deduciendo la demanda ante los tribunales competentes según la ley del demandante ó del demandado y llenando las formalidades conservatorias previstas en ellos. De esta manera se establece una igualdad completa y se evita hacer difícil sino imposible el ejercicio de los derechos que, en el momento del conflicto, no se sabe á quién serán reconocidos.

No obstante las dificultades que hemos expuesto, así como la variedad de soluciones que provocan, el Código de Comercio ha guardado silencio, y sería necesario aplicar los principios consagrados por la doctrina y á los que acabamos de hacer referencia.

En la jurisprudencia sólo encontramos el caso del capitán Bokman de la barca *Bandrup* y el capitan Hornos del vapor *Tromp* en el que se declaró por la Suprema Corte que "el juicio relativo á un choque entre dos buques de pabellón extranjero, sucediendo en aguas de jurisdicción extraña, y siendo un puerto extranjero el del destino del buque averiado, no pertenece á los tribunales de la República", y "en ese caso no hay contrato ú obligación que deba cumplirse en ella, ni hecho ocurrido dentro de su jurisdicción, ni circunstancia alguna que obligue al capitán del buque que ha causado el daño á seguir un juicio ante estos tribunales, ni á dar fianza por sus resultas".

El Congreso sud-americano ha resuelto en el artículo 11 que "los choques y abordajes de buques se rigen por la ley del país en cuyas aguas se producen y quedan sometidos á la jurisdicción de los tribunales del mismo", porque se encuentran sometidos á esa ley por su situación (art. 26), y porque se trata de obligaciones que nacen sin convención (art. 38). En el artículo 12 inciso 1º establece que "si los choques y abordajes tienen lugar en aguas no jurisdiccionales, la ley aplicable será la de la nación de su matrícula", porque según el artículo 27 los buques en aguas no jurisdiccionales se reputan situados en el lugar de su matrícula; y en los incisos 2º, 3º y 4º que "si los buques estuviesen matriculados en distintas naciones regirá la ley más favorable al demandado", correspondiendo "el conocimiento de la causa á los tribunales del país á que primero arriben" y si "arriban á puertos situados en distintos países prevalecerá la competencia de las autoridades que prevengan en el conocimiento del asunto", porque no siendo "posible librar la solución del conflicto á la ley del pabellón de los buques, porque eso importaría dirimirlo con sujeción á leyes distintas y que podrían contener solucioues contradictorias... nada más justo que aplicar al caso *sub-judice* la ley más favorable al demandado".

XI

Habiendo desaparecido los derechos que el mero hecho del naufragio consagraba á favor del estado en cuyas costas se producía ó á cuyas costas llegaban los objetos, sólo pueden dar lugar á dificultades los derechos de asistencia ó de salvamento que correspondan á las personas que han intervenido en protección de los buques.

La asistencia ó el salvamento ha podido tener lugar en las aguas territoriales ó en alta mar y los buques pertenecer á una misma nacionalidad ó á diferentes. ¿Con arreglo á qué ley se determinarán los derechos y la remuneración que á ellos corresponda? ¿Se aplicaría una sola ley ó tantas leyes cuantos sean los casos que se presenten? ¿Servirán ó no las soluciones aceptadas en los casos de abordaje?

Fuera de Fergusón que aplica siempre la *lex fori* y de Ramírez que resuelve las dificultades por los principios del abordaje, tanto la doctrina, la jurisprudencia como la legislación formulan conclusiones separadas, según la naturaleza jurídica de las vinculaciones, el lugar en que se producen los hechos y la nacionalidad de los buques.

Así, tratándose de una asistencia ó salvamento en las aguas territoriales, ó solamente en las interiores, entre buques de una misma nacionalidad ó no, y en alta mar de una misma nacionalidad, escritores como Asser y Rivier, Olivart, Demangeat, Danguin, Weiss, Pradier Fodéré, el Congreso de Amberes y la jurisprudencia italiana, aplican indistintamente la ley del estado á que pertenecen las aguas.

Pero cuando la asistencia ó el salvamento se opera en alta mar, entre buques de diferente nacionalidad, la uniformidad desaparece. Si bien se sostiene que debe seguirse la ley del pabellón, ésta puede ser : para Demangeat, Jacobs, Constant, Weiss, Pradier-Fodéré y los Congresos de Amberes y de Bruselas, la ley del pabellón del buque que afectan el salvamento ó la asistencia; para Vrancken la ley del buque asistido ó salvado, ó á que pertenecen los objetos salvados; para Bedarride, la ley del lugar del refugio del buque asistido ó salvado.

Por nuestra parte, aceptamos la solución de la ley del estado en el primer caso y la ley del pabellón del buque que asiste ó salve en el segundo. Lo primero, porque sea que se tome, con Aubry y Rau, Laurent, Demangeat, el salvamento como un cuasi-contrato de gestión de negocios, concediendo hasta el derecho de retención, sea que, con Desjardins, Cresp, Laurent, Genevois, se le tome como un medio de trasmisión de la propiedad, la solución correspondería á ·esa ley, por ser la de los cuasi-contratos ó la de los derechos reales. Lo segundo, porque, como lo dicen Engels, Spee, Clunet, Gorst, cualquiera que sea el fundamento de la solución contraria, hay algo que prima sobre todo ello, es la necesidad de alentar la ejecución de actos de esta naturaleza, por la seguridad de que el sacrificio será compensado por su propia ley. "Es menester alentar la asistencia, decía Gorst en el Congreso de Amberes, reaccionar contra el egoísmo dispuesto siempre á no despertarse para prestar socorro á otro. Es necesario al menos que aquél que hace tal acto de desprendimiento no sea privado, por una legislación extranjera parcimoniosa, de la justa remuneración de sus esfuerzos. Se alentará la asistencia y se salvarán muchas vidas, advirtiendo que en caso de conflicto de leyes debe prevalecer la ley del que asiste ó salva."

¿Ha solucionado estas dificultades el Código de Comercio de la República? En los artículos 1283 á 1311 el Código se ocupa especialmente de todo lo que hace referencia á los naufragios y á los derechos de asistencia y de salvamento que pueden crearse en su consecuencia, y de sus disposiciones se desprende que, ya sea que el naufragio haya tenido lugar en las aguas de la República, ó en alta mar, se aplicarán las leyes de la República, si las cosas ú objetos naufragados se introdujeren en sus puertos, lo que importaría establecer por regla general que los derechos de asistencia y de salvamento se rigen por la ley del puerto en que se encuentran ó al que se conducen los objetos que los han motivado.

El Congreso sud-americano sólo se ocupa del naufragio en el artículo 13 en cuanto á la competencia de las autoridades que deben conocer del caso, y á continuación de las disposiciones sobre los choques y abordajes, que parecen de aplicación al juzgamiento de aquel. "En los casos de naufragio, dice dicho artículo, serán competentes las autoridades del territorio marítimo en que tiene lugar el siniestro. Si el naufragio ocurre en aguas no jurisdiccionales, conocerán los tribunales del país del pabellón del buque ó los del domicilio del demandado, en el momento de la iniciación del juicio, á elección del demandante."

XII

La diferente manera de apreciar la naturaleza jurídica de las averías y de distribuir las cargas que ellas importan, tanto en la doctrina como en la legislación, reclaman una atención especial á su respecto. Es necesario establecer claramente á quién corresponde conocer en su liquidación y en las responsabilidades que ella comporta, así como determinar la ley con arreglo á la cual esas operaciones se han de llevar á efecto.

Tanta uniformidad respecto á la autoridad á quién

corresponde conocer en la liquidación de las averías, así como respecto á la forma y procedimientos de esa liquidación: debe conocer la autoridad judicial del punto del destino, cuando la ley ó los tratados no autorizan la intervención consular, y observarse respecto á la forma la regla *locus regit actum.* Pero no sucede lo mismo en cuanto á la ley aplicable, es decir, á la ley á que debe sujetarse su clasificación y liquidación: cuando es una avería gruesa ó particular y cómo debe distribuirse entre los diferentes intereses del buque y cargamento.

En esta materia, como en los contratos en general, domina la autonomía de la voluntad, de modo que es lícito á los interesados en la navegación el determinar los principios ó las leyes á que quieren sujetar sus relaciones recíprocas: cuando esto se ha hecho, cuando los interesados han sido bastante previsores como para determinar las reglas de sus vinculaciones recíprocas, el inconveniente desaparece, porque es ese principio ó esa ley que resuelve todas las dificultades, salvo que comprometiera algunas reglas establecidas por razones de orden público ó social.

Sin embargo no siempre se produce tal determinación, aunque la prudencia debiera aconsejar el efectuarla, y entonces es indispensable suplir esa falta buscando la voluntad en presunciones más ó menos exactas. De aquí la diversidad de opiniones y con ellas la dificultad de llegar á una solución que merezca una aceptación común.

Un primer sistema establece que la ley aplicable es la ley del pabellón del buque en que se han producido las averías. Se funda en la conveniencia de una ley única y conocida de antemano que facilita los cálculos y da la seguridad que es una exigencia de todos los actos comerciales; en que siendo el buque parte integrante del territorio á que pertenezca su bandera, la aplicación de su ley es la consecuencia lógica y necesaria; en que no se trata de bienes inmuebles en que pudiera aplicarse la *lex rei sitœ*, sino de bienes muebles *sui generis,* que reclaman una ley diferente; en que evita los fraudes que podrían cometerse con la ley del destino, desde que en muchos casos podría depender de resoluciones interesadas el cambiar esa ley, alterando el puerto de destino, mientras que no sucede lo mismo con la del pabellón; en que la presunción de voluntad está á su favor, desde que las partes conocían esa ley ó podían conocerla y desde que no la cambiaban era porque aceptaban su imperio, fuera de que no es de suponerse que persona alguna tenga empeño en dejar inciertos sus derechos ó responsabilidades cuando tiene los medios de determinarlos por la aplicación de una ley conocida ó que puede fácilmente conocerla. Siguen este sistema: Lyon-Caén, Hæschter y Sacré, Droz, Danguin, Jacobs, Spee, Libano, Gianzano, Courcy, Lyon-Caén y Renault, Surville y

Arthuys, Pradier-Fodéré, Ramírez, Caumont, el Instituto de Derecho Internacional y el Congreso sud-americano.

Un segundo sistema establece que la ley aplicable es la ley del puerto del destino ó en que el cargamento se entrega. Se funda por sus sostenedores : en que está consagrado por los usos comerciales y por muchas legislaciones marítimas y no hay razón bastante para autorizar un cambio, fuera de que concuerda perfectamente con la regla de las formas en que hay también unanimidad de opiniones, y con la ley de la autoridad judicial que debe intervenir en la liquidación ; en que tratándose de regular las relaciones en que está comprometida una cosa mueble y siendo tal el buque, es la *lex rei sitæ* la que debe aplicarse ; en que debiendo hacerse la liquidación en ese lugar, la facilita en tanto los peritos la conocen y saben interpretarla, lo que es una gran ventaja para todos los interesados en ella ; en que la acción de averías toma su origen, no en el contrato de fletamento, sino en el hecho posterior del daño ó del gasto y su carácter que da la competencia al juez del lugar de la descarga, entraña con más razón la aplicación del estatuto real ; en que sería imposible regular las averías según la ley especial de cada uno de los diferentes cargadores que son extraños entre sí, sin encontrar dificultades y hasta cometer injusticias ; en que la presunción de la voluntad está en esa ley, no sólo por el interesado en el puerto de salida, sino también por el consignatario que lo es igualmente en el puerto del destino. Siguen esta opinión: Phillimore, Westlake, Foote, Fergusson, Wharton, Dudley Field, Merrill, Guthrie, Rocco, Govare, Asser y Rivier, Desjardins, Valroger, Bar, Olivart, Ruben de Couder, Vincent y Penaud, Martens, Fuzier-Herman, Picard, Berlingieri, Hack, el Congreso de Amberes, el de Bruselas, las jurisprudencias inglesa, alemana, francesa, belga y americana, y las legislaciones de Bélgica, Portugal, Chile, Méjico, Guatemala, República Oriental, Paraguay, España, Holanda, Alemania, Italia, Brasil, Rumanía, Venezuela, Colombia, Ecuador.

Además de estos sistemas se presentan otras soluciones. La de Weil, que propone la ley del lugar del destino, salvo el caso en que las partes pertenezcan á la misma nacionalidad ó que se haya determinado la ley expresamente, porque ó regirá aquella ó ésta; la de Frignet, Despagnet, Vidari, que proponen la ley del lugar del contrato, á la que se presume que las partes se han querido someter y que rige sus convenciones en cualqnier lugar; y la de Ramírez, que hace predominar la ley del lugar donde se producen los hechos, pero si fuera en aguas neutrales la ley del pabellón del buque.

Sin desconocer la importancia que se atribuye á las observaciones hechas por los partidarios del sistema del pabellón, aceptamos la ley del destino, no haciendo entre las averías gruesas y las particulares la distinción que algunos pretenden y que no tiene por qué tomarse en cuenta especialmente, desde que lo que debe resolverse es también si las averias sufridas entran ó no en la categoría de gruesas ó particulares, como lo entendía el Congreso de Amberes.

La voluntad de las partes sirve para resolver la dificultad : si manifestada expresamente, es la ley que ella indica la que debe aplicarse; pero si no se ha hecho así, se debe presumir que es la ley del destino la que responde mejor á todos los intereses comprometidos, una vez que facilita la solución en tanto con esa ley coinciden la de las formas y la *lex fori*, y tiene en cuenta el derecho del que recibe la mercadería, que es el que deduce la reclamación.

Generalmente, los gastos extraordinarios se producen en los puertos de arribada, donde el buque no puede considerarse como formando parte del territorio de su bandera, fuera de que en todos los casos el hecho generador de la avería no es bastante para determinarla, puesto que nada se sabe á su respecto hasta el momento en que concurren los diversos intereses á deslindar sus responsabilidades. Si el lugar de descarga puede variar por accidentes imprevistos, no sucede lo mismo con el lugar del destino, y en todo caso seria un inconveniente que la ley de la bandera no salva cuando se opera también un cambio en ella, ó por accidente de mar é innavegabilidad del buque se transporta la mercadería á otro con bandera diversa. El buque no es el único que está interesado en la liquidación y distribución de la avería, y no habría razón para que predominara su ley sobre el cargamento, que suele ser de un valor considerable, fuera de que tratándose de una acción real es la ley de la situación de la cosa objeto de la acción la que domina.

El Código de Comercio de la República, legislando sobre averías en los artículos 1312 á 1350, tiene en estos algunas disposiciones de las que se desprende que son las leyes y las autoridades del puerto de entrega de la carga ó donde acaba el viaje, por regla general, las que regulan todo lo referente á las averías, salvo que otra cosa se hubiera convenido expresamente.

Así, el artículo 1313, que tiene su fuente próxima en el artículo 1814 del Código del Brasil, y su fuente remota en el artículo 697 del Código de Holanda, en el 966 del de España, y en el 762 del Código del Brasil, establece que "en defecto de convenciones especiales expresas en las pólizas de fletamento ó en los conocimientos, las averías se pagan conforme á las disposiciones de este Código".

El artículo 1335, refiriéndose á las averías comunes, prescribe que "el arreglo y prorateo de la avería común deberá hacerse en el puerto de la entrega de la carga ó donde acaba el viaje, no mediando estipulación contraria. Si el viaje se revoca en la República, si después de la salida se viese el buque obligado á volver al puerto de la carga, ó si encallara ó naufragara dentro de la República, la liquidación de las averías se verificará en el puerto de donde el buque salió ó debió salir. Si el viaje se revocare estando el buque fuera de la República, ó se vendiera la carga en un puerto de arribada forzosa, la avería se liquidará y prorateará en el lugar de la revocación del viaje ó de la venta del cargamento". Este artículo tiene por fuente inmediata los artículos 1836, 1837 y 1838 del Código de Portugal, y 786 del Código del Brasil, y como fuentes remotas el artículo 414 del Código de Francia, el 722 y el 723 del de Holanda, y el 916 del de España.

El Congreso sud-americano establece en el artículo 21 que "las averías gruesas ó comunes se rigen por la ley del país de la matrícula del buque en que han ocurrido"; pero "si esas averías se han producido en el territorio marítimo de un solo estado se regirán por sus leyes". Se funda la solución en que estando íntimamente relacionadas todas las averías comunes, el juicio tiene que ser único, lo que no sucedería aplicando la ley territorial, pues "pasando el buque en el curso del viaje por distintos territorios, habría en vez de la unidad de legislación, la aplicación de tantas leyes cuantos fueran los territorios jurisdiccionales en que han ocurrido los daños ó riesgos de mar", y porque produciéndose las averías en el territorio de un solo estado, se rompería la unidad necesaria aplicando otra ley que la de éste y se desconocería su imperio en los límites territoriales que le corresponden.

En el artículo 22 dispone que "las averías particulares se rigen por la ley aplicable al contrato de fletamento de las mercaderías que las sufren", y se funda esta solución en que esta clase de averías no revistiendo el carácter de gruesas ó comunes, no había por qué aceptar una disposición análoga: "las averías particulares se refieren á daños que sólo afectan á la carga que las sufre y tienen que figurar siempre como efectos ó consecuencias eventuales del contrato de fletamento".

Fuera de estas disposiciones se establece también respecto á la competencia que "son competentes para conocer en los juicios de averías comunes, los jueces del país donde termina el viaje" (art. 23); "los juicios de averías particulares se radicarán ante los tribunales del país en que se entrega la carga" (art. 24); "si el viaje se revoca antes de la partida del buque, ó si después de su salida se viese obligado á volver al puerto de la carga, conocerán del juicio de averías los jueces del país á que dicho puerto pertenece" (art. 25).

En las convenciones consulares con el Perú, cangeada en 1878, con el Paraguay, en el mismo año, y con Portugal en 1883, se establece que "tratándose de averías sufridas durante la navegación de los buques de ambos países, ya sea que estos entren voluntariamente, ó ya sea que arriben por fuerza mayor á puertos de uno de los dos países, los cónsules, vice-cónsules ó agentes consulares, no tendrán otra intervención que las que le

acuerden las leyes respectivas de cada país. No habiendo extipulación en contrario entre los armadores, cargadores y aseguradores, las averías serán arregladas
con sujeción á lo que dispongan las leyes respectivas de
cada país".

XIII

La hipoteca marítima puede decirse de creación moderna y de aquí que su constitución y sus efectos hayan
dado y puedan dar lugar á tantos conflictos. La existencia ó no de una ley que autoriza su constitución, los
derechos más ó menos extensos que son su consecuencia, la manera de formarse las vinculaciones y las especialidades que caracterizan á los buques, son los factores
principales de esa serie de contradicciones y de vacilaciones que han ocupado la doctrina y dado lugar á la
formación de una jurisprudencia poco uniforme.

Los puntos principales á discutirse se han formulado
netamente. Si la hipoteca se constituye en un país que
reconoce en sus leyes la vinculación que ella importa y
se quiere hacerla efectiva en otro país cuya legislación
ha guardado silencio á su respecto ¿cuál será la ley aplicable? Reconocida por ambas legislaciones la institución,
las condiciones de publicidad varían ¿cuál deberá imperar?

Diferentes soluciones se han formulado por la doctrina:

1ª La constitución de la hipoteca marítima ó naval y sus efectos se rigen por la ley del pabellón ó de la nacionalidad del buque.

Se funda la solución en que esta ley da estabilidad á los derechos, respondiendo á la naturaleza jurídica de los buques que, si participan de los caracteres de las cosas muebles, los tienen también de los inmuebles y de las personas; en que es una condición esencial del crédito desde que para su existencia es necesario seguridad y garantías de su respeto por los contratantes y los terceros, y el crédito no existiría en otras condiciones y sin él la navegación se haría difícil sino imposible por la desaparición de los medios que, los usos primero y después las legislaciones marítimas, han ideado para impedirlo; en que es esa ley la única que puede alcanzar tales resultados facilitando los medios de conseguir de una manera rápida y eficaz todas las indicaciones indispensables para entrar en negociaciones de esa naturaleza.

Este sistema ha tenido una aceptación bastante general y parece que es el que tiende á dominar, según se afirma por algunos escritores, aunque no siempre la jurisprudencia le ha sido favorable. Pueden contarse entre los que lo sostienen: Labbè, Lyon-Caén, Clunet, Morand, Brocher, De Courcy, Fiore, Milhaud, Gentiles,

Sarrut, Valroger, Renault, Danguin, Revilla, Wharton, Surville y Arthuys, Despagnet, Jacobs, Stocquart, Vincent y Penaud, Olivart, el Congreso de Amberes y manifestándose expresamente en él Picard, Lebano, Smakens, y el Congreso de Bruselas.

2ª La constitución y los efectos de la hipoteca marítima se rigen por la *lex rei sitæ*, ó sea por la ley del país en cuyas aguas el buque se encuentra, en el momento de hacerse efectivos los derechos.

Los fundamentos de este sistema se manifiestan en las siguientes consideraciones: que el derecho que consagra la hipoteca marítima es un derecho real y como tal sigue la ley territorial, que en este caso tiene que ser la ley donde se encuentra la cosa, ó sea la ley de la cosa misma; que en todo caso la ley de la cosa mueble que es el elemento que domina en el buque, puede ser tanto la ley del propietario como la de la situación, según la doctrina que se acepte, pero aún dominando la primera no seria de aplicación á los buques, porque estos se colocan en el caso de excepción en que el interés general prima é impone su propia ley; que con esta ley, cualquiera que puedan ser las dificultades para el crédito marítimo, se respeta un principio de mayor trascendencia cual es el de las leyes rigurosamente obligatorias, y se da satisfacción á otro de los elementos que tienen en cuenta para caracterizar los buques como cosas *sui generis*, cual es el de los inmuebles; que facilita los arreglos en el caso de concurrencia de diferentes créditos, colocando á todos estos en las condiciones establecidas por la misma ley.

Siguen el sistema: Laurent, Desjardins, Dufour, Weiss, Demangeat, Asser y la jurisprudencia francesa.

Además de estas soluciones pueden indicarse algunas otras que perteneciendo á escritores conocidos no han alcanzado otros adherentes. Así, según Spèe, la hipoteca marítima debe regirse por la ley del lugar en que el contrato se ha celebrado, lo que ha sido criticado por Picard en tanto puede haber muchos contratos de donde resulte ese derecho, lo que obligaría á efectuar una elección difícil sino imposible; según Gorst la ley aplicable debe ser la *lex fori*, como se practica en Inglaterra; según Cavagnari se aplica: la *lex rei sitæ* en lo que se refiere al respeto debido á la buena fé de los terceros y al *grado* del privilegio que depende de la hipoteca en concurrencia á los otros privilegios que dependen de la naturaleza del crédito; la ley del pabellón á las condiciones necesarias para la validez y los efectos implícitos de la constitución de la hipoteca; la ley del contrato á las relaciones entre acreedor y deudor y entre los contratantes y los terceros en tanto no estén en oposición con los intereses generales del pais *rei sitæ* y con las condiciones necesarias según la ley del pabellón; y según Ramirez " los bienes que como los buques tienen siempre una ubicación transitoria, se regirán en cuanto á los derechos reales que puedan gravarlos, por las leyes del país á cuya soberania territorial se encontraban sometidos al constituirse esos derechos".

Dejando de lado las cuestiones incidentales que los sistemas indicados provocan, la solución, á nuestro juicio, depende de la ley del contrato y de la ley de la situación del buque, según los casos. Se aplicará la primera á todo lo referente á la constitución de la hipoteca, su forma y sus efectos, lo que importa establecer que, aún cuando la ley de la situación ó la *lex fori* niegue la existencia de tal derecho y desconozca sus efectos con relación á los terceros, la existencia, como los efectos, serán reconocidos. Se aplicará la segunda á las relaciones con los terceros en cuanto estos ejerciten derechos que deban entrar en concurrencia con su misma categoría, es decir, que se aplicará la *lex rei sitæ*, no para las condiciones de publicidad, sino para la categoría en que deba considerarse el derecho entre los de su clase, á fin de no dar preferente derecho á los créditos formados fuera del país, sobre los que se hayan formado en él: el crédito hipotecario será privilegiado si así lo establece la ley del contrato, pero su colocación entre los demás privilegiados dependerá de la *lex rei sitæ*.

Las circunstancias especiales á la navegación y al instrumento mismo que sirve para ello reclaman esta solución que, si se aparta de la que debiera corresponder á los derechos reales, tiene presente la exigencia de cada

ley y la necesidad de mantener los derechos cuando tienen por base objetos ó cosas que están sujetos á cambiar
de ubicación por el empleo á que están destinadas. Si
la solución se aparta de los casos generales en que los
terceros pueden estar interesados, es por la necesidad
de no hacer ineficaces los resultados que se esperan de
la institución de la hipoteca aplicada á los buques, tanto
más cuanto que aquellos tienen todos los medios para
conocer la existencia del gravamen y precaverse contra
sus efectos.

El Código de Comercio legisla sobre la hipoteca marítima en los artículos 1351 á 1367, reglamentando su constitución, y por lo tanto en la República no puede presentarse el caso de una hipoteca constituida en otro país
cuya existencia pueda negarse en su territorio, tanto
más cuanto que el artículo 1367 ha cuidado de establecer
que "regirán para la hipoteca naval, las prescripciones
sobre el contrato de hipotecas establecidas en el Código
Civil, que no estuviesen en contradicción con lo establecido en el presente título", y la ley civil ha resuelto
el punto en el sentido afirmativo.

Respecto á las hipotecas constituidas en la República
por buques de matrícula argentina ó extranjera "la
hipoteca deberá inscribirse en un registro especial en la
escribania de marina del puerto en que se encuentra
matriculado el buque, haciéndose anotación de ella por
el escribano, en la escritura del buque y en su matrí-

cula" (art. 1355). Respecto á las hipotecas constituídas durante un viaje "si el dueño ó dueños de un buque quisiesen reservarse el derecho de hipotecarlo durante el viaje, deberán declarar antes de la salida de él, ante el Escribano de Marina del puerto en que estuviese matriculado, el valor por el cual quisieran hacerlo. Esta declaración se hará constar en el registro especial de la escribanía, así como en la escritura y en la matrícula del buque, en seguida de las hipotecas ya inscritas. Las hipotecas hechas durante el viaje y en virtud de lo establecido en el presente artículo, se harán constar en la escritura y la matrícula, dentro del país, por los cónsules de la República, quienes deberán tomar razón de ellas en un registro especial que se conservará en las escribanías y en los consulados. Estas hipotecas tomarán su lugar entre las demás, desde el día de inscripción en la matrícula y en la escritura del buque" (art. 1365). Respecto á las hipotecas constituídas en país extranjero sobre buques de nacionalidad argentina, regirán, con arreglo al artículo 1367, las disposiciones del Código Civil, es decir, del artículo 3129; y sobre buques de nacionalidad extranjera, reconociéndose el gravamen, tomará respecto á terceros el orden que se establece en el artículo 1366.

XIV

La legislación marítima constituye privilegios especiales sobre los buques teniendo en cuenta las necesidades de la navegación y el carácter jurídico que se les reconoce, de la propia manera que ha hecho predominar la opinión favorable á la hipoteca marítima respondiendo á esas mismas exigencias. Pero ¿dónde se dará por constituido el privilegio? ¿Con arreglo á qué ley se juzgará su existencia? ¿Cómo se estimará su existencia en el concurso de diferentes derechos?

A este respecto se presentan las mismas dificultades para la solución que hemos estudiado al referirnos á la hipoteca marítima, y las opiniones divididas, puede decirse, de una manera idéntica, buscan sus argumentos en la doctrina general referente á la naturaleza de los privilegios, ó en la especialidad de que se trata y que puede imponer excepciones justificadas.

Así, según la doctrina más general la existencia de los privilegios depende de la ley del pabellón del buque, y con arreglo á ella debe resolverse toda dificultad que se produzca. ¿Por qué esta excepción al principio general? ¿Ha cambiado la naturaleza jurídica del privilegio por aplicarse á un buque? Se contesta afirmativamente, no porque el privilegio cambie ó haya cambiado en sí mis-

mo, sino porque si la navegación debe ser fomentada, si
es necesario que se facilite su desenvolvimiento, y más
que todo esto, si no se concibe su existencia, sin el uso
del crédito en diferentes momentos y lugares, es indispensable que el cambio no altere los derechos, desde
que sobre todo, la bandera y los papeles del buque ofrecen todas las facilidades precisas para evitar la mala fe,
ó el fraude. Siguen esta opinión Lyon-Caén, Renault
Labbè, Despagnet, Danguin, Milhaud, Valroger, Fiore,
el Congreso de Amberes y el de Bruselas.

Pero separándose de esta opinión, se sostiene también,
teniendo á su favor la jurisprudencia francesa, que los
privilegios deben juzgarse de acuerdo con la ley del lugar donde se encuentra el buque y deben hacerse efectivos. Para esta solución no tiene importancia bastante
el que el carácter de la vinculación que se ha efectuado
con arreglo á una ley, desaparezca ante la ley del lugar
en que la concurrencia de otras vinculaciones se produzca, porque debe tomarse como uno de los tantos accidentes que limitan ó destruyen los derechos perfectamente adquiridos. Tratándose de privilegios, la ley territorial es inflexible y lo reclama así la defensa de los
intereses que esa ley está llamada á tutelar. No dismi-
nuirá el crédito marítimo, porque las operaciones que
forma ó realiza no se detienen ante el peligro; pero si
aumentarán las precauciones y de esta manera cada vinculación podrá tener á su favor todas las probabilidades

compatibles con su naturaleza y el medio en que se opera.
Sostienen esta conclusión: Dufour, Brocher, Desjardins,
Surville y **Arthuys** y la jurisprudencia francesa.

Por nuestra parte, aplicamos á los privilegios la misma solución que hemos seguido para la hipoteca marítima, teniendo en cuenta la especialidad del comercio
marítimo y las exigencias que son su resultado. Los privilegios se reconocen en su carácter de tales con arreglo á la ley del acto que les ha dado nacimiento, pero el
orden en que deben ser considerados cuando concurren
con otros del mismo carácter, depende de la ley del lugar
en que la concurrencia se efectúa. De esta manera se da
á cada ley la influencia que legítimamente le corresponde: el privilegio subsiste tal como los hechos producidos
lo han creado, dominando la ley del acto que no sufre
desviación alguna, mas la ley territorial decide de su colocación porque es ella la encargada de llevarla á cabo,
y de hacer efectivos los derechos creados. Si ambas leyes admiten el privilegio, no hay dificultad, pero si no
fuera así, desde que se parte forzosamente de su existencia habría que seguir para su colocación la ley del
acto.

Esta misma solución parece desprenderse de las disposiciones del Código de Comercio, según el artículo 863,
que tiene su fuente en el artículo 312 del Código de Holanda, "la propiedad de los buques en caso de venta voluntaria, ya sea verificada dentro de la República ó en

pais extranjero, sólo se trasmite al comprador con todos sus cargos y salvo los derechos y privilegios especificados en el título correspondiente", para lo que, según el artículo 865, "el vendedor está obligado á dar al comprador una nota firmada, de todos los créditos privilegiados, á que pueda estar sujeto el buque, la cual deberá insertarse en la escritura de venta", induciendo su falta una presunción de mala fe; y según el articulo 863, que tiene su fuente en el artículo 1310 del Código de Portugal de 1832, "los buques afectos á la responsabilidad de créditos privilegiados podrán ser embargados y vendidos judicialmente, en el puerto en que se encuentren, á instancia de cualquiera de los acreedores, interviniendo en el juicio el capitán en ausencia del dueño del buque ó del armador".

CAPÍTULO IV

DE LAS QUIEBRAS

SECCIÓN I

TEORÍAS GENERALES

Sumario: I. Observaciones generales sobre la importancia y las dificultades de todo lo referente á las quiebras. — II. Doctrinas en que se agrupan los principales escritores. La unidad y universalidad de la quiebra: regla, fundamento, autores que la sostienen y jurisprudencia que la sigue. La pluralidad de las quiebras: regla, fundamento, autores que la siguen y jurisprudencia á su respecto. Crítica de estas teorías. Manera cómo deben resolverse las dificultades estudiándolas en la forma como se presentan. Solución especial á cada caso y su fundamento.

Las operaciones comerciales son múltiples y variadas, y las vinculaciones que producen reclaman una actividad y una contracción especialísima en las personas que las realizan. En el tráfico interno como en el tráfico internacional, el comerciante puede encontrarse en situaciones extremas por el encadenamiento de las operaciones, de modo que en un momento dado le sea difícil sino imposible satisfacer sus compromisos; pero no sería raro tampoco que la mala fe ó el engaño entrara en esas situaciones como factor decisivo.

Entonces, detenido el desenvolvimiento de los negocios, no es una operación aislada que se liquida ó se busca los medios de proseguirla, para lo que basta el esfuerzo del acreedor y del deudor. Son muchos los intereses heridos que el deudor tiene que atender conjuntamente para no perjudicar á los unos con beneficio de los otros; y desde que las responsabilidades del deudor son la prenda común de todos los acreedores, su acción tiene que ser uniforme, so pena de que el más hábil ó el más osado se apodere de los bienes y satisfaga íntegramente su crédito.

La masa común se impone. El comerciante que cesa su pagos ha interrumpido su vida comercial. Los bienes de que se encuentra en posesión no son bastantes ni le facilitan los medios de atender sus obligaciones, y el crédito que le daba eficacia reproductora ha desaparecido paulatinamente. El deudor necesita satisfacer ó explicar la situación que se ha creado ó le han creado los acontecimientos y los acreedores conocer lo que pierden ó dejan de percibir á fin de que en el encadenamiento de los negocios no se encuentren á su vez en una posición idéntica. Hay intereses comunes entre deudor y acreedores y es indispensable que todos concurran al mejor resultado de la liquidación. ¿Sería posible esto sin el esfuerzo común?

De aquí la unión de los acreedores que necesitan defenderse del deudor y de sus propias pretensiones sujeridas por el egoísmo. Si esto no fuera posible, si el deudor tuviera que atender aisladamente á cada acreedor, cuando no puede atender á todos en la medida de sus recursos, las transacciones comerciales serían imposibles, desde que el primer resultado fuera la supresión del crédito. Por más cuidado que se pusiera en la seguridad de las operaciones, podría llegar un momento en que todo cálculo fallara : éste suele ser el ejemplo que nos presentan los más prudentes y timoratos.

La actividad de los negocios reclamada por su naturaleza propia y esencial, hace difícil tomar las seguridades que generalmente se toman en los actos de la vida civil y es necesario que formalidades especiales vengan á suplir esa deficiencia ó imposibilidad. El juicio especial y la concurrencia de los acreedores no ha podido menos que imponerse, como se impone en materia de sucesión, aunque no pueda decirse que haya con estas una similitud completa. El estado de quiebra puede consistir en la *declaración judicial* de la cesación de pagos pronunciada contra un comerciante, en la *insuficiencia patrimonial* del mismo ó en su *insolvencia*, según las diferentes opiniones que se manifiestan á este respecto, pero sea de ello lo que fuere, como en muchas otras cuestiones que se suscitan, eso no impedirá que la unión de los acreedores se produzca con su representante común y con ella se coloque cada uno en el lugar que le corresponde según la naturaleza de su crédito.

La quiebra es una situación especial al comerciante ó á todo aquel que ha llegado á comprometer intereses de diferentes personas, si es que se ha de aceptar la opinión que coloca en igualdad de condiciones al deudor comerciante con el deudor común ó civil, lo que por nuestra parte no aceptamos, no obstante que esa opinión apoyada por la doctrina y la legislación alemana ha ganado terreno. Si esa situación se presenta es necesario atender sus exigencias, y casi todas las legislaciones se han preocupado de ello en el orden interno que estaban llamadas á considerar. El juicio se inicia y se lleva á cabo teniendo en cuenta los intereses de los acreedores sin desconocer el interés del deudor, á quien no puede serle indiferente la suerte de aquellos como la suya propia en el presente y en el porvenir.

Pero el tráfico comercial no se detiene jamás en los límites del territorio y en los tiempos modernos con menos razón que en los anteriores desde que la comunicación es pacífica y continua y las vinculaciones son variadísimas y se imponen. ¿Cómo hacer posible que se entiendan acreedores que se encuentran á largas distancias y con diversas exigencias? ¿Cómo coordinar la aplicación de las diferentes leyes que buscan garantir los intereses de sus propios acreedores?

Las dificultades son múltiples y las soluciones á su respecto no han conseguido ni en la doctrina ni en la legislación una acogida satisfactoria. Las distancias que traban si no imposibilitan la gestión de las reclamaciones en negocios casi siempre complicados y las exigencias de los acreedores que defendiendo sus intereses tratan de colocarse en condiciones ventajosas, hacen difícil toda solución que importe una alteración cualquiera en la manera de considerar sus créditos. El comercio es egoísta por naturaleza, y su egoísmo tiene que acentuarse más desde que se trate de negociaciones operadas por individuos sin vinculaciones personales y que se defienden dentro de su propio territorio, dejando á cada uno los peligros y responsabilidades que debió preveer al efectuar aquellas.

En este sentido el estudio de todo lo referente á las quiebras es tanto más interesante cuanto que afecta intereses tan diversos, y el tráfico internacional pende en mucha parte de las garantías que á este respecto presentan las legislaciones, las que han variado y varían consecutivamente sin haber llegado á satisfacer ninguna aspiración, presentándose tan curioso fenómeno aun en los pueblos más conservadores como la Inglaterra. En esta materia puede afirmarse con verdad que no son las leyes las malas, sino los hombres en cuyos cálculos pre-

domina el interés egoísta ó sórdido que busca evitar una
pérdida, ó lo que es peor, reponerla con medios no siempre regulares; y si esto es verdad en el orden interno
de los estados, en que todos los acreedores están más ó
menos vinculados, ¡con cuánta más razón no lo será en
el orden internacional, en que la distancia y las dificultades consiguientes hacen mirar con indiferencia la suerte
de los demás!

Colocado el comerciante en la imposibilidad de satisfacer sus créditos por cualesquiera de las causas reconocidas y encontrándose los acreedores y los bienes en
países diferentes ¿cómo se llegará á los arreglos que den
por resultado una liquidación tan rápida como justa?
¿En qué lugar se efectuará esa liquidación y á qué leyes
se deberá ajustar? Esto es lo que debemos resolver.

II

Presentada la dificultad, las soluciones aisladas en
los primeros tiempos llegaron á agruparse, buscando el
punto de apoyo en reglas que hasta hoy se consideran
como indispensables, no obstante las variaciones numerosas que experimentan continuamente para responder
á una crítica en los dominios de la doctrina, ó á un vacío
en los hechos que se producen á consecueneia de las
vinculaciones impuestas por el tráfico internacional.

Esas reglas se desprenden de las dos doctrinas que

en la materia de quiebras se conocen hasta hoy con el nombre, una de la unidad y universalidad, y otra de la pluralidad. ¿Qué son esas doctrinas? ¿Cuál es su importancia desde el punto de vista de la teoría pura y de la práctica? ¿Bastan ellas para solucionar en realidad todas las dificultades? Formuladas como doctrinas absolutas ¿lo son en realidad de modo que adoptando cualquiera de las dos se pueda decir que se ha encontrado la solución?

La doctrina de la unidad y universalidad de la quiebra importa establecer que el juicio de quiebra es único y universal, y que son las leyes del lugar de ese juicio las que sirven en general para determinar las relaciones respectivas entre deudores y acreedores, y que es á ese lugar al que deben concurrir todos los valores, cualesquiera que sean los territorios en que se encuentren. Nada más sencillo y que cautive con mayor facilidad los espíritus más prevenidos.

No puede dársele un origen determinado como á otras doctrinas. Se ha impuesto sucesivamente por la necesidad del tráfico y ha encontrado acogida en los espíritus cultivados por esa tendencia natural á las formas simples que cautivan porque presentan á primera vista una facilidad completa para las soluciones, ocultando generalmente serias dificultades que ponen en peligro la seriedad de los principios directores.

Sus fundamentos son diversos y estan expuestos con

más ó menos detalles por sus sostenedores. En primer lugar es la consecuencia forzosa de la comunidad de derecho que es el punto de partida de todas las soluciones. No se comprendería una comunidad que empezara por aislar los diferentes intereses vinculados por la suerte común, de modo que el lugar donde se encuentran las personas, la situación de los bienes y de las vinculaciones, puedan llegar á alterar profundamente los derechos y á dejarlos librados á sus propias fuerzas y á la acción de leyes diversas. La quiebra es una por el fallido y lo es también por los acreedores, désde que todos tienen por garantía ó responsabilidad común los bienes de aquél, y esa unidad sólo es posible cuando imperando la comunidad de derecho impone á todas las relaciones sus reglas y las vincula estrechamente en ella.

En segundo lugar la declaración de quiebra en el domicilio del fallido por su establecimiento comercial, es una sentencia como cualquier otra, cuyos efectos deben hacerse sentir necesariamente en todas partes, para que como tal aproveche de la situación creada por la comunidad de derecho que sería ilusoria si no la amparara eficazmente. Con tales efectos que responden á la doctrina más liberal tratándose de la ejecución de las sentencias, la unidad del juicio se conserva y su universalidad se impone sin tropiezo alguno: declarada la quiebra en el domicilio comercial del fallido esa declaración se hace efectiva en todas partes donde hay un interés que reclamar para la masa común, defendiendo así el interés de todos para todos ó impidiendo que se ejercite la acción individual con sus propósitos siempre egoístas y pueda dar lugar á connivencias fraudulentas con los fallidos.

En tercer lugar la quiebra forma parte del estatuto personal, desde que afecta la persona del fallido modificando su capacidad en todo lo que hace relación con la administración de los bienes, que son la garantía común de los acreedores que concurren en un momento dado á tomar una actitud defensiva de sus intereses comprometidos. Siendo un estatuto personal, tiene como tal un carácter general y sigue al fallido por todas partes, de modo que en un momento dado, por donde quiera que haya un interés de la persona en quiebra, ese interés está sometido á las alteraciones impuestas por la ley personal. La persona domina la situación con un carácter esencialmente indivisible y el lugar en que los bienes se encuentran no influye para nada en cuanto á las limitaciones ó derechos que la ley personal haya consagrado.

En cuarto lugar, si en las relaciones de derecho que se producen en diferentes lugares, que afectan intereses diversos, que presentan vinculaciones de naturaleza especial, se ha de buscar la mayor concordancia entre todas las soluciones indispensables evitando al mismo tiempo gastos inútiles ó demasiado onerosos, sin duda que todo esto debe encontrarse en la unidad y en la universalidad del juicio. Desde que el juicio se abre en el domicilio del deudor y es allí donde concurren todos los acreedores, y es allí donde se forma la masa de bienes y la división entre los diferentes créditos, reinará la más perfecta igualdad y cada uno será satisfecho en relación á su naturaleza y á su importancia. El fallido en un lugar, con todas las incapacidades consiguientes, no se encontrará solvente en otra y ejercitando todos los derechos de su capacidad comercial; con una sola masa no habrá dividendos diferentes y desiguales y serán difíciles sino imposibles los fraudes de los acreedores para la chancelación de sus créditos en diferentes condiciones.

Se consideran como sostenedores de la doctrina de la unidad, aunque no todos de una manera absoluta, como lo haremos notar después, á los siguientes escritores : Ansaldo, Luca, Stracca, Rodemburgo, Burgundo, Savigny, Westlake, Phillimore, Guthrie, Merrill, Pearson, Piggott, Bertauld, Boistel, Simon, Thomas, Oudin, Duvivier, Marx, Stelian, Dubois, Glasson, Lyon-Caén y Renault, Weiss, Despagnet, Surville y Arthuys, Roguin, Carle, Fiore, Lomonaco, Pisanelli, Norsa, Fusinato, Vidari, Miloni, Rossi, Sacerdote, Olivi, Gianzana, Martens, Olivares Biec, Asser, Timmerman, Torres-Campos, Martínez Silva, Granillo, Pradier-Fodéré, Quesada, Canale, Congreso de Lima, artículos 22 á 30, Congreso de Turín.

La doctrina opuesta de la pluralidad de las quiebras resuelve que tratándose de un individuo ó sociedad que tiene diferentes establecimientos en territorios diversos ó que sin tener éstos tiene bienes en esos territorios, habrá tantas quiebras cuantos establecimientos ó cuantos bienes haya en ellos, de modo que su solución podría concretarse diciendo que, el régimen de la quiebra se rige por la ley de cada territorio donde existe un establecimiento ó un bien del fallido.

Se funda esta doctrina: en primer lugar en que dominando en la materia de quiebras la teoría de los estatutos, su régimen se somete al estatuto real, desde que tiene por objeto una liquidación de los bienes del fallido, que son la garantía de los acreedores, sin que pueda decirse propiamente que las personas están comprometidas. El interés público que se tiene en cuenta en toda quiebra es problemático, una vez que la existencia de ésta no importa siempre ó no es la consecuencia forzosa de la mala fe ó de la imprudencia culpable que traiga aparejada un castigo ; y si no lo fuera, aquel interés podría ser invocado tanto donde se encuentra el quebrado como donde están los bienes, en el uno para el juzgamiento del culpable, en el otro en defensa de los acreedores, y sobre todo, del principio comprometido cuando se trata de disponer de los bienes.

En segundo lugar, cuando se encuentran acreedores en diferentes territorios á consecuencia de operaciones practicadas en ellos y han tenido en cuenta al efectuarlas las garantías que les ofrecían los bienes que el fallido poseía, obligarlas á buscar en otro territorio, quizá lejano, la satisfacción de su crédito, concurriendo con acreedores que estaban ajenos á aquellas operaciones y no habían tenido en vista bienes que no conocían, sería conspirar contra el objeto mismo del juicio de quiebra, que es en realidad hacer efectivo lo que antes no lo era, es decir, colocar á cada acreedor en condiciones de realizar la garantía que tuvo en vista al contratar. Donde hay bienes y hay acreedores es necesario hacer una liquidación y si ella da un saldo, pasando éste á los otros concursos, se habrá satisfecho el principal interés que merecía atención preferente y se habrá puesto á los otros acreedores en situación de agregar ese saldo á su activo, cuando no contaron con él mientras entraban en operaciones con el fallido.

En tercer lugar, facilita y hace posible la existencia y el desenvolvimiento del tráfico internacional, desde que coloca á cada contratante en condiciones de medir las responsabilidades con que debe contar en cualquier momento por parte de aquél que, extendiendo sus negocios á grandes distancias, hace difícil sino imposible toda averiguación á su respecto. Las facilidades que requiere el comercio tienen que estar en relación con las garantías que sus operaciones reclaman y esas facilidades no existen desde que el acreedor tenga que no perder de vista el resultado de su crédito en el caso de quiebra de su deudor, debiendo concurrir con él donde ni tiene representantes ni los medios de vigilarlos, todo lo que se evita desde que se deja á cada acreedor la garantía con que puede decirse nació su crédito.

En cuarto lugar, en que por medio de esta solución se busca el acuerdo con los principios dominantes en materia de ejecución de sentencias, evitando todas las dificultades y todas las cuestiones incidentales que provocan los partidarios de la unidad y universalidad de la quiebra para separarse de aquellos principios á fin de dar eficacia internacional á la declaración de la quiebra producida en el domicilio comercial del fallido. Declarada la quiebra en un Estado su eficacia internacional seguirá la regla de todas las decisiones judiciales, se trate ó no de actos de ejecución ó de simples limitaciones á la capacidad; y de esta manera el comercio local habrá llegado á conseguir una estabilidad que operaciones ignoradas vendrían á hacer imposible por la incertidumbre consiguiente á esa ignorancia.

En quinto lugar, en que si en materia de sucesiones es posible la diversidad de juicios, con más razón lo es tratándose del régimen de las quiebras. Cualesquiera que sean las semejanzas ó diferencias entre esos juicios, la verdad es que en el de quiebras no predomina sino el

interés pecuniario de los que intervienen y sobre todo
el de los acreedores, y pudiendo existir estos en diferentes lugares, no habría razón para sujetarlos á una misma consecuencia, cuando han procedido aisladamente,
obedeciendo á móviles diversos, teniendo en cuenta responsabilidades conocidas para ellos. No sucede lo mismo con las sucesiones en que la voluntad del causante ó
la voluntad de la ley intervienen decisivamente según
los casos, y los sucesores vienen á la herencia sin haber
ejercitado para ello actos que sean el resultado de su propia autonomía; y si aun así la pluralidad se impone á
virtud de consideraciones especiales, no habría por qué
negarle ese predominio tratándose de situaciones diversas como son las de la falencia.

Esta solución se encuentra apoyada y sostenida
por la autoridad de Story, Kent, Burge, Kaimes, Foote, Halleck, Wharton, Dicey, Darling, Gardner, Col-
fravú, Robson, Bump, Merlin, Massé, Renouard, Alauzet, Demangeat, Ruben de Couder, Rousseau y Defert,
Mailher de Chassat, Aubry y Rau, Demolombe, Bar,
Olivart, Rocco, Calamandrei, Vargas, Covarrubias, Ramírez, Thaller, Rippert, Borea, Kohler, Hemar, Pinedo,
Laplacette y la jurisprudencia de la mayor parte de los
estados.

Estudiadas estas dos soluciones, creemos que, como
soluciones radicales, no pueden presentarse ni se presentan por sus mismos sostenedores, salvo muy raras excep-

ciones. Puede decirse más bien, como lo indica Thaller, que cada autor tiene su opinión propia y que si la agrupación de las opiniones se pretendiera hacer de una manera absoluta, se desnaturalizaría la realidad de los hechos, haciéndose una afirmación inexacta en el fondo. Las mismas vacilaciones se presentan en la jurisprudencia de los diferentes países, sin que hasta ahora las legislaciones hayan solucionado la dificultad de una manera definitiva, y menos incorporado á sus prescripciones las reglas que respondan á cualquiera de las doctrinas de una manera exclusiva.

Se discute la unidad ó la pluralidad y los escritores se muestran partidarios de una ú otra, pero cuando se examinan los diversos casos que pueden presentarse, las excepciones se convierten en regla contraria por su número ó por su importancia. Así, sosteniendo la unidad Carle, Dubois, Despagnet creen que no procede en el caso en que un mismo comerciante está asociado en establecimientos distintos situados en países diferentes, mientras que procede cuando se trata de establecimientos diferentes con administraciones separadas, así como cuando en ellos uno sea principal y los otros sucursales; Fiore, Asser, Norsa, Miloni, Olivares Biec, Ramírez, aplican el principio de la diversidad ó pluralidad cuando se trata de establecimientos que aunque de un mismo propietario se consideran separados y distintos en su giro y administración. De la misma manera entre los

escritores que siguen la doctrina de la pluralidad de los
juicios de quiebra los hay, como Story, Kent, Halleck,
Rippert, que siguen á ese respecto la ley de los bienes, de
modo que si los bienes del fallido son muebles todos se
sujetan á una sola liquidación incorporándose sus valores á la masa única que se forma en el domicilio comercial del fallido, y si son inmuebles forman tantas liquidaciones cuantos bienes hay en los diferentes territorios,
concurriendo á cada una los acreedores respectivos que
una vez cubiertos preferentemente de sus créditos dejan
el saldo para los acreedores de los otros concursos.

A nuestro juicio la solución no debe buscarse en estas
doctrinas como punto de partida, sino en los hechos
mismos que dan lugar á la situación especial que se ha
creado. Habrá un solo juicio ó habrá varios como consecuencia de los hechos, pero ni la pluralidad ni la unidad,
serán principios que sirvan para clasificar á esos hechos
agrupándolos ó separándolos según la opinión que de
antemano se haya formado sobre el fenómeno jurídico
que presenta el conjunto de derechos é intereses.

En la quiebra son los intereses de los acreedores los
que priman. Desde que haya llegado el momento de hacer efectivos los derechos que han nacido como consecuencia del tráfico comercial, el concurso se precisa para
que los bienes, que son la garantía común, se realicen y
cada uno reciba de su producido la parte proporcional
que le corresponda. Se desprenda ó no de sus bienes el

deudor fallido, los acreedores le suplantan en la administración, ejecutando todos los actos conservatorios, y para ello deliberan en común, tienen su representante especial y no dan intervención á aquél sino en casos muy determinados.

No hay duda que el interés público está también comprometido, como lo está el interés del fallido, el uno en razón de las perturbaciones que introduce la quiebra en el movimiento comercial que debe garantirse contra la mala fe ó los delitos que suelen ser la causa, el otro en cuanto se procura por la liquidación satisfacer todos los créditos total ó parcialmente por los convenios autorizados y salir de una situación embarazosa para buscar en nuevas negociaciones la reparación de los perjuicios sufridos. Pero lo primero es excepcional y no puede ser un motivo determinante para poner de lado los intereses de los acreedores que son los verdaderamente perjudicados, y lo segundo sólo se presenta por voluntad de estos y cuando los intereses respectivos pueden concordar en los resultados finales.

La unidad ó la pluralidad de juicios no es determinada por su naturaleza propia y esencial en tanto se considera la quiebra un conjunto imposible de ser considerado en sus partes componentes. Son los acreedores los que reclaman la supremacia, exigiendo una ó más quiebras, no en razón de la naturaleza ó de la situación de los bienes sino de las garantías y facilidades que pre-

sentan para la más pronta y eficaz chancelación de sus
créditos. En este resultado concurren todos los intereses que deben tenerse en cuenta en la liquidación,
porque solamente de esta manera se pueden evitar
con eficacia bastante las desigualdades que imponen
necesariamente las leyes que no conceden hasta hoy
al extranjero el goce de los derechos civiles, é impiden de este modo las vinculaciones internacionales,
sin las que no es posible la comunidad de las agrupa-
ciones.

Comprendemos perfectamente que buscando la solución en el sentido de los intereses de los acreedores, por
regla general, los juicios de quiebra serán múltiples:
pero lo serán así, no como consecuencia de una teoría
que se ha creado siguiendo principios abstractos, sino
como el resultado de una imposición de los hechos que
reclaman la pluralidad. Por desconocer esta situación, ó
por quererse separar de ella, se ha producido una confusión completa en las soluciones, y de la anarquía en las
opiniones de los escritores ha resultado la anarquía en
la jurisprudencia y el silencio en las legislaciones, te-
merosas, sin duda, de no satisfacer las exigencias de
las teorías puras y de los intereses locales.

¿Cuáles son las diferentes situaciones en que el juicio
de quiebra puede producirse? Son diversas según el
lugar de los negocios, el domicilio de los acreedores y
el del mismo deudor y la situación de los bienes, por-

que todos ellos son factores que intervienen en la formación. Examinemos:

1ª Un comerciante tiene su negocio en un país y bienes en otro ú otros diferentes con acreedores ó sin ellos
en estos últimos.

Para los sostenedores de la teoría de la unidad no
ofrece dificultad el caso, pues todos están de acuerdo en
que el juicio se abre en el domicilio comercial del deudor, concurren á él todos los acreedores, cualquiera que
sea el lugar en que se encuentren y cualquiera que sea
la naturaleza de su crédito, y los bienes se realizan por
los representantes del concurso, trayendo su importe á
la masa común. Las únicas discusiones que se permi-
ten á su respecto se refieren á los efectos de la declaración de quiebra considerándola como una sentencia ó
no y provocando con este motivo las dudas y vacilaciones que se hacen sentir en la doctrina tratándose en general de las sentencias; y á las condiciones en que se
encuentran los fallidos y los acreedores en razón de su
nacionalidad, respondiendo con esto á las restricciones
de las leyes locales que no han llegado todavía al reconocimiento completo de los derechos civiles para todos
los habitantes del territorio.

Para los sostenedores de la pluralidad de la quiebra,
una distinción se impone necesariamente. El deudor
fallido tiene ó no acreedores y bienes en otro país que
en el de su domicilio: si tiene bienes y no acreedores

la masa común se forma en el lugar del domicilio y los bienes se realizan por los que representan la quiebra con arreglo á la ley del juicio; y si tiene acreedores y no bienes todos ellos deben concurrir á hacer valer sus derechos en el lugar de la quiebra, no debiendo tener limitación para el ejercicio de sus derechos en razón de su nacionalidad, aunque no está admitido uniformemente. Pero el fallido tiene bienes y acreedores en países diferentes y entonces los acreedores en cada país hacen efectiva la garantía con esos bienes, destinando el sobrante para los otros acreedores ó reservándose ejercer sus derechos por lo que falta para cubrir sus créditos.

Aceptamos esta última solución porque nos parece perfectamente concordante con los principios directores que hemos expuesto. En un caso se impone la unidad de la quiebra, porque no habiendo otros acreedores ni otros bienes que los que se encuentran en el domicilio del fallido, no hay otros intereses que tutelar: el acreedor que desde el extranjero contrajo vinculaciones comerciales supo que su garantía estaba fuera del territorio y aceptó por su parte todos los inconvenientes del papel que debía representar. En el otro caso el interés de los acreedores locales prima, desde que su garantía está en el lugar en que han contratado y es con ella que deben satisfacerse sus créditos: si para llegar á este resultado necesitan producirse tantas quiebras -

mo lugares en que se encuentren acreedores, esa es la consecuencia forzosa.

2ª Un comerciante tiene sus negocios en un país y como socio tiene interés directo en establecimientos situados en diferentes países.

Ya lo dijimos. En este caso escritores como Carle, Dubois y Despagnet, que son partidarios de la unidad de la quiebra, creen que, como excepción, la pluralidad se impone por la naturaleza misma de las cosas y que por lo tanto deben producirse tantas quiebras como establecimientos, ó más bien que las liquidaciones respectivas para determinar el derecho de los acreedores deben efectuarse en cada país y con arreglo á sus leyes.

Nos inclinamos á esta opinión porque con ella se consulta el interés del fallido y el de los acreedores. La doctrina común ha establecido acertadamente que la quiebra de un socio no importa ó no produce necesariamente la quiebra de los otros socios y que los acreedores sólo tienen derecho á la parte que en la sociedad correspondía al socio fallido. En tal caso la unidad no existe, aunque hay un juicio de quiebra en un territorio y en el otro una liquidación parcial que no pueden confundirse. Si por el contrario la quiebra de un socio trajera necesariamente la quiebra de la sociedad de que formara parte, los intereses locales representados por los acreedores respectivos, reclamarían una atención preferente, una vez que, como dice Dubois, hay tantos seres jurídicos distintos como sociedades en que toma parte el comerciante fallido: no puede uno de los socios sujetar á la ley de su domicilio á los otros que por su número y por su interés podrían reclamar la sujeción á su ley.

3ª Un comerciante tiene su principal establecimiento en un país y sucursales ó representantes en otros países.

En este caso la quiebra es única para los sostenedores de la teoría de la unidad. La sucursal es una simple dependencia de la casa matriz, la administración se lleva á cabo bajo la inspección y vigilancia de aquélla y sólo tiene el capital necesario para efectuar las operaciones que se le encomienden. Lo mismo sucede con los representantes que se establecen para facilitar cierta clase de operaciones. ¿Por qué en cualquiera de los dos casos se ha de constituir una entidad con perjuicio de los comerciantes que hayan contratado con ellos conociendo que carecían de responsabilidad propia en el país, pero contando con la que correspondía á la casa principal ó representada?

Pero en sentido contrario se puede afirmar por los sostenedores de la pluralidad que las cuestiones de soberanía y orden social no se resuelvan por la simple conveniencia, y que si en algún caso los acreedores de la sucursal no encuentran bienes con que hacerse pago de sus créditos y tienen que recurrir al concurso de la casa principal y colocarse en segundo término, no será esto general, y será siempre culpa de los mismos acreedores que no tuvieron en cuenta tal situación al contratar.

Consecuentes con la manera de encarar estas cuestiones, la solución á nuestro juicio no puede ser absoluta. Habrá una sola quiebra ó habrá varias, según la sucursal ó la representación, tengan bienes ó no en el lugar en que ejercen sus operaciones. Si no tienen bienes con que atender los créditos pasivos, la declaración de quiebra de la casa matriz, comprenderá la de las sucursales y los acreedores de estas se confundirán con las de aquella, colocándose en la misma categoría. Si tienen bienes, los acreedores reclamarán la liquidación judicial y se adjudicarán su importe en pago de sus créditos en la forma establecida por las leyes del país y se reservarán el derecho de concurrir á la liquidación del establecimiento principal por el saldo, aunque entonces en segundo término.

Esta es la solución que exigen los intereses de los acreedores. Si dominara exclusivamente cualesquiera de las conclusiones que establecen las dos teorías indicadas, podrían dar lugar á resultados enojosos. Habiendo bienes en la sucursal se obligaría á los acreedores de ésta á molestias y contratiempos, teniendo que recurrir al lugar del establecimiento principal, cuando puede evitarse todo esto haciendo efectiva la garantía que ellos

le ofrecieron en el lugar en que se encontraban al tiempo de efectuar las operaciones. No habiendo bienes, no
habría concurso de la sucursal y, abandonarían los
acreedores sus créditos ó se harían representar en el
concurso de la casa matriz, para ser pagados si hubiese
sobrante una vez satisfechos los créditos de sus propios
acreedores.

Los acreedores deben ser atendidos en sus créditos :
el pago de su importe es la primera obligación y el objeto de la liquidación judicial. ¿Cómo debe hacerse todo
esto? Consultando sus intereses, y se consultan siguiendo las manifestaciones de su voluntad expresa ó tácitamente expuestas en el momento en que entraban con el
fallido en operaciones comerciales. De otra manera, las
facilidades que reclama el tráfico comercial serán imposibles y en tal caso, el tráfico mismo habrá desaparecido
sucesivamente. Las garantías deben estar en relación
con las facilidades y no lo están si los contratantes
deben exponerse á un cobro difícil sino imposible, ó á
una colocación en segundo término en razón del territorio en que operaron.

4ª Un comerciante tiene en diferentes países establecimientos diversos y cada cual una administración propia é independiente.

En este caso la solución es casi uniforme para los
sostenedores de las dos doctrinas: se hacen tantas liquidaciones cuantos establecimientos existen, teniendo de-

recho los acreedores de cada uno á ser pagados preferentemente con sus bienes, y debiendo repartirse en proporción los sobrantes. Refiriéndose á esta conclusión Norsa da sus fundamentos: "El principio eminente de la independencia de las diferentes soberanías nacionales, la necesidad de conservar la vida jurídica del estado y de protejer los intereses de sus súbditos, limitan en este caso la regla que garante al ciudadano de otro Estado en el ejercicio de sus derechos, y el derecho público pone este límite entre las dos existencias, la una internacional, la otra interna... El desequilibrio producido en un establecimiento comercial cria un orden nuevo de relaciones jurídicas con todos los interesados y no sería justo que este nuevo estado, especial para uno de los establecimientos, influyera en los destinos del otro. El hecho accidental que los dos sean representados por una misma persona no basta para confundir su suerte, para convertir los deudores ó los acreedores del ser vivo en deudores ó acreedores respectivamente del ser disuelto. En lo que respecta á la persona misma del comerciante, las relaciones son diferentes según haya obrado como representante de una ú otra casa... Si es verdad que la declaración de quiebra no puede tener por efecto hacer entrar en la masa acreedora los acreedores de un establecimiento diferente, aunque representado por el mismo fallido, es claro que recíprocamente los interesados y los deudores

de este otro establecimiento no deben entrar en el activo de la casa fallida. "

A nuestro juicio la pluralidad en este caso se ha impuesto á los mismos sostenedores de la teoría de la unidad, en defensa de los intereses de los acreedores. Habiendo diferentes establecimientos sin una vinculación
clara y evidente para todos los que pueden entrar en
relaciones comerciales con ellos, se ha creido que los
acreedores no tenían en vista sino las responsabilidades
que inmediatamente se les presentaban en el momento
de llevar á cabo las vinculaciones y que, obligarles á re-
correr quizá grandes distancias para buscar la chancelación de sus créditos abandonando lo que estaba á
mano para ello, sería hacer difícil sino imposible todo
comercio en tales condiciones.

Sin embargo, Despagnet insiste en considerar poca
decisiva esta consideración, afirmando que los acreedores tienen siempre en vista el patrimonio completo del
deudor, pero me parece que esto no se puede sostener
tratándose sobre todo de establecimientos situados á
largas distancias. Si bien Carle, como su traductor y
anotador Dubois, sostienen también la unidad en el caso
de que nos ocupamos, fundándose en que no existe sino
una sola persona fallida siendo el mismo individuo ó la
misma sociedad los que han fundado los dos ó más establecimientos, encuentran que " la equidad exije que
en la masa de los dos comercios se coloquen respecti-

vamente los acreedores de cada uno de ellos", porque "puede suceder que los dos comercios del mismo individuo, sea en el mismo estado, sea en estados diferentes, aparezcan de tal modo separados que los acreedores respectivos no hayan podido tomar en consideración sino el capital adjudicado á cada uno de los dos".

La dificultad para determinar claramente el caso, es decir, cuando se pueden considerar distintos ó separados los establecimientos, no me parece que sea tal y mucho menos para los que tomamos por punto de partida el interés de los acreedores. El Dr. Ramírez ha dicho con precisión y claridad que son establecimientos distintos los que " obran por su cuenta y reponsabilidad ó, lo que es lo mismo, con capital propio ", lo que también ya Fiore había tratado de determinar refiriéndose á establecimientos distintos por su individualidad y por su administración, aunque pertenezcan al mismo individuo ó á la misma sociedad.

Si se puede presentar un caso en que el interés de los acreedores se manifieste con mayor claridad, es sin duda el de que tratamos. Para los sostenedores de la unidad es una imposición de los hechos que demuestran la eficacia de su acción y la debilidad de las abstracciones. Los partidarios de la pluralidad demuestran la lógica de sus conclusiones que consulta todos los intereses y no se debilita ni tiene la eficacia de ese romántico cosmopolitismo como le llama Wharton á la teoria de la unidad que Phillimore defiende afirmando ser armónica con los principios fundamentales de la cortesía, mientras clasifica á la pluralidad de sistema bárbaro y que viene á determinar el *forum rei sitæ* para las acciones personales.

"¿No es permitido asustarse, preguntaba el abogado general Hemar, discutiendo en Francia una quiebra declarada en Inglaterra, al pensar sobre la situación que se ha creado á los acreedores franceses de un fallido domiciliado en el extranjero, y cuyo activo debía ser concentrado en este domicilio? Privados de la protección del poder local, se verán obligados á dirigirse á un poder extranjero; tendrán que hacer valer su derecho á una distancia, frecuentemente considerable de su domicilio, haciendo gastos que gravan un crédito ya comprometido. Ellos verán de esta manera todo el activo que les había inspirado confianza y que era su garantía, emigrar á las regiones extranjeras y escapar así á su vigilancia". Y todo esto tratándose de países vecinos con fáciles y continuas comunicaciones y con respeto recíproco por los intereses de sus respectivos habitantes. ¿Qué no podría decirse de acreedores que se encuentran á larguísimas distancias y teniendo que luchar con las pretensiones tan estrechas como egoístas de pueblos más fuertes y más ricos?

Los estados sud-americanos, tratándose de sus relaciones comerciales con países lejanos, no pueden adoptar ni en su legislación ni en su jurisprudencia la teoría de la unidad, sin exponerse á ver burlados los intereses de sus habitantes. Los capitales vienen á estos países de los Estados extranjeros, principalmente europeos, y las grandes empresas sólo establecen sucursales dejando la casa principal ó matriz fuera. Con arreglo á la teoría de la unidad, la quiebra se abriría en el Estado extranjero en razón de estar allí el establecimiento principal ó ser la ley de ese estado la ley personal del fallido, como lo pretenden algunos escritores. El acreedor americano, permitásenos la clasificación para mayor claridad, tendrá que cuestionar en el país europeo haciendo todos los gastos consiguientes para una representación difícil y lejana, y contemplará con resignación que los bienes que consideró su garantía y cuya conservación había podido vigilar, se realizan para poder llevar su importe á formar la masa con que se cubrirán créditos que nada de esto tuvieron en consideración al crearse. ¿Habría justicia, habría equidad en semejante situación?

No, sin duda, y siendo general esa situación, la consecuencia sería la manifestación de restricciones en el tráfico internacional que harían sumamente difícil su desenvolvimiento, ó un cambio radical y completo en el modo de efectuar las operaciones á fin de que la garantía de los bienes existentes en el país no sean burlados. ¿Valdría la pena de introducir tales perturbaciones por hacer imperar una solución que sólo puede convenir á determinados países y en situaciones especiales? ¿No sería mejor para esos países buscar la solución en los tratados especiales como se buscan en tantas otras materias?

Si el estudio de los principios jurídicos que dominan en el régimen de las quiebras no nos llevan necesariamente á la solución de la unidad como única y exclusiva; si como teoría acepta la unidad la excepción de que nos hemos ocupado; si su aplicación uniforme nos llevaría á condenar á todos los acreedores de países lejanos á sufrir sérios perjuicios en sus créditos y á paralizar, sino interrumpir, la comunicación internacional, nueva conquista de los grandes principios humanitarios dominantes. ¿Por qué nos dejaríamos seducir por los mismos que sin llegar á un acuerdo, solamente tienen en cuenta los intereses de los países á que pertenecen y á cuya prosperidad contribuyen con sus esfuerzos? Esto es lo que hemos tratado de llevar al convencimiento de los habitantes de los países americanos en otras cuestiones análogas, dejando de lado todo ese cosmopolitismo, toda esa fraternidad de los pueblos que si algún dia puede llegar á ser una verdad, por el momento sólo sirve para ocultar en teorías halagadoras intereses egoístas que es necesario conocer y separar.

SECCIÓN II

DE LOS EFECTOS Y DE LAS OPERACIONES DE LA QUIEBRA

SUMARIO: I. Domicilio comercial del fallido : opiniones á su respecto, solución. Declaración de quiebra pedida por un extranjero y á un extranjero: opiniones diversas, solución. Ley que rige el procedimiento de la quiebra: principio generalmente aceptado. Verificación de créditos: opiniones diversas según se discuta el crédito en sí mismo ó en cuanto á su presentación : soluciones, crítica. — II. Efectos de la declación de quiebra: sistemas diversos, fundamento, autores que los siguen, crítica, solución. Capacidad del fallido : limitaciones que sufre, opiniones diferentes, autores que las siguen, crítica, solución. Actos ejecutatados por el fallido antes y después de la quiebra: ley que los rige respecto á su validez, opiniones á su respecto, solución. Sentencia declaratoria de la quiebra y su validez fuera del lugar donde ha sido dictada : cómo se considera y opiniones diferentes, solución. Los síndicos, sus facultades y manera de ejercitarlas: principios que rigen.— III. Concordato, ley que rige el modo de celebrarse. Efectos que produce cuando ha sido aceptado por todos los acreedores. No habiendo sido aceptado por todos los acreedores : sistemas diversos sobre la ley que rige sus efectos, fundamento, escritores que los sostienen, crítica, solución. Descargos por autoridad judicial y liquidación de sociedades en Inglaterra. Concordatos preventivos en Bélgica y en Francia: opiniones diversas, fundamento, crítica, solución.— IV. Reivindicación : soluciones diversas según los casos y las doctrinas que se aceptan en el derecho común.—V. Liquidación y graduación de créditos: diferente clase de créditos y solución según su clase.—VI. Rehabilitación: tribunal competente para decretarla: opiniones, fundamento, crítica, solución.— VII. Moratorias. Sistema sobre la ley que las rige : fundamento, crítica, solución.

La quiebra se opera en el domicilio comercial del que se encuentra en estado de falencia, y el juicio que tal situación provoca puede ser uno solo ó determinar otros teniendo en cuenta el interés de los acreedores. Esta es la solución de la unidad ó de la pluralidad de la quiebra que, como lo hemos visto, no dominan de un modo absoluto ni presentan en teoría reglas que hagan menos numerosos, cuando no menos difíciles, los conflictos.

¿Dónde se encuentra el domicilio comercial del fallido? Esta es una cuestión que suele dividir á los escritores al discutir la doctrina del derecho común y cuando se trata de los efectos de la quiebra en los limites del territorio. Lo mismo sucede con los partidarios exclusivos de la teoría de la unidad de la quiebra, no así con los de la pluralidad, desde que los unos deben concentrar todas las operaciones en un lugar determinado, provocando allí las soluciones, y los otros encuentran un domicilio y por lo tanto una liquidación en cada lugar en donde haya un interés de un acreedor que amparar. El domicilio del fallido, á los efectos de la competencia se resolverá según el caso, pudiendo ser uno sólo ó varios si la liquidación deba hacerse en lugares diferentes, desde que es el acreedor el que va á determinarlo, haciendo efectivos los derechos que consagró el fallido á su favor donde tiene los medios de hacerlo y no tiene la concurrencia de los acreedores extraños.

Pero la declaración hay que solicitarla de los tribunales competentes, cualquiera que sea la teoría que se adopte. El acreedor, el fallido mismo, ó el ministerio fiscal, según la doctrina de algunos escritores, deben provocar la quiebra en los casos en que la declaración se considere indispensable en razón de sus intereses ó de los intereses públicos comprometidos. ¿Podrá ser declarado en quiebra un extranjero? ¿Podrá pedir la declaración de quiebra un acreedor extranjero?

La discusión, más que en la doctrina pura, se mantiene en los términos de las legislaciones particulares que examinan los escritores, sobre todo los franceses. Son las restricciones impuestas al ejercicio de los derechos civiles en toda su plenitud, es la desconfianza al extranjero en el estado de antipatía recíproca de los estados europeos conservada y fomentada por intereses antagónicos en la influencia política, en el desenvolvimiento de las industrias similares,—que provocan esas dificultades en razón de la calidad de las personas. Así se discute la situación del deudor extranjero distinguiendo los casos en que ha sido autorizado ó no á establecer su domicilio, si tiene una simple residencia, y si sin tener ni domicilio ni residencia, ha hecho solamente negocios en el país; y respecto al acreedor, si en su carácter de extranjero puede hacer concurrencia á los nacionales que reclaman ante todo la protección de sus autoridades, ó debe limitarse á recibir lo que resulte después de atendidos los intereses de aquellos ó buscar en los bienes que puedan existir en su propio país la chancelación de sus créditos. De estas diferentes opiniones participan

escritores como Massé, Renouard, Félix, Bravard, Demangeat, Larroque Sayssinel, Bertauld, Alauzet, Laurent, Boistel, Bonfils, Dubois, Ruben de Couder, Brocher, Vincent y Penaud, Fiore, Thaller, Thomas, Rippert, Wharton, Weiss, Despagnet, Surville y Arthuys,
Lyon-Caén y Renault, Bloch, Rousseau y Deffert, Asser,
Pradier Fodéré ; y las legislaciones de Austria, Alemania, Inglaterra y de todos los pueblos que reconocen á los
extranjeros el goce completo de los derechos civiles.

La solución no nos parece difícil desde el punto de vista
de la doctrina. El extranjero es un habitante del país que
está amparado por sus leyes como el nacional. Entra
al territorio con la seguridad de que sus derechos civiles no dependen en su existencia y ejercicio del egoísmo
de los propietarios de este territorio. Si no fuera así el
aislamiento sería la consecuencia como lo fué en tiempos
en que el individuo variaba de derechos como tal por el
cambio de situación.

La legislación puede todavía ser retardataria por las
influencias extrañas á los verdaderos principios, pero
tal situación tiende á desaparecer sucesivamente. El individuo debe tener la seguridad que será considerado
tal en todos los lugares adonde se encuentre como consecuencia de la libertad de locomoción. La comunidad
internacional lo reclama así como lo reclama también
el interés bien entendido de todos los países, el reconocimiento recíproco de los derechos que son ın ___

á la personalidad humana. ¿Por qué el extranjero deudor no podría ser declarado en quiebra por ser extranjero desde que antes que esto último es deudor y antes que todo debe considerarse el interés de los acreedores? ¿Por qué el extranjero acreedor no podría exijir la declaración de quiebra de su deudor nacional, si él considera mejor protegido su derecho de esta manera?

El goce de los derechos civiles hemos dicho que era una necesidad para la existencia del derecho internacional privado. Lo contrario haría imposible toda dificultad, desde que importaría aplicar siempre la ley propia, desconociendo principios y alterando voluntades que requieren ser considerados. El ser declarado en quiebra ó el exijir esa declaración no es más que el reconocimiento de la calidad de deudor y el de la de acreedor, y uno y otro son la consecuencia del ejercicio de derechos en que para nada interviene la soberanía política de los estados.

Pero el juicio de quiebra, como todo juicio, tiene sus formalidades especiales que determinan la manera cómo se ha efectuado la liquidación y las garantías que deben tomarse á fin de impedir que pueda producirse cualquier abuso en el juego de los diferentes intereses que actúan. Es necesario saber cómo se hará la declaración de quiebra, qué medidas se tomarán para la seguridad de los bienes, cómo se dará representación á la masa, cómo se convocarán los acreedores y cómo se justificarán los derechos que pretenden como tales, etc., etc. ¿Cuál será la ley que determinará todo este procedimiento?

El procedimiento en el juicio de quiebra sigue la regla general de todos los procedimientos judiciales. La doctrina parece conforme á este respecto. La *lex fori*, es decir, la ley del tribunal á quien corresponde conocer en el juicio, es la que debe aplicarse. Así lo manifiestan, Savigny, Carle, Asser, Thomas, Lyon-Caén y Renault, Despagnet, Weiss, Pradier Fodéré y me parece que tal es la solución que debe mantenerse, desde que se trata de un juicio y en él intervienen las autoridades á quienes se les ha determinado formas especiales para llenar sus funciones acertadamente en garantía de todos los intereses que se someten á su solución. Las formas del procedimiento son, por regla general, de orden público y como tales priman sobre la voluntad misma de los individuos que son amparados por ellas.

Sin embargo, cuando se trata de la verificación de los créditos, es indispensable formular una distinción con el objeto de impedir las confusiones que fácilmente se producen por no clasificar con cuidado los actos. Si se discute el crédito en cuanto á su presentación, es decir, al término ó plazo en que se ha hecho, á la manera de discutirse y resolverse las dificultades por los mismos acreedores ó por el tribunal, corresponde resolverlo á la *lex fori* y así lo entienden Carle, Asser, Surville y Ar-

thuys, Thomas, Fiore y Arenas. Si se discute el crédito
en cuanto á su naturaleza, á sus condiciones, á la manera de comprobarse, cada crédito se regirá por su propia ley, con arreglo á los principios reconocidos á este
respecto: ésta es también la opinión de Casaregis, Savigny, Carle, Asser, Thomas, Lyon-Caén y Renault,
Surville y Arthuys, Weiss, Fiore.

II

La quiebra produce efectos más ó menos importante
desde el momento de su declaración en forma, ya sea en
cuanto á la persona del fallido, ya en cuanto á la de los
acreedores, ya en cuanto á los bienes que deben compo-
ner la masa de la quiebra. La prisión del fallido, la detención de toda su correspondencia, la privación de la
administración de sus bienes y la sujeción á limitaciones de su capacidad en una serie de actos; la representación común, la suspensión de las acciones individuales, la cesación del curso de los intereses, el sometimiento á las resoluciones del mayor número y á las
preferencias que por la naturaleza de los créditos se determinan; bienes que forman ó no parte de la masa en
razón del momento de su adquisición, de la situación
en que se encuentran ó del origen que se les atribuye.
¿Cómo deberán considerarse todos estos actos? ¿Cuál
será la ley aplicable?

En dos opiniones diversas pueden agruparse las que se refieren á los efectos en sí mismos, puesto que todas las demás que se manifiestan tienen por objeto discutir la manera cómo esos efectos podrán producirse:

1º Los efectos de la declaración de quiebra se rigen por las leyes del lugar del juicio, *lex fori*, *lex loci concursus*.

Sostienen esta solución en términos generales y haciendo aplicaciones á determinados efectos: Despagnet, Surville y Arthuys, Carle y Dubois, Asser, Norsa, Thomas, Rossi, Wharton, Boch. Se fundan en que la *lex loci concursus* es la que da mayores facilidades para salvar los inconvenientes que generalmente presentan todos los juicios universales al que concurren intereses en mucha parte antagónicos, sobre todo por las diferencias en la forma y momentos en que se satisfacen. Creen también que por el hecho de formar un solo juicio ó varios con autonomía completa en el territorio en que actúan, la sumisión á sus leyes es la consecuencia forzosa y que, desde que una ley domina el acto en sí mismo produciéndose con arreglo á ella, las consecuencias deben someterse también lógicamente á sus disposiciones: "el Juez, dice Despagnet, declara la quiebra inspirándose en su propia ley y atribuyendo á su sentencia las consecuencias que de esta ley se desprenden".

2º Los efectos de la declaración de quiebra se rigen

por la ley personal del fallido, tomando como tal la ley nacional.

Esta solución pertenece á Weiss y se funda principalmente en que la declaración de falencia afecta al fallido en su persona, limitando ó suprimiendo el ejercicio de muchos de sus derechos y el cumplimiento de sus obligaciones en la forma y en el modo cómo fueron contraídos, y en que si ha de existir un juicio único, cuyo conocimiento puede y debe corresponder al juez ó tribunal del domicilio, la ley única de posible aplicación no puede ser otra que la personal, que predomina por su carácter sobre todas las demás.

Entre el ausente, el menor, el que se encuentra en estado de interdicción y el fallido hay una gran analogía. Si el alejamiento, la edad ó cualquiera debilidad intelectual impiden á los primeros dirijir por sí mismos sus patrimonios y sus negocios, á los segundos, velando por una buena liquidación, se les separa también de la administración de los bienes que constituyen la garantía común de los acreedores y se les impone ciertas limitaciones á su capacidad civil. ¿Por qué se habría de hacer una diferencia entre ambos? ¿Dónde mejor que en la ley nacional se podría encontrar la ley única que es indispensable para la unidad de jurisdicción? ¿Son acaso los establecimientos que se declaran en quiebra, ó lo es el fallido á quien pertenece, como dice Bravard? No es el estatuto real, á pesar de los esfuerzos de Rocco

y Norsa para conciliar la realidad con la universalidad
de la quiebra; no es la ley de la residencia ó sitio de los
negocios, según lo pretende Sacerdoti, ni la ley del domicilio ó del principal establecimiento comercial del
deudor, como lo indican Phillimore y Westlake. La ex-
tra-territorialidad no puede pertenecer sino á la ley personal del fallido y ésta no puede ser otra que la ley nacional, en cuyo favor militan las mismas razones que la
hicieron triunfar sobre la del domicilio, tratándose del
estado y capacidad de las personas, siendo su aplicación el primer deber del Juez llamado á conocer del estado jurídico y por lo tanto de la quiebra de un extranjero domiciliado en su jurisdicción.

Nos inclinamos á aceptar la primera solución, la *lex
loci concursus*. Si no hay sino un solo juicio de quiebra,
porque esa ley será la ley del domicilio del concursado,
del lugar donde está el asiento de sus negocios, y para
nosotros la ley del domicilio es la ley personal, es decir,
la ley que sigue el estado y capacidad de las personas.
Si hay varios juicios, porque en todo caso, si bien es
cierto que la declaración de quiebra afecta ó limita la
capacidad del fallido, no la limita en absoluto como al
que se encuentra ausente ó en estado de interdicción:
en el lugar del juicio el deudor no ejercita derecho alguno sobre los bienes, porque lo tienen los acreedores, y
fuera de él estos no imponen limitación alguna desde que
sus derechos son principales en el territorio propio, y

en el extranjero, ó no existen ó si existen son accesorios y previo asentimiento de la soberanía extraña.

La quiebra produce indudablemente una incapacidad. ¿Cómo se debe considerar esta incapacidad? ¿Es una incapacidad absoluta, de modo que surta su efecto en todos los territorios como esencialmente personal, ó es relativa, es decir, se limita al hecho y al lugar en que se produce? Esta es una cuestión que divide también á los escritores y á la jurisprudencia, porque su solución depende de los principios fundamentales en materia de quiebra.

Así para Felix, Mailher de Chassat, Carle y Dubois, Fiore, Norsa, Milone, Brocher, de Luca, Stracca, Voet, Ansaldo, Pimenta Bueno, la incapacidad es absoluta y por lo tanto el declarado en quiebra en un estado carece de capacidad en otro para administrar y disponer de sus bienes, siendo ineficaces todos los actos que tuvieran relación con estos. Se funda esta solución en el carácter de universalidad que se atribuye á la quiebra y en la identificación de las incapacidades que produce con las demás incapacidades generales, debiendo dominar por consiguiente en unas como en otras la ley personal.

Para Casaregis, Rocco, Massé, Demangeat, Pardessus, Borsari, Bar, Wharton, Olivart, Rossi, Surville y Arthuys, Merlin, Despagnet, Boch, Lyon-Caén y Renault, Stelian, la incapacidad es relativa, ya sea porque todo lo que se refiere á la quiebra pertenece al estatuto real, que tiene por límite el del territorio en que ha sido reconocido, ya porque no se trata de una verdadera incapacidad sino de un desapoderamiento de los bienes, de una limitación en actos que no pueden oponerse á los acreedores, ya porque ella depende de la manera cómo se consideren las sentencias en territorio extranjero.

Sin embargo, es de notarse que en esta última solución no todos los que la siguen están completamente de acuerdo. Rocco, Wharton, Rossi, Despagnet, Lyon-Caén y Renault, piensan que la incapacidad no sale del territorio, por ser de estatuto real ó porque no siendo de ningún estatuto requiere el reconocimiento de la sentencia declaratoria de quiebra. Massé y Demangeat creen que debe distinguirse entre las incapacidades puramente personales y aquellas que se refieren á los bienes, siendo las primeras absolutas y las segundas relativas. Merlin sostiene que la dificultad debe resolverse por los principios de la equidad y de la buena fé en cuanto á la validez de los actos celebrados por el fallido en el extranjero, y así el acto podrá ser anulado siempre que el tercero, conociendo el estado de quiebra, celebra el acto, porque lo hace en fraude de los acreedores, lo que no puede suceder en el caso contrario.

Nosotros pensamos con Dubois y Despagnet que propiamente no se trata de una cuestión de capacidad ó de incapacidad, pero que en todo caso la incapacidad sería relativa. Entonces la ley aplicable es la *lex loci concursus*, porque los bienes se gobiernan por sus leyes especiales y las limitaciones del fallido tienen en consideración el interés de los acreedores del territorio y el cumplimiento de las resoluciones dictadas en amparo de sus derechos.

La declaración de quiebra produce efectos sobre ciertos actos anteriores á la declaración y los anula ó los considera como anulables en tanto se han realizado en un momento en que la situación del fallido no le podía permitir celebrar tales actos sin perjuicio de los derechos de los acreedores. ¿Cuál será la ley que determinará este efecto retroactivo de la declaración como limitación de la capacidad del que si no era fallido estaba en estado de cesación de pagos?

Durante el juicio de quiebra la nulidad puede ejercitarse respecto á ciertos actos por diferentes causas. El acto puede ser nulo en sí mismo por falta de los requisitos legales ó puede serlo en razón del momento en que se ha celebrado y como efecto de la declaración de quiebra. Sobre lo primero no puede haber dificultad: la nulidad nace del acto y debe ser resuelta, según Carle y Surville y Arthuys por la ley que rige la obligación á que se refiere. Sobre lo segundo no es lo mismo y á su respecto es que se ha pronunciado la doctrina.

¿Cuál es la ley que rige los actos nulos ó anulables por efecto de la quiebra? ¿Es la ley de los actos ó es la ley de la quiebra? Las cortes de Brescia y de Turin se han manifestado á favor de la ley del acto, pero la ley de la quiebra es la que se sigue por escritores como Carlé y Dubois, Asser, Despagnet, Lyon-Caén y Renault, Thaller, Vincent y Penaud, Weiss, Surville y Arthuys, Norsa, Wharton, ya como una consecuencia de la ley que rige la capacidad del fallido ó de la ley que rige la quiebra en sí misma y en sus efectos posteriores.

Aceptamos esta última solución. La nulidad de los actos se funda en un efecto retroactivo de la declaración de quiebra, porque se supone que el fallido conocía el mal estado de su negocios, como dice Asser, y quería en vista de su estado favorecer á uno de sus acreedores en perjuicio de los otros, ó burlar á todos en connivencia con los terceros. No es una causa que tenga su orígen en el acto ó contrato en sí mismo, sino en el hecho posterior de la quiebra y es lógico establecer que este hecho que ha dado nacimiento á la nulidad se juzgue por su ley.

Sin embargo, y para todos los casos en que sea necesario que la sentencia de declaración de la falencia surta sus efectos, porque la unidad del juicio sea una consecuencia de la teoría que la proclama como única solución, ó porque ella se impone en interés de los acreedores dentro ó fuera del país á que se atribuye la competencia, — es indispensable establecer préviamente cómo se debe realizar tal cosa. ¿Cómo se considera la sentencia extranjera en caso de quiebra?

La solución está íntimamente ligada con la que corresponde á la ejecución de las sentencias extranjeras en general que estudiaremos especialmente en adelante. Las variaciones que se notan tanto en la doctrina como en la jurisprudencia, dependen de las exigencias que los intereses nacionales tienen en los casos de quiebra, lo que no sucede en los de la vida común. Así, las opiniones son diversas, ya estableciendo que la sentencia de quiebra se tenga por tal sin necesidad de *exequatur* por parte de las autoridades nacionales, ya imponiendo este *exequatur* en todos los casos, ya haciendo una diferencia entre los actos conservatorios y los actos de verdadera ejecución y estableciendo la necesidad del *exequatur* en estos últimos solamente, lo que ha encontrado más aceptación en escritores como Bertauld, Massé, Demangeat, Carle y Dubois, Rossi, Félix, Weiss, Despagnet, Surville y Arthuys, Lyon-Caén y Renault, Ripert, Thaller, Boistel, Thomas, Barḍ, Ramírez, Gianzana, Pimenta Bueno y en la jurisprudencia francesa, belga é italiana.

No consideramos que sea necesario estudiar especialmente las distinciones que predominan en la doctrina desde que no se pretenda un exclusivismo estrecho en la ejecución de las sentencias en general. La declaración de quiebra por cualquier medio que se produzca, es un acto de las autoridades judiciales y como tal debe seguir la regla que corresponde á todos los actos de igual naturaleza, y si es necesario hacerlo valer fuera del territorio en los casos que ello corresponda, no hay por qué introducir variaciones que importan una excepción verdaderamente inmotivada. La sentencia se debe aplicar sin otros requisitos que la comprobación de que es tal sentencia y que en su fondo no afecta principio alguno de orden público ó social: ésto se justifica por la simple presentación de los documentos respectivos y no puede importar entorpecimiento alguno á los actos conservatorios ó de ejecución que se tengan que adoptar. La declaración de quiebra, como sentencia, seguirá las reglas de todas las sentencias extranjeras, diremos nosotros con Renouard, Alauzet, Lomonaco, Calamandrei, satisfaciendo las exigencias de la más estricta justicia.

Es una consecuencia de lo referente á este punto de las sentencias, la discusión que se promueve sobre los síndicos, su carácter y los medios de llenar sus funciones fuera del lugar de la quiebra. La influencia de las doctrinas sobre la ejecución de las sentencias es decisiva, lo que fácilmente se comprende desde que el nombramiento de síndico es la consecuencia de la declaración de quiebra y puede hacerse al mismo tiempo que ésta ó por actos posteriores que reciben su sello característico.

Así: los síndicos no serán reconocidos como tales si la

sentencia no puede ser ejecutada, como lo indica Pardessus; serán reconocidos y podrán ejercer todos sus
funciones, si se atribuye á los síndicos el carácter de
mandatarios, como lo pretende Massé; si el acto de su
nombramiento es un acto de jurisdicción voluntaria,
como lo dicen Félix, Demangeat, Bonfils, Pimenta Bueno; si se debe hacer una diferencia entre los bienes
muebles y los inmuebles, como lo aceptan Kent, Story,
Phillimore, Westlake, Ferguson, ó entre los actos meramente conservatorios y los de ejecución, aunque para
unos se requiera un requisito que no se requiera para
los otros, el *exequatur,* como lo manifiestan la generalidad de los escritores, y entre ellos, Carle, Fiore, Dubois,
Thomas, Olivares Biec, Rousseau y Deffert, Rippert,
Weiss, Despagnet, Surville y Arthuys, Lyon-Caén y
Renault, Bloch, Vincent y Penaud, Gianzana.

Tratándose de un acto judicial debe seguirse á su respecto las reglas que les son especiales y que por nuestra
parte hemos aceptado. Las distinciones que se hacen en
lo que respecta á los síndicos especialmente no tienen
razón de ser y en los casos en que su intervención
debe hacerse sentir fuera del territorio someterá su
nombramiento á los requisitos establecidos por la ley de
ese lugar para la ejecución de los actos que han dado
nacimiento á su designación.

III

El fallido puede celebrar con los acreedores un convenio por el cual se hacen quitas ó esperas en sus créditos respectivos á fin de hacer cesar los procedimientos de la quiebra; y como este convenio está regido por disposiciones especiales que imponen su aceptación á los acreedores que se han opuesto ó no han tomado parte en las deliberaciones al efecto, y que exige la intervención judicial para quedar terminado, se presentan á su respecto algunas dificultads que es indispensable salvar.

El concordato se ha celebrado en un país y debe hacerse efectivo en otro. ¿Cómo se juzgará en cuanto á su manera de formarse y á la capacidad de los que han intervenido? ¿Se podrá hacer efectivo sobre los que han ó no intervenido? En caso afirmativo ¿no estando homologado se podrá homologar, y estándolo, se podrá ejecutar sin prévio *exequatur*? En todas estas cuestiones ha entrado la doctrina como también la jurisprudencia, no sin que se produzca alguna confusión aun cuando sea fácil agrupar las opiniones.

Ante todo, lo referente á la manera cómo se ha celebrado el concordato, á las acciones á que da lugar y á la capacidad de los que han intervenido como acreedores no hay disconformidad. La *lex loci concursus* es la llamada á resolver todo esto, ya porque se trata de simples reglas de procedimientos, ya porque, como en el caso de la capacidad para celebrar el concordato, el orden público se manifiesta interesado imponiendo así la ley territorial como una excepción á la regla general. Lo manifiestan expresamente así: Asser, Despagnet, Weiss, Lyon-Caén y Renault, Surville y Arthuys, Fiore, Vincent y Penaud, Carle, Thaller, Rossi.

Pero no sucede lo propio cuando se trata del concordato en sí mismo y en sus efectos fuera del territorio. En este caso pueden presentarse dos situaciones diferentes:

1ª Todos los acreedores han concurrido á la celebración del concordato, lo han aceptado y la homologación se ha producido por el tribunal que conocía en el juicio de la quiebra. ¿La condición de extranjero ó de habitante de un territorio extranjero bastará para que el concordato no sea obligatorio á su respecto? ¿Se exigirá para hacerse efectivo el *exequatur* lo que se exige para la sentencia extranjera considerando tal la homologación del tribunal competente?

La solución casi uniforme á este respecto es que el concordato puede hacerse efectivo y que no requiere *exequatur* alguno. Lo sostienen entre otros escritores, Massé, Thomas, Despagnet, Lachau y Daguin, Bloch, Asser, Stelian, Lyon-Caén y Renault, Weis, Vincent y Penaud, Duvivier, fundándose en el carácter del concordato en el caso especial de que se trata, habiendo mediado para celebrarse el acuerdo de todos los acreedores.

Existiendo un consentimiento expreso por parte de los acreedores que pretenden libertarse de la obligación contraída, por su título de extranjeros y por encontrarse en territorio extranjero, se ha celebrado en realidad un contrato en el que, como en todos los de igual naturaleza, predomina la autonomía de la voluntad. ¿Están acaso los contratos sometidos á algún requisito previo para su cumplimiento, para hacerse efectivos entre los que han intervenido en ellos? El contrato debe cumplirse, porque si bien en su realización han intervenido las autoridades judiciales, ha sido solamente á los objetos de levantar las limitaciones que la declaración de quiebra impuso al fallido, dejando sin efecto la resolución que así lo había establecido.

Cuando se trata de un contrato aceptado por todos los acreedores, la homologación que de él hacen los tribunales carece de importancia á su respecto, en tanto nada le agrega á la fuerza compulsoria que le ha dado el hecho del consentimiento común. Los acreedores, para encontrarse obligados, no necesitan requisito alguno, tanto más cuanto que en tal caso el juez no tiene una participación tan activa que pueda variar ó alterar la voluntad de los interesados, desde que no se haya infringido regla alguna al llevarse á cabo.

2ª Han concurrido á la celebración del concordato el número suficiente de acreedores para que se tenga por celebrado, ya sea en relación á las personas ó á los capitales que reunan. ¿Será obligatorio para los que habiendo concurrido á la junta de acreedores le negaron su voto?

¿Podrá obligarse á aceptar lo establecido en el concordato á los acreedores que no asistieron ó no concurrieron á su celebración?

Las dificultades se presentan en esta situación, sobre todo en la segunda, ya porque se haga diferencia entre nacionales y extranjeros, ya porque se trate de concordatos homologados ó que se pretenden homologar fuera del lugar de la quiebra, ya porque se discuta si el concordato homologado exige el *exequatur* de todas las sentencias, ó cuando menos de las de quiebra y en la forma en que en estas se expiden.

Si el acreedor que resiste el cumplimiento de lo arreglado en el concordato, asistió por sí ó por medio de un representante á la junta en que se deliberó sobre su realización, y no aceptó lo en ella convenido votando en contra, en nada influye su actitud. El concordato le obliga desde que por el hecho de asistir aceptó las consecuencias que debían producirse si había el número de acreedores exigidos para su formación. Podría asimilarse este caso al anterior y llevarse á cabo el concordato sin otro requisito.

Pero no siendo así y no habiendo concurrido á la celebración del concordato, ni habiéndolo aceptado posteriormente, dos soluciones se presentan:

1ª El concordato no tiene validez fuera del lugar en

que se ha celebrado, se encuentre ó no homologado.

Sostienen esta solución, Massé, Renuoard, Boulay-Patty y Boileux, Bonfils, Pardessus, Ruben de Couder, Thaller, y ha sido aceptada también por algunas decisiones de los tribunales franceses. "El concordato, dice Massé, es un modo especial de liberación establecido por la ley civil que no puede ser opuesto sino á aquellos cuya nacionalidad somete á esta ley. Supone de parte del acreedor, el abandono de una parte de su crédito y si no consiente en abandonarlo, la ley consiente por él. Para que este consentimiento pueda serle opuesto es menester que esa ley le obligue ó al menos que se encuentre colocado bajo su imperio". "El concordato homologado, dice Ruben de Couder, no podría ser ejecutable en Francia, desde que es una simple convención privada que una sentencia ha hecho ejecutable aun para aquellos que no han tomado parte... Tampoco podría ser homologado, porque los tribunales no deben acordar la homologación sino conociendo perfectamente la moralidad del quebrado y todas las circunstancias de la quiebra, lo que no es posible sino cuando ésta se ha declarado é instruido á su presencia y bajo la vigilancia especial y diaria del juez comisario. "

2ª El concordato tiene validez en cualquier estado, con arreglo á la ley de su celebración.

Se funda esta solución en la naturaleza del acto y en su concordancia con la doctrina de la unidad. Lo primero porque en realidad el concordato es un incidente del juicio de quiebra que debe seguir la ley de ésta, y desde que se habla de establecer la igualdad posible entre los acreedores, es necesario que los dos se sometan á las mismas reglas : el concordato participa más de los contratos que de un acto judicial y debe predominar la ley de estos. Lo segundo, porque según la doctrina de la unidad no hay más que un solo juicio y á él deben concurrir todos los acreedores, de modo que su acción queda sometida á la ley del tribunal que conoce de él, cualquiera que sea su actitud en la defensa de sus derechos.

La mayoría de los escritores acepta la validez del concordato y las diferencias sólo se encuentran en cuanto á la necesidad de la homologación, y sobre todo á la del *exequatur*. Se cuentan entre ellos : Kent, Story, Bell, Rocco, Felix, Demangeat, Dalloz, Laimé, Larroque-Sayssinel, Alauzet, Asser, Carle y Dubois, Lyon-Caén y Renault, Vincent y Penaud, Rousseau y Deffert, Despagnet, Weiss, Rossi, Stelian, Surville y Arthuys, Bloch, Thomas, Duvivier, Daguin, Brocher, Oudin, Pimenta Bueno, Ferguson, Congreso de Lima.

Aceptamos esta última solución porque ella se impone como una consecuencia del juicio de quiebra, sea cual fuera la doctrina que domine á su respecto con la unidad ó la pluralidad. El concordato es un convenio que sólo con la quiebra ó con motivo de ella se pudo realizar. Su especialidad se encuentra precisamente en la aceptación

obligatoria que se impone á los que le han negado su
voto ó no han concurrido á darlo : sin esto no pasaría
de ser un arreglo como otro cualquiera. Los acreedores
tienen la obligación de presentarse al juez único ó á
cada uno de los jueces que conocen en los diferentes
juicios, y al aceptar la intervención judicial aceptan
todas sus consecuencias, sin que su condición de extranjeros les cree derecho alguno que no tiene el nacional.

Pero debe entenderse siempre que se han observado
todos los requisitos de la ley del juicio de quiebra y que
por lo tanto la homologación posterior no procede. El
concordato debe estar homologado para que produzca
sus efectos desde que tal es la exigencia de su ley, y si no
lo está, será cualquier cosa menos un concordato, y entonces no corresponde á la ley extraña suplir sus defi-
ciencias. El *exequatur* debe exigirse desde que se trata de
un acto judicial de tribunales extranjeros, lo que si bien
puede traer entorpecimientos no serán estos sino la consecuencia de las doctrinas poco liberales que dominan
en la mayor parte de las legislaciones de los estados de
más notoria cultura.

Sin embargo, si esta solución puede aceptarse tratándose del concordato que se produce una vez declarada la
quiebra y cumplidos ciertos requisitos previos en garantía común ¿ se aceptará también cuando se presente alguno de esos acuerdos que han introducido las nuevas legislaciones y que pueden realizarse antes de la quiebra ?

En Inglaterra la ley de 1883 que reformó la de 1869, queriendo evitar al deudor desgraciado y de buena fe la declaración de quiebra, siempre de graves consecuencias, mantuvo con reformas de importancia el concordato preventivo *(composition)* y el arreglo para la liquidación de los negocios *(scheme of arrangement of the debtor's affairs)*, debiendo declararse la quiebra solamente en el caso de que iniciados los procedimientos á aquel objeto no pudiera conseguirse un resultado favorable por el voto de los acreedores. También mantuvo en el tribunal que conoce de la quiebra la facultad de declarar que el deudor que ha pagado una parte de sus deudas queda exhonerado de pagar el saldo *(order of discharge)*, y exceptuó las sociedades registradas *(registerad companies)* que quedan sometidas á la ley de 1862 *(companies act)* y en las que la quiebra es remplazada por la liquidación *(Winding-up)*.

Estudiando el caso especial de esta ley en cuanto á la liberación del deudor por resolución del tribunal, los escritores como la jurisprudencia se han dividido negándole su eficacia extraterritorial. Así, Lyon-Caén y Renault, Weiss, Duvivier, Vincent y Penaud, Lachau y Daguin, y la jurisprudencia francesa, creen que debe reconocerse en todos los países y hacerse efectiva contra los acreedores disidentes ó que no han tomado participación directa en el juicio que ha dado lugar al fallo judicial; y Stelian, Thaller, Fiore, Bloch y la jurisprudencia belga, sostienen, por el contrario, que la resolución es de aquellas que no pueden ser ejecutadas por el interés del orden público en tanto la voluntad del juez se sustituye á la de los acreedores, que son los únicos que pueden disponer de sus derechos.

Respecto á la forma de liquidación de las sociedades á las que la ley de quiebras de 1883 no les es aplicable, su especialidad ha dado lugar también á divergencias en las opiniones y en la jurisprudencia. Así en los tribunales franceses la corte de Aix ha resuelto que la decisión de una corte inglesa, no produce el mismo efecto que una declaración de quiebra, desde que existe una diferencia fundamental entre el procedimiento de liquidación y el de quiebra; y la corte de Paris se ha pronunciado en sentido contrario. Pero tanto Rey como Duvivier se expresan de un modo favorable á esta última opinión, diciendo el último que las diferencias son de detalle, puesto que ambos tienen por objeto protejer los intereses de la masa, hacer reinar la justicia y la igualdad en la repartición de los bienes entre los acreedores, y desapoderar de la administración á las sociedades.

Lo mismo sucede con el concordato preventivo y con las liquidaciones judiciales, que no han sido precedidas de la declaración de quiebra, y que se autorizan, entre otras legislaciones, no sólo en la de Inglaterra sino también en la de Bélgica y en la de Francia. Tanto Stelian como Weiss, piensan que la validez de tales acuerdos no puede ser negada, pero Bloch sostiene lo contrario creyendo encontrar en ellos una especialidad que sólo puede ser meramente territorial : " son leyes esencialmente de derecho civil, hechas por el legislador de un país únicamente para ese país, que no es posible admitir sin convenciones especiales, desde que los que han tratado con el deudor extranjero no han debido preveer estas soluciones, no podían conocerlas, no han estado obligado á conocerlas ".

Por nuestra parte, nos decidimos por el reconocimiento de todos estos actos aplicando las mismas doctrinas que en los concordatos comunes. Si los tribunales que han conocido en los procedimientos para llegar á la realización de tales actos son los competentes, de acuerdo con los principios que dominan á su respecto, sus resoluciones obligan á todos los que se han sometido ó han debido someterse en razón de esa competencia. No encontramos las razones de orden social que justifiquen la opinión contraria y que se invocan, sobre todo, en el caso de la legislacion inglesa. Resuelto el punto sobre la competencia, es la ley del territorio á que se atribuye ésta que imprime el carácter y resuelve todas las cuestiones que son ó pueden ser su consecuencia. Puede cuestionarse si se requerirá el *exequatur* previo para reconocer su validez, pero de ninguna manera establecer una negativa en razón del acto mismo.

IV

La reivindicación puede operarse en diferentes casos
según la doctrina y las legislaciones, y todos ellos reclaman, como es consiguiente, una solución especial,
que tenga en cuenta el fundamento en que se apoyan y
las consecuencias que naturalmente debe producir para
el ejercicio de los derechos consagrados.

Si se trata de la reivindicación de cosas que se encuentran en poder del fallido á título de depósito, prenda,
comisión, etc. la ley aplicable, como dice muy bien Carle,
no puede ser otra que la que corresponde á los contratos respectivos, desde que la quiebra no viene á crear
un derecho que es la consecuencia de los actos jurídicos realizados con anticipación. Pero otra cosa sucede
cuando la reivindicación se ejercita por el vendedor en
la quiebra del comprador.

En este último caso el fundamento que lo motiva ha
dado lugar á que se formen diferentes opiniones de las
que viene á depender en realidad la solución. ¿Se fun-
dará la reivindicación en un derecho de retención como
consecuencia del dominio, como lo pretenden Delamarre y Le Poitvin? ¿Será la consecuencia de la condición
resolutoria que se considera implícita en los contratos
comerciales especialmente, como lo indican la generalidad de los escritores, y entre ellos, Bravard-Veyrières,

Laurin, Boistel, Borsari, Vidari, Renouard, Lyon-Caén, y Renault, Supino? ¿Será la equidad, según lo indica Obarrio, en tanto no permite á nadie enriquecerse en perjuicio de otro y no puede amparar al engañador en daño del engañado?

Si la reivindicación es una consecuencia del derecho de retención consagrado por el contrato de venta, la ley aplicable debe ser la ley que rige á este contrato, porque el derecho es una reserva que le es inherente, una cláusula implícita en él. Si se produce como el resultado de la cláusula resolutoria, sigue la ley de la causa que lo ha producido, es decir, la ley del lugar en que la quiebra ha sido declarada. Lo mismo sucederá y con mayor razón en el caso en que sea la equidad la que provoque la acción, desde que esa equidad nace en la quiebra y por la quiebra.

En estas soluciones están de acuerdo todos los escritores que se han ocupado especialmente de estudiar el ejercicio de este derecho de reivindicación en los casos de quiebra. Entre otros podemos recordar á Story, Carle y Dubois, Vincent y Penaud, Despagnet, Weiss, Surville y Arthuys, Wharton, Kent, Burge, Abbot, Fiore.

Nos adherimos á esta solución. Es la naturaleza del acto la que determina la ley aplicable, siendo esta por consiguiente diversa según la manera de considerar el fundamento de la reivindicación. No creemos con Burge, que es la *lex loci contractus* la que determina el derecho del vendedor para suspender la entrega de la cosa vendida, ni con Kent, Abbot y Wharton que sea la ley del domicilio, porque la reivindicación, como lo indican los otros escritores, es la consecuencia de la quiebra y nace con ella, afectando no ya al deudor que ha desaparecido, sino á los acreedores que son parte en el momento en que nace el derecho que se ejercita. La reivindicación no es la consecuencia del contrato de venta, porque en tal caso el vendedor no tendría derecho que ejercer sobre la cosa, sino sobre el precio como uno de tantos acreedores: es el hecho nuevo de la quiebra que la produce y este hecho debe juzgarse con arreglo á su propia ley, que es la ley de la quiebra.

V

Siendo el objeto principal de la quiebra satisfacer los diferentes créditos que de otra manera seria imposible efectuar y debiendo en consecuencia colocarse á todos los acreedores en igualdad de condiciones, es necesario formular un estado en que se clasifiquen los créditos en relación con sus condiciones convencionales ó legales, y efectuado, proceder á la distribución de los fondos liquidados.

La clasificación previa á que aludimos no presenta dificultades en sí misma, pero no sucede lo propio cuando en ella deben incluirse créditos que, con un origen extranjero, se separan por su naturaleza de los derechos que consagra la ley nacional. ¿Cómo se considerarán en tal caso? ¿El crédito privilegiado con arreglo á una ley, lo será bajo la vigencia de otra ley que no reconoce el privilegio para sus propios créditos? ¿Se considerarán lo mismo los créditos meramente personales ó quirografarios, que los que tienen consagrado un derecho especial ó privilegiado?

Estas son las dificultades que se han presentado en la doctrina y en la jurisprudencia, influyendo en ello los principios especiales á los juicios de quiebra. Para los escritores que sostienen la unidad de la quiebra la solución es fundamental, desde que por ella se obliga á todos los acreedores á concurrir con sus créditos á un solo tribunal sometiéndose por lo tanto á sus leyes; pero no es así para los que son partidarios de la pluralidad, pues entonces cada acreedor queda sometido á sus propias leyes y el pago de sus créditos se efectúa en las condiciones que ella establece con la graduación respectiva.

No entraremos en la discusión que provocan todas esas divergencias tan fundamentales, desde que las soluciones que hemos presentado difícilmente podrían dar lugar á ello. Casi todos los escritores, y entre ellos, Casaregis, Ansaldo, Savigny, Félix, Bar, Brocher, Carle y Dubois, Fiore, Miloni, Asser, Olivart, Olivares Biec, Thaller, Lyon-Caén y Renault, Thomas, Despagnet,

Weiss, Ramírez, Surville y Arthuys, Vergara, Vincent y Penaud, Oudin, Pimenta Bueno, Phillimore, Congreso de Turin, empiezan por establecer una diferencia entre los acreedores personales y los que tienen garantías especiales ó privilegios consagrados por las leyes del lugar del acto: á los primeros les aplican la ley del lugar del juicio, la *lex fori* ó *lex loci concursus;* y á los segundos la *lex rei sitæ* ó la ley del contrato.

VI

La declaración de quiebra desapodera al fallido de la administración de los bienes y determina una especie de incapacidad que se limita al territorio, mientras no se ha hecho extensiva fuera por los medios de que antes nos hemos ocupado. Liquidado el concurso recibiendo los acreedores la parte que en el estado de graduación les corresponde, efectuado un concordato ó chancelados totalmente todos los créditos, puede llegar el caso de hacerse necesario levantar las limitaciones á que está sometido el fallido y esto sólo puede efectuarse por medio de la rehabilitación.

La rehabilitación restituye la persona del fallido al estado que tenía antes de la falencia en cuanto al ejercicio de sus derechos. ¿Cómo podrá efectuarse? ¿Cuál será el tribunal competente para ello? ¿Por qué ley se regirá el acto? Esto es lo que es indispensable resolver

y sobre lo que se han manifestado ya diferentes opiniones.

La mayor parte de los escritores, y entre ellos, Pardessus, Boulay Patty, Massé, Carle y Dubois, Brocher,
Rousseau y Deffert, Daguin, Asser, Thomas, Thaller, Roy,
Vincent y Penaud, Despagnet, Weiss, Ramirez, Calamandrei, Fiore, Lyon-Caén y Renault, Lachau y Daguin,
Oudin, están de acuerdo en que la rehabilitación corresponde al tribunal que declaró la quiebra, el que, como
es consiguiente, la efectuará de acuerdo con sus propias
leyes, aunque se separan en cuanto á los efectos de la
resolución en territorio extranjero en tanto deba exigirse
ó no el *exequatur* para producir sus efectos.

Para adoptar esta opinión se fundan en que la rehabilitación es la consecuencia de actos que se han producido en el lugar del juicio y en ninguna parte se puede
juzgar mejor de ellos que en ese mismo lugar. "De otro
modo sería fácil á un extranjero, dice Carle, ó á un nacional declarado en quiebra en el extranjero el recurrir
para ser rehabilitado, á tribunales que no conocieran ni
las causas, ni las circunstancias, ni aun la moralidad de
la quiebra, lo que podría ser una fuente de fraudes, una
puerta abierta á la mala fé", ó, como dice Fiore, "sería
contrario á los principios de equidad y de justicia que
un extranjero ó un italiano que había sido declarado en
quiebra en país extranjero pidiese su rehabilitación á
nuestros tribunales que no pueden para rehabilitarlo

conocer exactamente su vida, su moralidad, su buena fé".

Sin embargo Vincens separándose de las anteriores
conclusiones, cree que la rehabilitación puede solicitarse
y obtenerse en cualquier lugar en que el fallido haya
fijado su domicilio. "Las incapacidades que se hacen pesar sobre el fallido, dice Vincens, han tenido por objeto
asegurar el ejercicio de una acción moral, si se puede
hablar así. Su quiebra, donde quiera que se produzca
debería tener el mismo efecto en todo el mundo comercial, y en todas partes donde el fallido se encuentre
debería también poder establecer y obtener su rehabilitación".

Participamos de la opinión general que atribuye la
competencia á los tribunales que declararon la quiebra
y que la resolución judicial que decreta la rehabilitación
debe estar sometida al exequatur, como las demás resoluciones. Creemos lo primero por las razones antes
expuestas : el conocimiento que es necesario tener sólo
puede atribuirse al tribunal del juicio, así como el medio de evitar el fraude ó mala fe que fácilmente podrían
ser empleados, haciéndose pasar, como dice Boulay Patty,
el agua lustral por magistrados que no tendrían conocimiento alguno de su moralidad, ni de las circunstancias
positivas, ni de las causas de su quiebra. Creemos lo segundo, porque tratándose de una resolución judicial
que viene á dejar sin efecto otra anterior y habiendo

opinado por el *exequatur* para esta, es lógico aplicar la misma regla.

VII

Las moratorias no tienen más objetos que evitar la declaración de quiebra, concediendo un término al comerciante para hacer el servicio regular de sus deudas que se encuentra entorpecido, no obstante tener un activo suficiente para satisfacerlas íntegramente. Es un medio muy discutido en la doctrina y que solamente se encuentra aceptado en algunas legislaciones. ¿Cómo debe considerárseles para sus efectos fuera del país en que se han concedido? Esta es la cuestión que se han planteado los escritores, resolviéndola de diferente manera.

Para Félix, Massé, Demangeat, Asser, Fiore, Despagnet, Bloch, Pimenta Bueno, las moratorias concedidas en un país no producen efecto fuera de él, son meramente territoriales y no obligan á los acreedores que no han consentido. Se fundan para adoptar esta solución en que las moratorias importan una excepción á la regla general que todo deudor está obligado á cumplir la obligación en el término estipulado, y como tal no puede tener valor sino en el territorio sometido á la ley que las autoriza, tanto más cuanto que el legislador al concederlas se inspira en consideraciones de humanidad que él juzga, con razón ó sin ella, como interesando la equidad y por consiguiente el orden público, que no pueden hacerse valer fuera del imperio de la ley que lo consagra.

Para Lyon-Caén y Renault, Dubois, Daguin, Stelian, Weiss, Lachau y Daguin, Roy, Ferguson, las moratorias producen su efecto ó tienen validez en cualquier territorio, rigiéndose por la ley del lugar donde se han celebrado. Se funda esta solución en las mismas razones que se hacen valer para el concordato, que se creen de mayor fuerza en este caso en que hay una prorrogación del plazo para el pago y no una disminución en la cantidad adeudada como sucede en aquél, ya sea celebrado durante el juicio de quiebra ó antes de iniciarse. Uno como otro se efectúan en beneficio de los acreedores y es su resolución la que impera en definitiva, puesto que la negativa ó el silencio de algunos no puede ser suficiente para dejar de lado los intereses de la mayor parte.

Esta última solución nos parece la más acertada. Hay contradicción indudable entre los que admiten el concordato y rechazan las moratorias, como Fiore, así como hay una distinción inadmisible en los que como Dubois se refieren á las leyes injustas ó á disposiciones razonables que no pueden tomarse en cuenta para una resolución negativa, como lo observa perfectamente Stelian. Las moratorias, como el concordato preventivo, tienen por objeto el evitar una quiebra y si lo uno es aceptable no puede cuerdamente rechazarse lo otro. Se requerirá ó no el *exequatur* dada su naturaleza y no importando, como afirman algunos, un acto de ejecución; pero la verdad será siempre que una vez que se trate de acreedores que deben hacer valer sus derechos en un solo juicio, el interés común invocado por la ley les obliga uniformemente, llenadas las condiciones exigidas por ella.

SECCIÓN III

LEGISLACIÓN, TRATADOS Y SOLUCIONES DE LOS CONGRESOS

Sumario: I. Legislación argentina. Código de Comercio y su artículo 1385: solución que contiene, fundamento en su fuente y en la opinión de los jurisconsultos argentinos, crítica respectiva. Ley de 1878: su origen, discusión promovida á su respecto y su crítica. Código de Procedimientos y soluciones que se proyectan respecto á los juicios de quiebra. Jurisprudencia de los tribunales federales y casos que la han motivado. — II. Legislación comparada: disposiciones que contiene la legislación de los países europeos y de los americanos y tendencia que las caracteriza. — III. Tratados y proyectos de los Congresos y soluciones propuestas en los proyectos de códigos formulados por diferentes escritores.

La legislación argentina resolvió desde 1859 la debatida cuestión sobre los efectos de la quiebra declarada en el extranjero, incorporando al Código de Comercio la disposición del artículo 1531; y desde 1878, por la ley de 3 de Setiembre, todo lo referente á la competencia para conocer en los juicios de quiebra tratándose de falencias producidas en el territorio de la República.

El artículo 1531 dijo que: " la declaración de quiebra pronunciada en país extranjero no puede invocarse contra los acreedores que el fallido tenga en el estado, ni para disputarles los derechos que pretendan tener sobre los bienes existentes dentro del territorio, ni para anular los actos que hayan celebrado con el fallido. Declarada también la quiebra por los tribunales del estado, no se tendrá en consideración á los acreedores que pertenezcan al concurso formado en el extranjero, sino para el caso de que, pagados íntegramente los acreedores del estado, resultase un sobrante. A este respecto, se entenderán los síndicos del concurso formado en el estado con los síndicos del concurso extranjero ". Esta disposición no ha sido alterada por las reformas de 1889 (ley nº 2637 de 9 de Octubre de 1889), sino alterando la numeración del artículo que en esta es 1385 en lugar de 1531, cambiando la palabra Estado por República, y suprimiendo el último inciso que, si bien no era indispensable, aclaraba el pensamiento que había presidido el precepto; pero como se ha agregado la prescripción del artículo 287, que hace referencia al artículo 1385 y que determina que " las sociedades legalmente constituídas en país extranjero que estableciesen en la República sucursal ó cualquier especie de representación social, quedan sujetas, como las nacionales, á las dispo-

siciones de este código, en cuanto al registro y publicación de los actos sociales, y en caso de quiebra á lo
estatuído en el artículo 1385", alguna confusión ha
podido producirse.

La doctrina del artículo 1385 responde á la opinión de
Massé, cuando se ocupa de los efectos de las sentencias
de quiebra pronunciadas en el extranjero, y es seguida
en los Códigos de la República Oriental del Uruguay,
artículo 1537, de la del Paraguay, artículo 1531, y de la
de Méjico, artículo 1457 y 1476. ¿Cuál es el alcance de
la disposición respecto á las doctrinas fundamentales en
el juicio de quiebra? ¿Puede ofrecer alguna dificultad en
los diferentes casos que se presentan? ¿La disposición
del artículo 287 ha venido á alterar en manera alguna
la interpretación que le dió su origen y la opinión de
los escritores que se han ocupado de ella?

Massé, después de estudiar los efectos de la sentencia
en cuanto á los deudores, se refiere á los acreedores del
fallido en Francia á quienes se pretendiese, á virtud de
esa sentencia, colocar en el nivel común de los demás
acreedores, ya respecto á los bienes existentes ó á los
actos ejecutados en este país. "No podría oponérseles,
dice, el hecho de la declaración de quiebra, sea para
contestarles los derechos particulares que pretendiesen
sobre esos bienes, sea para anular los actos que hubiesen celebrado con el fallido", porque se trata de un estatuto real que no tiene valor fuera del territorio y de ter-

ceros que no han sido parte en el juicio. Sería también necesaria una declaración especial de quiebra respecto á la casa francesa " si un comerciante tuviese dos casas de comercio, una en país extranjero y otra en Francia, puesto que la quiebra declarada en país extranjero no podría surtir efecto sobre la casa en Francia ".

El Dr. Moreno, en sus *Estudios sobre las quiebras,* ha desenvuelto extensamente las opiniones de Massé, aplicándolas á las disposiciones del Código. Siguiendo los diferentes casos en que se coloca el artículo 1385 (antes 1531), manifiesta que el primero, es decir, cuando hay declaración de quiebra en el extranjero y se trata de hacerla efectiva en el país, " se funda en que, siendo regido el estado de quiebra por el estatuto personal, en cuanto á los actos de que es incapaz personalmente el fallido, y por el estatuto real, en cuanto á los actos que se le prohiben relativamente á sus bienes y en beneficio de sus acreedores, la incapacidad no es absoluta sino relativa, y por consiguiente, puede vender los bienes que tenga en el país, porque la prohibición ó incapacidad no puede producir efecto sino sobre los bienes sujetos al imperio de la ley, cuando son objeto del acto prohibido ". En cuanto al segundo, es decir, cuando se produzca una doble declaración en el país y en el extranjero, "porque la ley no puede menos de acordar preferencia á los acreedores del país sobre los bienes que en él tenga el fallido, desde que sus créditos tienen

por garantía especial esos bienes y han sido adquiridos
en virtud de actos que, celebrados bajo su influencia,
deben proteger y hacer cumplir. Para ser comerciante,
es en todas partes necesario tener bienes que formen un
capital, con el cual responda á los compromisos y obligaciones contraídas en su giro ; y como la ley no puede
hacer efectivo el cumplimiento de esos compromisos,
sino dentro los límites de su soberanía, la acción de un
concurso no puede ejercerse sobre bienes que el fallido
tenga en extraño territorio, bienes que forman la garantía de los otros acreedores. Así, cada concurso tiene
derecho á los bienes que el fallido tenga en el territorio
de la nación donde ejercía el comercio y cuyos tribunales le declararon en quiebra, pero ninguno á los que se
hallen en otra nación, en perjuicio de los legítimos
acreedores que allí tenga. Cuando los bienes del fallido
no tienen ningún acreedor, ó pagados éstos, resulta
sobrante, esas dificultades desaparecen y entonces, en
el interés del comercio y de la justicia, deben esos bienes aplicarse al pago de las deudas contraídas en el extranjero, ya que ningún derecho legítimo se hiere, ni se
causa perjuicio á terceros que no han intervenido en la
quiebra ".

El distinguido profesor Dr. Obarrio ha sostenido las
mismas ideas del Dr. Moreno en sus sabias lecciones, y
ha manifestado que para que puedan existir dos concursos en el caso de dos casas diferentes, es necesario

que estas tengan cierta autonomía, un capital propio y una administración independiente, siguiendo en esto las opiniones de Fiore, Asser, etc., etc. "Cuando cada casa ha mantenido relaciones con terceros que han tenido en cuenta, al contratar, la honorabilidad de su gerencia, la importancia de su activo, la puntualidad en el cumplimiento de sus obligaciones, la justicia exige la separación de los créditos para que los acreedores dirijan sus acciones sobre los bienes que han constituído la garantía especial de sus derechos. Pero, para esto es necesario cierta independencia ó autonomía en cada una de esas casas, y, sobre todo, que funcionen en plazas distintas. Cuando varias personas tienen una casa principal y otras que sólo se consideran como simples sucursales ó auxiliares del comercio de la primera, la regla cambia, porque en realidad de verdad, en tal caso no existe sino un solo establecimiento comercial. No hay ni puede haber entonces sino diversos acreedores de un solo deudor".

También ha sostenido el Dr. Obarrio que el artículo 287 no ha cambiado ni alterado la interpretación del artículo 1385, de modo que su disposición importe dejar á los acreedores extranjeros sin poder concurrir á la quiebra en el país por el hecho de existir donde contrató una agencia ó representación que carecía de capital y de bienes. Se funda para ello en que el artículo se refiere á las sociedades que establecieren en la República sucursales ó cualquier especie de representacion; en que se conspiraría contra el objeto mismo del artículo 1385, que es la protección á los acreedores del país, desde que el hecho de existir la sucursal ó representación, aunque no tuviera bienes con que atender sus créditos, bastaría para colocarles en la imposibilidad de cobrarlos ó en una condición inferior á los acreedores extranjeros; en que la disposición del artículo 287 no tiene otro propósito que el de someter á las sociedades extranjeras á la necesidad del registro y publicidad de sus actos sociales y de los mandatos de sus respectivos representantes para salvaguardar los intereses de los que contraen con ellos en la República, no teniendo la alución final al artícuo 1385 otro alcance que una simple referencia para los casos en que fuera aplicable.

Sin embargo, creemos necesario todavía, recordar la opinión del Dr. Basavilbaso, Rector de la Universidad de Buenos Aires, uno de los más distinguidos jurisconsultos del foro argentino, y cuya profundidad y claridad de juicio se hacen notar en todas sus manifestaciones jurídicas. Esta opinión ha sido manifestada en un caso concreto: liquidación de una casa comercial en la República en que tenía una sucursal, agencia ó representación en el extranjero, sin capital ni bienes propios negándose los acreedores en la República á admitir la concurrencia de los acreedores que lo eran tales por haber contratado con la sucursal y á pagar en el lugar de su ubicación. Haremos su transcripción íntegra porque es la exposición y crítica más clara y metódica que se haya hecho de los artículos 287 y 1395 del Código.

"Considero que el artículo 1385 del Código de Comercio es inaplicable al caso sometido á nuestra decisión, la cual, por otra parte, no puede encontrar fundamento, á mi entender, en la disposición del artículo 287 del mismo código.

"El primero de estos artículos rige los efectos de la declaración de quiebra pronunciada en país extranjero, y no los de la quiebra declarada en la República. Él resuelve dos cuestiones, relativas ambas á la situación de los acreedores que tengan en la República una persona ó sociedad, cuya declaración de quiebra ha sido pronunciada en país extranjero.

"La solución que el artículo da á estas cuestiones es la siguiente: ó esa persona ó sociedad no ha sido declarada en quiebra en la República, y entonces la masa de acreedores extranjeros no puede disputar á los acreedores del país los derechos que tengan sobre los bienes existentes dentro del territorio, ni pretender anular los actos que hayan celebrado con su deudor; ó esa persona ó sociedad declarada en quiebra en país extranjero, es también declarada en quiebra en la República, y entonces los acreedores del país tienen preferencia á ser pagados con los bienes existentes en ella sobre los acreedores del concurso formado en el extranjero.

"Una y otra disposición tienen por base un concurso formado en el extranjero, que supone un cuerpo de bienes para responder á los acreedores que han contratado con el deudor en consideración á esos bienes; pero es evidente que en el caso sometido á nuestra decisión, no se trata de los efectos que debe producir en el país una declaración de quiebra pronunciada en el extranjero, sino, á la inversa, de los que debe producir en relación á los acreedores extranjeros una declaración de quiebra pronunciada en la República.

"La disposición de la primera parte del artículo 1385 se funda en que la quiebra, al privar al fallido de la administración de sus bienes, atribuyendo á la masa de los acreedores los derechos individuales de cada acreedor, constituye un estatuto real que no puede afectar sino los bienes situados en el territorio del juez que la ha declarado.

"Esta es al menos la razón que dá Massé, núm. 809, para fundar su conclusión, de que no bastaría declarar ejecutoria en Francia la sentencia de quiebra pronunciada en país extranjero, para someter al régimen de la quiebra los bienes situados en Francia y los actos que allí se hubiesen practicado y concluído, siendo notorio que esta doctrina es la que ha servido de fuente á la disposición legal que examino.

"Sería, además, contrario á todo principio de equidad que los acreedores del país que habían contratado con el deudor, confiados en su activo, tuvieran que soportar que éste fuera llevado al extranjero y que ellos mismos se vieran obligados á ocurrir á jueces de extraña jurisdicción para hacer valer sus derechos, gravando los gastos de representación sus créditos ya comprometidos.

"La segunda parte del artículo 1385 supone la existencia de dos quiebras, y se funda en la misma doctrina, según la cual la quiebra constituye un estatuto real; cada una de ellas afecta únicamente los bienes y los actos existentes ó practicados en el país, donde ha sido declarada.

"Es exacto que ese artículo establece de una manera esplicita el derecho de preferencia de los acreedores, que el fallido tenga en la República, respecto de los bienes existentes dentro del territorio, asegurándoles con ellos el cumplimiento de las obligaciones contraídas por el deudor, pero se refiere al fallido que es tal en virtud de una declaración de quiebra hecha en país extranjero; no establece esa preferencia respecto del deudor fallido en virtud de una declaración de quiebra pronunciada en la República, sino en el caso de existir otra declaración igual pronunciada en país extranjero contra el mismo deudor, porque entonces hay dos masas de acreedores, dos cuerpos de bienes, dos quiebras sometidas á dos jurisdicciones absolutamente independientes y regidas por el derecho local de cada una.

"Cuando la declaración de quiebra ha sido pronunciada en la República, y no en el extranjero, los acreedores del país y los acreedores extranjeros que vienen á hacer valer sus derechos ante el juez de la quiebra, tienen una misma situación, sin que entre ellos haya razón alguna de preferencia por causa del lugar en que el deudor ha contraído las obligaciones.

"El mismo Massé, núm. 557, lo reconoce cuando al citar las opiniones de Ansaldo y del Cardenal de Luca, quienes sostienen que la ley se aplica igualmente á los acreedores extranjeros y á los nacionales, fundándose en que ella iguala á todos los acreedores del fallido y borra entre ellos toda distinción, salvo las causas legítimas de preferencia, agrega "sin duda ella se aplica á los acreedores extranjeros, lo mismo que á los nacionales, en este sentido que los extranjeros que se presenten ante los jueces de la quiebra, deberán seguir *la ley común*, y no podrán prevalerse de su cualidad de extranjeros para pretender una mejor posición".

"Es indudable que los acreedores del extranjero no podrían pretender que las hipotecas ó garantías que los deudores les hubieran acordado, después de la efectiva cesación de pagos, fueran válidas, porque no les obligue la declaración de quiebra pronunciada en la República;

no podrían pretender que en caso de existir bienes en el extranjero, debieran responder á sus créditos exclusivamente, por la misma razón que la declaración de quiebra sólo afecta los bienes situados dentro del territorio en que ha sido hecha. Tales pretensiones serían inconciliables con su sometimiento al juez de la quiebra; pero del mismo modo que ellos, sometiéndose á la ley común, no pueden aspirar á una posición mejor, tampoco puede establecerse entre ellos y los acreedores nacionales, sometidos á una misma ley, distinción alguna que importe una preferencia.

"Es evidente que fuera del caso de quiebra, los acreedores del pais se encuentran en lo que respecta á su deudor en las mismas condiciones que los acreedores que el mismo deudor tenga en el extranjero, ¿qué razón podría entonces haber para que esta igualdad se quebrara, cuando el deudor ha sido declarado en quiebra en la República? Se comprende esta desigualdad cuando la quiebra ha sido declarada en el extranjero, porque los efectos de esa declaración no deben, según la ley, hacerse extensivos á los acreedores de la República, para los cuales no puede ser obligatoria una situación que ellos no han creado, pero no se comprende cuando son los acreedores extranjeros los que sometiéndose á la jurisdicción del juez de la quiebra, á los efectos que ésta produce, vienen á presentar sus créditos á la misma verificación de los demás, á hacerlos efectivos sobre un mismo y único cuerpo de bienes y á recibir una parte igual á la que reciben los acreedores del país.

"No hay disposición legal que establezca á favor de éstos últimos una preferencia que, en esas condiciones, sería odiosa, y sabido es que no hay otras causas de preferencia que las que la misma ley establece.

"No acuerda esta preferencia el artículo 287, porque al someter á las sucursales ó cualquier especie de representación de las sociedades legalmente constituidas en país extranjero, á las disposiciones del Código en cuanto al registro y publicación de los actos sociales y de los mandatos de los respectivos representantes, y en caso de quiebra á lo estatuído en el artículo 1385 del Código de Comercio, sólo establece la facultad de los acreedores para hacer declarar en quiebra esas sucursales ó representaciones y para hacer valer su derecho de preferencia sobre los bienes de la sociedad situados en el país, en el caso de quiebra del establecimiento principal en el extranjero.

"Así, en el caso de sucursales ó agencias de casas europeas para la compra de lanas y otros productos del país, los acreedores locales podrían ejercitar el derecho de preferencia que les acuerda el artículo 1385 combinado con el artículo 287, obteniendo igual declaración en la República, de esa agencia ó sucursal. Pero si no lo pidieren, porque. la sucursal ó agencia careciera de bienes en el pais y el establecimiento principal situado en el extranjero hubiere sido declarado en quiebra en el lugar de su domicilio, ¿podría acaso excluirse á los acreedores de la República de ese concurso por el hecho de existir aquí una sucursal? ¿Podría decirse á estos acreedores que sus créditos no serán pagados en las mismas condiciones de los demás, porque debían ser preferidos los que resultaban de operaciones hechas en el lugar del domicilio del establecimiento principal? Jamás se nos ha opuesto en el extranjero semejante doctrina jurídica y no resulta ella de nuestras disposiciones legales."

Por nuestra parte nada tenemos que agregar á lo que desde 1882 hemos manifestado respecto al artículo 1531, hoy 1385. "De las palabras y del espíritu de la disposición se desprenden tres condiciones, decíamos entonces:

"1ª Declaración de quiebra en país extranjero, existiendo bienes y acreedores en el estado. Los acreedores del estado tienen derecho á ser pagados con los bienes existentes en el estado y aquella declaración no se puede invocar contra ellos á los objetos de debilitar sus créditos.

"2ª Declaración de quiebra en el extranjero y declaración en el estado. Los acreedores del estado ejercitan sus derechos en el concurso formado 'en él y los del extranjero llevan á su masa el sobrante que resultase.

"3ª Bienes existentes en el extranjero y en el estado

y acreedores en el extranjero. La declaración de quiebra en el extranjero se hace efectiva en el estado y una liquidación exclusiva domina el concurso.

"Estas soluciones no importan indudablemente la aceptación de la doctrina de la unidad de la quiebra, tal cual algunos escritores distinguidos la exponen, pero tampoco importan el rechazarla. Es más bien una excepción establecida en favor de los acreedores del estado, pero excepción que no supone el desconocimiento de la declaración extranjera, una vez que esta surte sus efectos en los sobrantes y en otros casos se hace efectiva en todos los bienes; y si tuviera la disposición el alcance que se le quiere dar, en ningún caso tendría valor aquella, como sucede en las legislaciones donde la pluralidad es la regla.

"¿Debe mantenerse esta excepción ó debe aceptarse lisa y llanamente el sistema de la unidad? A nuestro juicio debe mantenerse, porque es una garantía necesaria para los acreedores del estado, una vez que á estos les es difícil sino imposible vigilar el desenvolvimiento de las operaciones comerciales que se efectúan generalmente á largas distancias y sus actos sólo han podido ajustarse á las responsabilidades que el deudor presentaba en el momento en que entraban en relaciones con él.

"La doctrina de la unidad es simpática y su aplicación es posible en pueblos unidos por comunicaciones frecuentes y en que acreedores y deudores se vigilan sin dificultad; pero para aceptarla en todo su desenvolvimiento en condiciones diferentes á aquellas, es necesario, cuando menos, establecer algunas garantías, á fin de que la teoría no pueda servir de medio para sacrificar unos acreedores en provecho de ótros, porque los unos pudieron tener conocimiento de una situación que fué imposible conocer á los otros."

Pero la disposición del artículo 1531 se aplicaba también á los casos de quiebra producidos en la República cuando los acreedores pertenecían á diferentes establecimientos ó cuando los bienes estaban situados en lugares diversos. La jurisprudencia presentaba numerosos casos en que los tribunales de las diferentes provincias creyéndose cada uno con competencia especial por razón de las personas ó de los bienes, reclamaban el reconocimiento de la sentencia declaratoria de la quiebra, y en los que la solución había sido imposible en razón de no existir un tribunal con atribuciones bastantes para dirimir la competencia suscitada. ¿Era posible mantener esta situación? ¿Cuáles serían los medios más adecuados para hacerla desaparecer?

La dificultad llegó hasta el Congreso Nacional y en 1877 varios Diputados (Cáceres, Gallo, del Barco) presentaron un proyecto en cuyos artículos 2° y 3° establecían la unidad del juicio de quiebra, dando su conocimiento á los jueces de la Provincia en la que el fallido tuviera su domicilio ó su principal establecimiento al tiempo de la declaración de quiebra, y autorizando á las partes en el juicio á ejercitar tal derecho de apelación para la Suprema Corte Nacional en caso de contravención. El proyecto mereció un despacho favorable de la comisión á cuyo estudio fué pasado y después de una larga discusión en la Cámara, tanto sobre la parte constitucional como sobre lo referente á la unidad y pluralidad de las quiebras, recibió una solución definitiva.

Pasado el proyecto en revisión á la Cámara de Senadores, esta lo discutió y sancionó con alteraciones, siendo la más importante por lo que hace á la cuestión de que nos ocupamos, la que comprendía en el juicio universal de concurso todos los bienes del fallido cualesquiera que fueran las provincias ó países extranjeros donde existieren. Esta alteración dió lugar á alguna discusión, juzgándose improcedente en razón de considerarse una intromisión en la jurisdicción extranjera que solo podría ser limitada por el consentimiento de su propia soberanía manifestada en tratados especiales.

Sancionado en esa forma el proyecto pasó nuevamente á la Cámara de Diputados y oyendo esta á su comisión respectiva resolvió insistir en su sanción anterior, quedando así aquél convertido en ley, de modo que tratándose de juicios de quiebras promovidos en la República éstos no pueden ser múltiples y en caso de desconocimiento de esta regla, corresponde restablecerla á la Suprema Corte de la Nación.

La ley lleva la fecha de Setiembre 9 de 1878. Dejando de lado la disposición del artículo 1°, que se refiere á un caso de jurisdicción concurrente por razón del valor del litigio, sólo debemos recordar los artículos 2° y 3°, que textualmente dicen: "El conocimiento de los juicios universales de concurso de acreedores y de sucesión, corresponderá en el territorio de la República, á los jueces respectivos de aquella Provincia en el que el fallido tuviera su principal establecimiento al tiempo de la declaración de quiebra, ó en la que debe abrirse en su caso la sucesión, según les disposiciones del Código Civil (art. 2°). Si un Juez de Provincia se arrogase el conocimiento de alguna de las causas expresadas, en contravención de lo ordenado en el precedente artículo, todo vecino de extraña provincia que sea parte legítima en dicha causa, podrá declinar su jurisdicción por los trámites establecidos en el título 6° de la ley sobre procedimientos de los tribunales nacionales, debiendo la Suprema Corte resolver las cuestiones de competencia que se suscitaren con motivo de esta disposición" (art 3°).

En el proyecto de Código de procedimientos civiles y comerciales para los tribunales federales y de la capital de la República formulado por el Dr. Zeballos y el autor de esta obra se habían establecido varias disposiciones referentes á la competencia de los juicios de quiebras dando solución á las dificultades principales; y tomándolas en consideración la comisión revisora compuesta de los distinguidos jurisconsultos Basavilbaso, Malaver y Obarrio, designada por decreto de Mayo de 1890, les ha dado una forma definitiva en los términos siguientes: "Será pues competente en materia de concurso civil de acreedores: 1º El del domicilio del deudor cuando hiciese cesión de bienes, ó *cuando el concurso fuese provocado por el Ministerio público*. 2º El de cualquiera de los lugares en que se esté conociendo de las ejecuciones, si el juicio fuese promovido por los acreedores. *b)* En los casos del inciso 2º que antecede, será preferido el del domicilio del deudor, si éste ó el mayor número de acreedores lo reclamasen. Si nadie lo reclamase será preferido aquel que hubiese prevenido en la declaración del concurso. *c)* Será juez competente para conocer en materia de quiebras: 1º Si el fallido tuviera un establecimiento comercial, el del lugar en que ese establecimiento estuviere situado. 2º Si el fallido no tuviere un establecimiento comercial, se observarán las reglas establecidas en los incisos *a* y *b* para el concurso civil. *d)* Si el fallido tuviere varios establecimientos en la República, corresponderá el conocimiento del juicio al juez del lugar donde se encontrase el principal establecimiento. En caso de duda, se tendrá como principal establecimiento aquel en que se encontrase el domicilio del fallido. *e)* Si existiendo más de un establecimiento, uno se encontrase en la República y otro fuera de ella, la declaración de quiebra del primero, sólo podrá decretarse por el tribunal respectivo de la República, procediéndose, en caso de hacerse esta declaración, de acuerdo con la 2ª parte del artículo 1385 del Código de Comercio.

"Si el establecimiento en la República no se hallase en estado de quiebra, la declarada respecto de otro ú otros establecimientos en país extranjero sólo podrá afectar á los bienes situados en la República, una vez pagados íntegramente los acreedores del pais."

En cuanto á la jurisprudencia que las disposiciones legales antes mencionadas han podido provocar, no es ella por cierto numerosa, sin duda porque dados sus términos tan claros como esplícitos no se han podido promover muchos litigios que reclamaran la decisión judicial. Pueden recordarse los casos siguientes en que han conocido los tribunales federales:

1º E. Folman y Cª v. el concurso de J. M. Casa y Cª, en que la sentencia de la Suprema Corte estableció entre otras conclusiones que "la declaración de falencia pronunciada en país extranjero no es ejecutiva en el estado y no altera las obligaciones contraídas en éste por los fallidos"; "los acreedores del fallido en el lugar de la quiebra no se hallan en concurrencia con los acreedores que residen en el estado sobre los bienes existentes dentro de su territorio"; "no existiendo acumulación de otros créditos, no puede tener lugar la declaración de privilegio que un acreedor residente en el estado solicita sobre dichos bienes".

2º E. de la Reta *v*. Antero Barriga, en que el fallo del Juzgado de Sección confirmado por la Suprema Corte, determinó que "el juicio declarativo de la quiebra en país extranjero no puede cumplirse en la República en perjuicio de terceros, contra los cuales no tiene la autoridad de la cosa juzgada, porque no han sido parte en él, y cuyo efecto por lo que respecta al estatuto real, no puede ultrapasar los límites del juez que la dictó, principio que está expresamente consignado en el artículo 1531 del Código del Comercio".

II

No obstante que la doctrina parece inclinarse á la aceptación de la unidad en el juicio de quiebra, como lo hemos hecho notar anteriormente, la legislación, ó guarda silencio á su respecto, ó adopta la doctrina opuesta de la pluralidad, ó toma un término medio teniendo en cuenta la naturaleza de los bienes que deben formar el activo de la quiebra ó la masa de bienes que responderá á los diferentes acreedores que constituyen el pasivo.

En Alemania la ley de Febrero 10 de 1877, establece en los artículos 207 y 208: "Si un deudor fuese declarado en quiebra en el extranjero, podrá practicarse la ejecución forzosa sobre los bienes que poseyere en Alemania.

El canciller del Imperio, con el asentimiento del concejo federal, podrá establecer excepciones á esta regla"(artículo 207). "Si un deudor que no estuviese sometido á ningún tribunal alemán por virtúd de su estatuto de jurisdicción general, poseyere en Alemania un establecimiento para la explotación de un comercio ó de otra industria, podrà invocarse el procedimiento de quiebra sobre los bienes de este deudor que se encontraren en Alemania, cuando este establecimiento estuviese facultado para negociar directamente. Otro tanto sucederá en el caso en que el deudor que no estuviese sometido á ningún tribunal alemán, por virtud de su estatuto de jurisdicción general, explotase en Alemania en calidad de propietario, usufructuario ó arrendatario una tierra que tuviera edificios destinados á habitación y explotación. El procedimiento en estos casos corresponde al tribunal cantonal en cuyo término estuviere enclavado el establecimiento ó la tierra. Si se declarase una quiebra en el extranjero, podrá declararse igualmente en Alemania sin necesidad de justificar la insolvencia del deudor" (artículo 208).

En Austria está vigente la ley general sobre quiebras de 25 de Diciembre de 1868 que contiene diferentes disposiciones. "Los tratados internacionales regulan en primera línea en una quiebra en el país, los derechos de los acreedores de nacionalidad extranjera. A falta de tratados de esta clase es menester aplicar el prin-

cipio que los extranjeros tienen en la quiebra los mismos derechos que los nacionales, si éstos en el estado
á que los extranjeros pertenecen tienen legalmente en
las quiebras los mismos derechos que los nacionales de
este estado. En caso de duda la presunción de reciprocidad predomina. Si el juez del país tiene cualquier
motivo para establecer lo contrario, es al extranjero
que se presenta en la quiebra á quien corresponde probar en un plazo determinado, por documentos auténti-
cos, según qué principios los ciudadanos austríacos son
tratados en el mismo caso, en el estado á que pertenece;
y el juez austríaco tomará estos mismos principios por
base de su decisión, relativamente al derecho del
extranjero" (art. 51). "Estas disposiciones son aplicables á los derechos cedidos por extranjeros á nacionales,
si la cesión ha tenido lugar después de la apertura de
la quiebra" (art. 52). "Mientras que tratados internacionales ú ordenanzas especiales no determinan un
procedimiento diferente para otros estados: a) Los
bienes muebles de un fallido austríaco situados en
el extranjero deben ser comprendidos en la quiebra
abierta en Austria y en consecuencia la petición para
la entrega debe ser dirigida á las autoridades extranjeras. b) Por el contrario los bienes muebles de un fallido
extranjero situados en Austria, deben ser remitidos al
tribunal extranjero de la quiebra á su pedido. El procedimiento de la quiebra relativo á los bienes inmuebles

queda reservado á los tribunales del estado en que están situados. Si las autoridades de un estado extranjero niegan la entrega de los bienes muebles ó no la acuerdan sino en límites restringidos, es el caso de aplicar los principios de la reciprocidad. El tribunal debe poner en conocimiento del Ministerio de Justicia, todos los casos de esta naturaleza " (art. 61).

En Inglaterra, Francia, Bélgica, Holanda, España, Italia, las legislaciones respectivas guardan silencio respecto á las quiebras en sus efectos internacionales, siendo de notarse algunas solamente en cuanto declaran que el extranjero puede pedir y ser declarado en quiebra; pero la jurisprudencia en cada uno de esos países se ha encargado de demostrar las incertidumbres que dominan á su respecto en la aplicación de las doctrinas y en la aplicación de los elementos que la legislación general proporciona á sus tribunales.

En Portugal, el Código de Comercio de 1888 contiene algunas disposiciones que .pueden servir para determinar soluciones: el artículo 5° coloca á los portugueses y extranjeros en igualdad de condiciones para exigirse el cumplimiento de sus vinculaciones ante sus tribunales; el artículo 6° declara que todas las disposiciones del código son aplicables á las relaciones comerciales con extranjeros; el artículo 111 establece que las sucursales y representaciones sociales de sociedades extranjeras quedan sometidas en cuanto á la quiebra al párrafo único del artículo 745, el que se expresa así : "Para declarar la quiebra de cualquier sociedad comercial es competente el tribunal de comercio de la circunscripción donde tuviere su principal establecimiento ó á falta de éste, de su domicilio. La disposición de este artículo es igualmente aplicable á cualquier sucursal ó representación establecida en el reino, de una sociedad legalmente constituída en país extranjero en lo relativo á actos ó contratos celebrados en Portugal".

En Suiza las relaciones entre los cantones se rigen en cuanto á la quiebra por los concordatos que tienen celebrados entre ellos y por los que para la competencia de los tribunales respectivos se hace diferencia entre los bienes muebles y los inmuebles y cuando el deudor tiene muchos establecimientos; y las relaciones con los países extranjeros, no habiendo tratados, se determina por la legislación de los cantones que se pronuncia por la pluralidad.

En los Estados Unidos de América la legislación de quiebras corresponde al poder federal, por disposición expresa de la constitución; pero no obstante las diferentes leyes que se ha dictado, ninguna ha previsto el caso internacional, siendo en la jurisprudencia en la que se ha impuesto la doctrina que niega toda eficacia á las sentencias declaratorias de la quiebra ya se trate de relaciones entre los estados ó con las naciones extranjeras.

En Méjico, el Código de Comercio de 1883 contiene diferentes prescripciones respecto á materias de derecho internacional privado, y en cuanto á la quiebra establece: en el artículo 1457, que "si quebrare en el extranjero una negociación mercantil que tuviese en la República una ó más sucursales, se pondrán éstas en liquidación, si así lo exigiere por medio del exhorto respectivo la autoridad que conozca de ella, siempre que en la nación de que proceda haya sobre el particular el respectivo derecho de reciprocidad, y sin perjuicio de que se declaren también en quiebra esas sucursales, si tuvieren tal estado conforme á lo prevenido en este Código; y en el 1476, que " la declaración de quiebra pronunciada en país extranjero no puede invocarse contra los acreedores que el fallido tenga en la República, ni para disputarles los derechos que pretendan tener sobre los bienes existentes dentro del territorio, ni para anular los contratos que hayan celebrado con el fallido".

En el Brasil, el decreto del 17 de Julio de 1878 reglamenta todo lo referente á la ejecución de las sentencias civiles y comerciales de los tribunales extranjeros, adoptando en sus disposiciones la doctrina de la unidad de la quiebra con algunas excepciones. "Serán ejecutables en el Brasil las sentencias extranjeras que declaren en quiebra á comerciantes que tengan su domicilio en el país donde fueron aquellas dictadas " (artícu-

lo 14). "Dichas sentencias, después de puesto el cúmplase de los tribunales brasileros (artículos 1° y 2°) y de
publicado el mismo cúmplase, producirán en el imperio
los efectos que por derecho sean inherentes á las sentencias de declaración de quiebra, salvo las restricciones
de los artículos 17, 19 y 20" (artículo 15). "Independientemente del cúmplase y con sólo la exhibición de la sentencia y del acto del nombramiento, en forma auténtica,
los síndicos, administradores ó curadores tendrán facultad para, como mandatarios, solicitar en el imperio
diligencias que conserven el derecho del acervo, para
cobrar dividendos, transijir (si para ello tuvieran poderes) é intentar acciones. Mas todos los actos que impor-
ten directamente ejecución de la sentencia, como son
la prescripción y la venta de los bienes del fallido, no
podrán ser llevados á cabo sino después que la sentencia se hiciese ejecutoria por el cúmplase del juez brasile-
ro, guardándose las fórmulas del derecho patrio" (artículo 16). "Sin embargo de haber sido declarada ejecutoria la sentencia extranjera de declaración de quiebra, los
acreedores domiciliados en el Brasil que tuvieren hipotecas en inmuebles sitos en éste, pertenecientes al fallido,
no quedan inhibidos de exigir sus créditos y ejecutar
dichos inmuebles" (artículo 17). "Lo dispuesto por el
artículo anterior, es aplicable á los acreedores quirografarios igualmente domiciliados en el Brasil que en la
fecha del cúmplase tengan acciones resueltas contra el

fallido. Les será lícito entablar acción en los últimos términos del proceso y ejecutar los bienes del fallido, sitos ó existentes en el imperio" (artículo 18). "La sentencia que declare en quiebra á un comerciante que tenga dos establecimientos, uno en el país de su domicilio y otro distinto ó separado en el Brasil, no comprenderá en sus efectos el establecimiento existente en el Brasil. La quiebra de este establecimiento sólo podrá ser decretada por los magistrados brasileros, y los acreedores del mismo establecimiento serán pagados del respectivo acervo, de preferencia á los acreedores del establecimiento existente en el extranjero" (artículo 19). "Los concordatos y moratorias confirmadas por los tribunales extranjeros, sólo serán obligatorios para los acreedores residentes en el Brasil que hubiesen sido citados para tomar parte en ellos y después de puesto el cúmplase" (artículo 20). "Queda entendido que no son susceptibles de ejecución en el Brasil, las sentencias extranjeras que declaren en quiebra comerciantes domiciliados en el imperio" (artículo 21).

En la República Oriental del Uruguay, y en la del Paraguay, lo referente á las quiebras se resuelve de la misma manera que en la República Argentina, siendo uno mismo el Código que las rige. Escusamos repetir su transcripción habiéndolo hecho anteriormente.

III

Los tratados son escasos en lo referente á las quiebras, no obstante que no faltan en cuanto á la ejecución de las sentencias en general, lo que ha hecho afirmar á algunos escritores que sus cláusulas debieran ser de aplicación á aquéllas. Es quizá el más notable el celebrado entre Francia y Suiza en 1869 y en cuyos artículos 6 y 9 se ocupa de la materia.

Sin embargo los estados se preocupan de solucionar las dificultades, pudiéndose enumerar diferentes tentativas á este respecto.

El congreso internacional del comercio y de la industria reunido en Paris con motivo de la Exposición de 1878, sancionó entre otras resoluciones la siguiente: "Que por medio de convenciones internacionales, la quiebra produzca todos sus efectos en un país como en otro, es decir, que la quiebra sea una y universal". El Congreso Jurídico italiano, reunido en Turin en 1880, en que tomaron parte jurisconsultos de otros países, opinó que debían celebrarse una ó más convenciones sobre las bases siguientes: 1ª El tribunal competente para declarar la falencia y continuar el procedimiento hasta su terminación, será el del lugar donde el comerciante tiene su principal establecimiento comercial. 2ª La sentencia declaratoria de la quiebra y las otras sentencias que se dicten durante el procedimiento, tendrán en el territorio de todos los estados contratantes, la misma autoridad de la cosa juzgada que tengan en el estado en que fueron pronunciadas y podrán dar lugar á medidas conservatorias, de urgencia y administración, con la condición de que sean hechas públicas de acuerdo con el artículo V, letra *a*. Cuando en virtud de las sentencias se deba proceder á algún acto de ejecución en otro estado, deberá obtenerse préviamente el *pareatis* de la autoridad del estado en el que se deba proceder á hacerla efectiva. Esta autoridad será designada en el tratado: se pronunciará á simple requerimiento de los interesados y sin necesidad de contradicción, y no podrá rehusar el *pareatis* sino en dos casos: *a)* cuando la sentencia emane de un tribunal incompetente según la regla del artículo I; *b)* cuando la sentencia no causa ejecutoria en el estado en que fué pronunciada. Tal decreto será susceptible de oposición por la vía contenciosa, pero sin efecto suspensivo. 3ª Las restricciones á la capacidad comercial del fallido, el nombramiento y las facultades de los administradores de la quiebra, el procedimiento de la quiebra, la admisibilidad, formación y los efectos del concordato, la liquidación y la repartición del activo entre todos los acreedores, nacionales ó extranjeros, serán regulados por la ley del lugar donde se ha abierto el juicio de quiebra. 4ª Los derechos reales, las razones de preferencia por hipoteca, privilegio y prenda y los derechos de reivindicación, distracción y retención sobre bienes inmuebles ó muebles del fallido, serán regidos por la ley del lugar de la situación material de los bienes en la época de la adquisición del derecho. Corresponderá al tratado internacional el determinar de una manera precisa cuál deba ser el tribunal competente para decidir la controversia relativa. 5ª Se introducirán especiales soluciones en el tratado: *a)* para regular la publicidad de la sentencia dictada en uno de los estados en materia de quiebra en territorio de los otros estados; *b)* para determinar las relaciones respectivas de las autoridades judiciales de los varios estados contratantes en lo que se refiere al cumplimiento de las convenciones internacionales. 6ª El tratado podrá restringirse por ahora á la quiebra de los comerciantes y quedarán en su plena observancia las leyes de los estados en cuanto á la insolvencia de los no comerciantes. El tratado no se estenderá igualmente á la acción penal de bancarrota y mantendrá en salvo las convenciones de extradición."

El congreso sud-americano de derecho internacional privado al que nos hemos referido en varias ocasiones, sancionó diferentes reglas en el tratado de derecho comercial internacional respecto á las falencias. Estas reglas, cuyas conclusiones no aceptamos en toda su extensión, pues no se encuentran de acuerdo con las opiniones antes manifestadas, deben llamar justamente la atención de los publicistas siendo las más correctas

y completas que se han proyectado hasta ahora. Dicen
así : "Son jueces competentes para conocer de los juicios
de quiebra, los del domicilio comercial del fallido, aun
cuando la persona declarada en quiebra practique accidentalmente actos de comercio en otra nación ó man-
tenga en ella agencias ó sucursales que obren por cuenta
y responsabilidad de la casa principal" (art. 35). "Si
el fallido tiene dos ó más casas comerciales independientes en diferentes territorios, serán competentes
para conocer del juicio de quiebra de cada una de
ellas, los tribunales de los respectivos domicilios"
(art. 36). "Declarada la quiebra en un país, en el caso
del artículo anterior, las medidas preventivas dictadas
en ese juicio, se harán también efectivas sobre los bienes
que el fallido tenga en otros estados, sin perjuicio del
derecho que los artículos siguientes conceden á los
acreedores locales" (art. 37). "Una vez cumplidas las
medidas preventivas por medio de las respectivas cartas
rogatorias, el juez exhortado hará publicar, por el término de sesenta dias avisos, en que dé á conocer el
hecho de la declaración de quiebra y las nedidas preventivas que se han dictado" (art. 38). "Los acreedores locales, podrán dentro del plazo fijado en el artículo
anterior, á contar desde el dia siguiente á la publicación de los avisos, promover un nuevo juicio de quiebra contra el fallido en otro estado, ó concursado
civilmente, si no procediera la declaración de quiebra.

En tal caso, los diversos juicios de quiebra se seguirán
con entera separación y se aplicarán respectivamente
en cada uno de ellos las leyes del país en que radican "
(art. 39). " Entiéndese por acreedores locales, que,
corresponden al concurso abierto en un país, aquéllos
cuyos créditos deben satisfacerse en el mismo " (art.
40). "Cuando proceda la pluralidad de juicios de
quiebra ó concurso, el sobrante que resultare á favor
del fallido en un estado, será puesto á disposición
de los acreedores del otro, debiendo entenderse con
tal objeto los jueces respectivos " (art. 41). " En el
caso de que se siga un solo juicio de quiebra, porque
así corresponda, según lo dispuesto en el artículo 35, ó
porque los dueños de los créditos locales no hayan
hecho uso del derecho que les concede el artículo 39, todos los acreedores del fallido presentarán sus títulos
y harán uso de sus derechos ante el juez ó tribunal
que ha declarado la quiebra " (art. 42). " Aún cuando exista un solo juicio de quiebra, los acreedores hipotecarios anteriores á la declaración de la misma,
podrán ejercer sus derechos ante los tribunales del
país en que están radicados los bienes hipotecados ó
dados en prenda" (art. 43). " Los privilegios de los
créditos localizados en el país de la quiebra y adquiridos antes de la declaración de ésta, se respetarán,
aun en el caso en que los bienes sobre que recaiga el
privilegio se transporten á otro territorio y exista en

él, contra el mismo fallido un juicio de quiebra ó formación del concurso civil. Lo dispuesto en el inciso anterior sólo tendrá efecto cuando la traslación de los bienes se haya realizado dentro del plazo de la retroacción de la quiebra" (art. 44). "La autoridad de los síndicos ó representantes legales de la quiebra será reconocida en todos los estados, si lo fuese por la ley del país en cuyo territorio radica el concurso al cual representan, debiendo ser admitidos en todas partes á ejercer las funciones que les sean concedidas por dicha ley y por el presente tratado" (art. 45). "En el caso de pluralidad de concursos, el tribunal en cuya jurisdicción reside el fallido, será competente para dictar todas las medidas de carácter civil que lo afecten personalmente" (art. 46). "La rehabilitación del fallido sólo tendrá lugar cuando haya sido pronunciada en todos los concursos que se le sigan" (art. 47). "Las estipulaciones de este tratado en materia de quiebras, se aplicarán á las sociedades anónimas, cualquiera que sea la forma de liquidación que para dichas sociedades establezcan los estados contratantes, en el caso de suspensión de pagos" (art. 48).

Disuelto de hecho el Congreso de Lima que se ocupaba de establecer reglas sobre el derecho internacional privado, quedaron pendientes varias materias que se encontraban sometidas al estudio de las comisiones respectivas, y entre ellas, la referente á las falencias, que fué publicada en 1881 con un extenso y notable informe en el que su autor, el Dr. Arenas, funda las principales disposiciones que se proyectan, y que han servido de fuente á algunas de las del Congreso Sud-Americano que hemos transcripto. En este proyecto se parte del principio de la unidad del juicio de quiebra, y se determinan en consonancia todas las reglas: "En las Repúblicas signatarias serán competentes para conocer del juicio de falencias, los jueces y tribunales del domicilio comercial del fallido" (art. 22). "Si el fallido tiene dos ó más casas comerciales separadas y distintas, serán competentes respecto de cada una de ellas los jueces y tribunales de su domicilio" (art. 22). "En el caso del artículo anterior, el juicio de falencia, pronunciada contra una de las casas comerciales, no será extensivo á la otra" (art. 24). "El juicio de falencia pronunciado en un país extranjero, tiene para las Repúblicas un valor extraterritorial; pero no se le dará cumplimiento en cuanto á ejecuciones sobre los bienes del deudor, ó á las providencias coercitivas contra su persona, sino previa la revisión á que están sujetas las sentencias expedidas en otro país" (art. 25). "La revisión prescripta en el artículo precedente no es necesaria para que el juicio de falencia pruebe la fecha de la quiebra, ni para que en él se funde la excepción de cosa juzgada, ni tampoco para que los síndicos de la quiebra practiquen actos de mera pre-

caucion y seguridad" (art. 26). "Los acreedores del
fallido presentarán sus títulos y harán uso de su derecho
ante el juez ó tribunal que ha declarado la quiebra"
(art. 27). " Los convenios ó arreglos celebrados por el
deudor fallido con sus acreedores sobre esperas ó
quitas, se regularán, en cuanto á su validez y sus resultados jurídicos, por la ley del lugar en que se ha
declarado la falencia " (art. 28). " El juez de la quiebra es el competente para pronunciar la rehabilitación
del fallido" (art. 29). "No tendrán valor los actos por
los cuales el deudor fallido, después de la declaración
de la fatencia, vendiese, cediese ó gravase de cualquier modo, los bienes que tenga en las Repúblicas"
(art. 30). " Los privilegios adquiridos antes de la fecha
en que se considere fallido el deudor por el juez de la
quiebra, se respetarán, aunque los bienes privilegiados
se vendan ó transporten al domicilio del fallido" (art.
31). "Las hipotecas, ya sean convencionales, ya legales, ya judiciales, que han tenido su origen antes de la
fecha á que se refiere el artículo anterior, serán también
respetadas en los juicios de falencia" (art. 32). " Los
embargos trabados sobre bienes del deudor después de
la quiebra no dan ningún derecho de preferencia "
(art. 33). " Los acreedores hipotecarios podrán ejercer
su derecho sobre los bienes hipotecados que no existan
en el domicilio del deudor; pero en tal caso, el exceden-
te será puesto á disposición del juez de la quiebra "

(art. 34). " Si los bienes hipotecados que existan fuera del domicilio comercial del deudor se hubiesen rematado por comisión rogatoria del juez de la quiebra, los acreedores tendrán sobre el producto del remate la preferencia que les conceda la ley de la situación de dichos bienes " (art. 35).

Después de todas las transcripciones anteriores, debemos mencionar solamente las disposiciones proyectadas por Dudley Field, por Olivares Biec, siguiendo las conclusiones de Fiori, por Diaz Covarrubias al completar la obra de Bluntschli con reglas sobre el derecho internacional privado, por la comisión encargada de la revisión del Código de Comercio de Holanda, que ha seguido las conclusiones de Asser, y por la del Instituto de derecho internacional, que deben ser discutidas en las sesiones que se celebrarán este año en Zürich. Estas últimas se limitan á tres en que predomina la ley personal : " I. Corresponde exclusivamente á la ley personal del insolvente el decidir si puede ó no ser declarado en estado de quiebra, organizar la quiebra, determinar las consecuencias y soluciones, en los límites en que el orden público internacional, es decir, el interés del estado extranjero en cuyo territorio se invoca, autoriza su aplicación. II. El tribunal del lugar señalado por esta ley personal para la apertura de la quiebra es el único competente para decretarla, el que será casi siempre el tribunal del domicilio del insolvente ó el de su **principal** establecimiento **de** comercio. Pero á falta de gestiones promovidas antes ese tribunal y mientras **sea** reclamada su intervención, la quiebra podrá ser provisoriamente abierta en cada uno de los países en que se encuentran situados los bienes del deudor. III. La sentencia declaratoria pronunciada por el tribunal, cuya competencia se ha determinado, debe producir todos sus efectos relativamente á la persona y á los bienes del insolvente, aun fuera del país en que se ha dictado. No es necesario el *exequatur* sino para los actos de ejecución que reclame el concurso de las autoridades extranjeras ".

FIN DEL TOMO TERCERO

ÍNDICE

PARTE TERCERA

LEYES COMERCIALES

CAPÍTULO PRIMERO

DE LAS PERSONAS DEL COMERCIO

SECCIÓN I

DE LOS COMERCIANTES Y DE LOS ACTOS DE COMERCIO

SECCIÓN II

DE LAS OBLIGACIONES COMUNES A TODOS LOS QUE PROFESAN EL COMERCIO

SECCIÓN III

DE LAS BOLSAS Ó MERCADOS DE COMERCIO

SECCIÓN IV

LOS AGENTES AUXILIARES DEL COMERCIO

CAPÍTULO II

DE LOS CONTRATOS DE COMERCIO

SECCIÓN I

DEL MANDATO Y DE LAS COMISIONES Ó CONSIGNACIONES

SUB-SECCIÓN I

Del mandato

Sumario: I. Relaciones jurídicas que nacen del mandato entre mandante y mandatario y mandatario y terceros. Opiniones diversas y sus fundamentos, crítica y solución. — II. Agente intermediario para oir proposiciones y mandatario que se extralimita en sus poderes. Opiniones diversas, fundamento, crítica, solución. — III. Conclusión del mandato por muerte del mandante. Dificultades que presenta y ley aplicable según las opiniones

SUB-SECCIÓN II

De las comisiones ó consignaciones

SECCIÓN II

DE LAS COMPAÑÍAS Ó SOCIEDADES

SECCIÓN III

DE LA COMPRA-VENTA Y DE LA CESIÓN DE CRÉDITOS

SECCIÓN IV

DE LAS FIANZAS Y CARTAS DE CRÉDITOS

SECCIÓN V

DE LOS SEGUROS, DEL PRÉSTAMO, DEL DEPÓSITO Y DE LA PRENDA

SECCIÓN VI

DE LAS LETRAS DE CAMBIO

SECCIÓN VII

DE LOS VALES, BILLETES Ó PAGARÉS Y EN GENERAL DE TODOS LOS PAPELES AL PORTADOR; DE LOS CHEQUES Y DE LA CUENTA CORRIENTE

CAPÍTULO III

DE LOS DERECHOS Y DEBERES QUE RESULTAN

DE LA NAVEGACIÓN

CAPÍTULO IV

DE LAS QUIEBRAS

SECCIÓN I

TEORÍAS GENERALES

Sumario: I. Observaciones generales sobre la importancia y las dificultades de todo lo referente á las quiebras.— II. Doctrinas en que se agrupan los principales escritores. La unidad y universalidad de la quiebra: regla, fundamento, autores que la sostienen y jurisprudencia que la sigue. La pluralidad de las quiebras: regla, fundamento, autores que la siguen y jurisprudencia á su respecto. Crítica de estas teorías. Manera cómo deben resolverse las dificultades estudiándolas en la forma como se presentan. Solución especial á cada caso y su fundamento..... 335

SECCIÓN II

DE LOS EFECTOS Y DE LAS OPERACIONES DE LA QUIEBRA

Sumario: I. Domicilio comercial del fallido: opiniones á su respecto, solución. Declaración de quiebra pedida por un extranjero y á un extranjero: opiniones diversas, solución. Ley que rige el procedimiento de la quiebra: principio generalmente aceptado. Verificación de créditos: opiniones diversas según se discuta el crédito en sí mismo ó en cuanto á su presentación: soluciones, crítica.—II. Efectos de la declaración de quiebra: sistemas diversos, fundamento, autores que los siguen, crítica, so-

SECCIÓN III

LEGISLACIÓN, TRATADOS Y SOLUCIONES DE LOS CONGRESOS

CPSIA information can be obtained
at www.ICGtesting.com
Printed in the USA
BVHW09s1015210918
528173BV00021B/1003/P